本书编委会

主　　任：王　纲

副 主 任：来颖杰　虞汉胤　赵　磊

成　　员：沈世成　邢晓飞　郑　毅　莫璟华　楚蓓蓓
　　　　　李　攀

本书编写组

　　　　　李　攀　郑梦莹　季　方　王思琦　陈雯怡

与时代肝胆相照（下）

之江轩 编著

浙江人民出版社

图书在版编目（CIP）数据

与时代肝胆相照 / 之江轩编著. -- 杭州：浙江人民出版社，2023.1（2025.2重印）
ISBN 978-7-213-10953-9

Ⅰ.①与… Ⅱ.①之… Ⅲ.①社会科学-文集 Ⅳ.①C53

中国国家版本馆CIP数据核字(2023)第007700号

与时代肝胆相照

之江轩　编著

出版发行：浙江人民出版社（杭州市环城北路177号　邮编　310006）
　　　　　市场部电话：(0571)85061682　85176516
责任编辑：丁谨之　高辰旭　陶辰悦等　　助理编辑：张　伟　尚咪咪
营销编辑：陈雯怡　陈芊如　张紫懿
责任校对：陈　春　王欢燕　姚建国　何培玉　汪景芬
责任印务：程　琳　　　　　　　　　封面设计：王　芸
电脑制版：杭州天一图文制作有限公司
印　　刷：浙江新华数码印务有限公司
开　　本：680毫米×980毫米　1/16　　印　张：87.5
字　　数：1008千字　　　　　　　　　插　页：6
版　　次：2023年1月第1版　　　　　　印　次：2025年2月第3次印刷
书　　号：ISBN 978-7-213-10953-9
定　　价：150.00元（上、中、下册）

如发现印装质量问题，影响阅读，请与市场部联系调换。

徐志摩的另一面

> 他用文学艺术抒发了对国家的热爱，对理想的憧憬，对爱情的追求，对大自然的赞美，以及对社会底层人民的无限同情，留下了娓娓动人的不朽诗篇。

1931年11月的一天，一架从南京飞往北平的飞机，因遇漫天大雾而在济南触山坠毁，诗人徐志摩不幸罹难，诗情流下衣袖融进了云朵。

这一年，徐志摩34岁。

噩耗传出，震动了整个文艺界。蔡元培专程为他写了这样一副挽联：

> 谈话是诗，举动是诗，毕生行径都是诗，诗的意味渗透了，随遇自有乐土；乘船可死，驱车可死，斗室坐卧也可死，死于飞机偶然者，不必视为畏途。

诗人已逝，诗魂长青。到今天，我们一提到徐志摩其人，依然会想起那些动人诗篇,那首"轻轻的我走了,正如我轻轻的来……",美丽如星辰,流淌在时光里。

徐志摩的一生饱受争议。除了他的诗和浪漫,人们津津乐道的还有他那纠缠不休的风流韵事。然而,拨开层层缭绕的云雾,我们或能从他诗化了的人生中,看到他的家国情怀。

一

另一面的志摩,鲜为人知。

徐志摩曾说:"在24岁以前,最高的野心是做一个中国的汉密尔顿。"他试图从经济入手,推动中国社会发展。那时的他,还是个怀揣救国梦想渡海、以政论文章针砭时弊的热血青年。

为此,他踏上赴美留学的旅程。1918年8月14日,上海十六铺码头,"南京号"轮船缓缓起锚离岸。21岁的徐志摩站在甲板上,挥手向前来送行的亲友告别。

离愁别绪并未在他心中停留太久,轮船驶入太平洋时,他回到船舱,提笔写下了《赴美致亲友书》:

> 今弃祖国五万里,违父母之养,入异俗之域,舍安乐而耽劳苦,固未尝不痛心欲泣,而卒不得已者,将以忍小剧而克大绪也……国运以苟延也今日,作波韩之续也今日,而今日之事,吾属青年,实负其责。

留美期间的徐志摩,纯粹而刻苦。他以优异成绩获得了当时比哈佛大学更为著名的学府——克拉克大学一等荣誉后,又进入汉密尔顿的母校哥伦比亚大学研究院专攻政治学。

他有强烈的民族意识和爱国热情，在北洋政府承认丧权辱国的中日"二十一条"的背景下，毫不犹豫加入当地爱国组织"中国国防会"，意欲唤醒国人，团结民众；他的目光还从实业救国转而关注社会问题，受社会主义思想影响，成了中国学生口中的"鲍尔雪维克"，即"布尔什维克"……

写诗前的徐志摩，散文风格飘逸清新，但他也有言辞尖锐、激烈之时，那他多半是在写自己的祖国。他为那些中国的积弊而愤怒，为政府的不争而无奈，他开始像鲁迅一样，句句带刺。他哀其不幸、怒其不争的言语里，满满的都是对祖国的爱。

1919年，徐志摩参加了当地留学生所组织的五四爱国活动，经常阅读《新青年》《新潮》等杂志。他在日记中这样写道："五月四日以来全国蜂起情事。国内学生已结有极坚固、极致密之全国学生联合会，专诚援盾外交、鼓吹民气，一面提倡国货抵制敌货。吾属在美同学，要当有所表示。此职任所在，不容含糊过去也。"

类似的日志比比皆是，诠释了他晶莹的爱国赤心，真挚且直白。

二

山灵水秀的浙江在短短的时间内，就走出了鲁迅、茅盾、徐志摩等文学大师，而徐志摩的人生是其中最富传奇色彩的。

徐志摩出生在浙江海宁一个富庶家庭，在家塾里，古典诗词浸润了他整个童年，也让浪漫长在了他的骨子里。

可叹的是，他短暂的一生，真可谓"成也浪漫，败也浪漫"。

他的浪漫使他如鹃鸟般，啼血歌唱世间爱与美的理想；他的浪漫也让他缱绻于纠葛的感情旋涡中，为世人所诟病。

1921年，徐志摩在英国作家高斯华绥·狄更生的介绍下，进入剑桥大学听课，并结识了许多英国文化界的名人，如作家威尔斯、福斯特、曼斯菲尔德，哲学家罗素等。受他们影响，徐志摩的兴趣转向文学，开始尝试分行创作新诗。

这也许是他一生最美好的回忆，也正是这些美好的积累，使他的诗情好似山洪般暴发出来，心中的喜怒哀乐都不受控制地从笔端流出。

1922年8月，徐志摩突然决定回国，放弃剑桥大学的博士学位。他开始以自己的方式，直面沧桑而忧患的祖国现实。

徐志摩一回国，便与胡适、梁启超等人创立了新月社。1926年，他在《晨报》上开辟了副刊《诗镌》，把它作为新月诗派的刊物。通过《诗镌》等文学刊物，徐志摩化身时政评论家，将他对中国社会的看法、对现行中国政治的意见都刊登其上。

"三一八"惨案后，他难抑愤怒，写下了《梅雪争春纪念三一八》。在《诗镌》上，闻一多、饶孟侃、杨世恩等文人纷纷发表诗文谴责北洋政府的暴行，该创刊号几乎成了"三一八"惨案的纪念专号。

1928年，徐志摩创办《新月》月刊；同年11月6日，著名的《再别康桥》问世。

诗即意象，诗即隐喻，诗即符号。很多人读《再别康桥》，只将它当作一首情诗，但如若我们结合诗人的留学经历，便不难联想到：康桥，是诗人诗情萌发的地方，是令其终生魂牵梦萦的地方，它孕育了诗人的理想，慰藉了诗人寂寞而悲苦的心灵。这就难怪诗人要来康桥"寻梦"了,这个"梦",是他对政治理想、社会理想的高度追求,绝不仅囿于儿女情长。

但令人唏嘘的是,命运无情地揉碎了他的"少年英雄梦",只留下一道道婉转的抒情,像一潭溪水,淌过无数人心间。

三

34岁,徐志摩便离开了人间。

从真正致力于文学创作到生命结束,徐志摩仅拥有短短10年时间,但他在文学史上的地位是毋庸置疑的。

作为文学多面手的他,涉猎多个文学领域:

他用文学艺术抒发了对国家的热爱,对理想的憧憬,对爱情的追求,对大自然的赞美,以及对社会底层人民的无限同情,留下了娓娓动人的不朽诗篇。

他在剑桥求学期间还翻译了大量文学作品,主要译作包括莎士比亚、拜伦、歌德、海涅、尼采、泰戈尔等著名文学家的诗歌、散文、随笔等,为东西方思想文化的交流融合作出了贡献。

在早期白话诗时期,他还修正了胡适"作诗如作文"和郭沫若"绝端自由,绝端自主"的诗学观,主张节制情感,坚持新诗应该回到诗本身,并提出了新诗形式格律化的主张,要求诗歌要具有音乐美、绘画美、建筑美,扭转了当时出现的"把一切纯粹、永久的诗底真元全盘误解与抹煞"的混乱局面,创造了一种既不同于旧诗,又不同于早期白话诗的新的美学境界。

胡适曾这样评价徐志摩:"他的人生观真是一种单纯信仰,这里只有三个大字:爱,自由,美。他梦想这三个理想的条件能够会合在一个人生里。"

确实,徐志摩短暂的一生,无论是在救国、文学或是爱情上,追求的都是这个"单纯信仰"的实现,他也成为中国现代文学史上独特的"这一个"。

无论如何,揭开岁月的尘封,他始终是那个执着"寻梦"的爱国青年,他的作品值得每一个人品读。

吴梦诗　执笔
2022 年 11 月 27 日

三读"宋韵"

> 在阅读过程中,今天的人可以走进千年前的真实,从不同的书和画出发,去甄别历史的纷繁复杂,为当下汲取营养。

谈论"宋韵",不能不回望千年。

站在2022年的杭州,再看1022年的北宋——

这一年,初登帝位的宋仁宗赵祯才13岁,太后刘娥垂帘听政;年近不惑的柳永科考一败再败,但在烟火市井写流行歌词的日子也算逍遥;33岁的范仲淹和31岁的晏殊雄心勃勃,经历沉浮,仍怀有杠杆天下的梦想;而名动天下的苏轼,要在15年后才出生,与父亲和兄弟共同充实起"唐宋八大家"的阵容。

这一年,正好承接了电视剧《梦华录》发生的历史背景,在宋真宗天禧年间(1017—1021)之后——历史又翻开新的一页。

今日"宋韵",正是由这些散失在时光里的细节积淀而成,要找到它们,用以构建历史的丰富并映照今日生活,最好的方式之一是阅读。

2022宋韵文化节正在进行,今天,它的五大主体活动之

———2022悦读宋韵节拉开帷幕。如何读"宋韵"？为什么要读"宋韵"？这样的阅读又将让个体和时代实现怎样的抵达？

"宋韵"一年，这些应有之问，该有答案。

一

读万卷书，行万里路。

这是人生真谛，亦是老生常谈。在全民阅读被深入推进的当下，这句话之后还应有：以走与读丰盈的人生，给予世界以回应。

所以，读书不单是拿起一本书来读——行走是阅读，观看与倾听是阅读，这一切行动之后的回响也是阅读。

在这样的逻辑之下，今年的悦读宋韵节，以丰富的活动诠释了阅读的多元，也给出了读"宋韵"的方法。

以书读宋。

一份优质的"宋韵书单"如期公布，它揽尽宋时的政治、经济、文化以及社会生活。这份书单来自作家、学者、阅读推广人、网友共同推荐，将近两年热门的宋韵之书网罗。而且，它们会入驻各大书店的主展台。无论读者对"宋韵"的哪一个方面更有兴趣，都可拿起一读，由此顺藤摸瓜。

以展读宋。

何为"宋韵"，眼见为实。作为悦读宋韵节的组成部分，一场题为"百代标程——悦读宋韵"的专题展已在浙江大学艺术与考古博物馆开启。"中国历代绘画大系"收录的部分宋画调色打样稿，即将出版的《淳化阁帖绍兴国子监本》《浙江图书馆藏淳化阁帖刻石》样稿，宋刻本古籍实物等，一一亮相。观者徜徉其中，便可读出中国优秀传统文化的气象万千。

以行读宋。

一张"寻宋江南打卡地图"发布,它来自长三角四大晚报《钱江晚报》《新民晚报》《扬子晚报》《姑苏晚报》历经一年的联手寻访,而后,在社科专家的筛选之下,20个宋韵打卡地诞生,以游戏的方式集结到悦读宋韵节的现场,让行走者以期相逢,深入"宋韵"之间。

除了以上的"读法",悦读宋韵节还试图调动大众的所有感官,让"宋韵"可听、可玩、可写。

这一年,"宋学大讲堂"一直贯穿,是悦读宋韵节的重要组成。继邓小南、陈来、朱刚等宋史领域内的大家之后,北京大学教授赵冬梅也来到杭州,他们都将目光聚焦浙江,宋代的政治、思想、文学、士大夫的家国情怀,一一铺陈开来。

"宋韵"与每个人相关。所以,在2022年悦读宋韵节,玩一个小游戏,可知悉"宋词飞花令";写两三句所感所思,便能"以诗吟宋"。

二

传承宋韵文化,涉及方方面面。2022宋韵文化节各项活动当中,悦读宋韵节具有更为深广的群众性。从最广阔的大众生活出发,我们为什么要读"宋韵"?

与宋人直接"对话",感知"宋韵"生活,阅读是最直接的方式。

"宋韵"是个高频词,但因其涉及的内涵丰富,无法以单一概念进行描述。但是，通过多元的"读法"——无论是读书、读画，或是走读那些古人走过的场景，宋代的生活气息扑面而来。以读为径，让"宋韵"深入人心。

在阅读过程中，今天的人可以走进千年前的真实，从不同的书和画出发，去甄别历史的纷繁复杂，为当下汲取营养。

拿"宋韵书单"中的一本《德寿宫八百年》来说，它是作家周华诚的新作，也入列最新出炉的浙版好书。全书二十万字，可谓以"读"而就——读五六十部参考文献，读那片空旷却应该丰富的遗址，读考古人、工程人、学者和匠人的研究、手艺，以及内心。

由这本书可见，写作者将所读之物转化、创新，应用于当下。同时，大量宋韵之书出版，都是深度与多元阅读的产物。

就普通读者而言，阅读未必能实现生产，但可以回溯，可以启迪认知或引领改变，每个人都可以由此靠近中国传统文化的核心。

三

毋庸置疑，就是在阅读"宋韵"的过程中，我们的心灵时时被塑造着。

如果你走进"百代标程——悦读宋韵"专题展现场，别忘了打捞起展陈作品背后那些穿越千年的故事。

无论是1030岁的《淳化阁帖》，还是南宋书匠陈起出品的《唐女郎鱼玄机诗》，除了作品本身的文化艺术价值，它们在时光中经历的事、遇见的人、附着的历史信息，以及后来的"归来"之路，无一不历经曲折。

而也正是因为这些"宋韵"元素，让今天的浙江人，时时生活在"宋韵"之中。

大街上有鱼贯而行的宋服小姐姐、小哥哥，他们在杭州国家版本馆的青瓷屏、德寿宫的网红墙前打卡流连。"宋韵"，在风景中，在歌声中，在书卷里，在市井生活里。

这些与我们密切相关的美好生活场景，渊源来自哪里？图书、画作，以及王澍这样的建筑大家的讲解，成了阅读的重要组成，答案也随之一一揭晓。

作为南宋的腹心之地，浙江是宋文化盛极之时的集大成区域，文化绵延不绝。千百年前，宋人就在典籍中写下南宋临安城"弦诵之声，往往相闻"的盛况。

站在西子湖畔，遥望宋代，它被疏浚的目的不是要打造风景名胜，只是苏轼这样的官员，想为民做事，而后清淤疏塞，筑起一道长堤；攀行于凤凰山一带，吴越国至南宋的诸多石刻与造像赫然在目，月岩、"忠实"摩崖、圣果寺遗迹……它们，共同形成了对历史的描述，给今天以力量。

深入今日浙江发展的内在肌理，这些有形与无形的力量至关重要。我们在读"宋韵"这一优秀传统文化时，创新得以激发，自信得以增强。

浙江的山水之间，"宋韵"的过去与现在，比比皆是。

如果站在时代行进的这一刻，关于当下阅读这些鲜活的存在，足以回答明天。

以读知宋，读以致远——远是抵达过去，远也是面向未来。

孙雯　执笔
2022年11月27日

何谓"和合"

> 一人之美为"小美",天下之美为"大美",和合文化就是成人之美、大同之美的象征。

何谓"和合"?

习近平总书记曾在《之江新语》中论述,我们的祖先曾创造了无与伦比的文化,而"和合"文化正是这其中的精髓之一。这种"贵和尚中、善解能容,厚德载物、和而不同"的宽容品格,是我们民族所追求的一种文化理念。

千百年来,和合文化不但广泛应用于社会方方面面,而且与老百姓生活息息相关、密不可分。在我国民间广泛流传的"和合二仙"寒山与拾得的故事、活佛"济公"的故事等,都寓意着互敬互爱、成人之美的和合精神。

那么,和合文化有着怎样的前世今生?

一

中华民族讲究"和合"由来已久。

早在甲骨文中,就有"和""合"二字的身影。"和"本意是吹奏乐器,发出美妙协调的声音,后来演化为和谐、和平、和睦等。"合"字表示上下嘴唇合拢,本意为相亲相爱,后来演化为结合、合作、凝聚等。

"和合"最早成词连用,出现在《管子》:"畜之以道,则民和;养之以德,则民合。和合故能习,习故能偕,偕习以悉,莫之能伤也。"意思是说,畜养道德,人民就能和合,和谐团结,就不会受到伤害。

几千年来,和合文化的内涵和外延不断丰富。

孔子认为,"君子和而不同";孔子的弟子有若则进一步提出了"和为贵";西汉董仲舒传承了先秦时期"天人合一"的思想,认为"天人之际,合而为一。同而通理,动而相益,顺而相受,谓之德道",论述了人与自然如何和合的问题。

以和为贵、和而不同、协和万邦、天人合一等理念一脉相承、代代相传,融入中华民族的思维和行为方式中,体现在人与人、国与国、人与世界、人与自然的关系中。

二

需要厘清的是,"和合"不是罔顾事物差异的"生搬硬凑",其精髓在于,承认不同事物之间的矛盾和差异,擅长博采百家之长,融会贯通，纳不同地域、民族之精华为我所用。

这种包容并蓄的精神，在中华民族几千年的发展中多有体现。

比如，儒释道三教渊源深厚。佛教在中国本土的传播中，多次与道教、儒教融会贯通，互相影响。尽管门派不同、"招式"各异，但三教都在"和合"这一"内功"上交汇融合，找到了归宿和共性，并在和合文化发源地之一天台山和谐共存。

又如，尊重外来文化。明朝时，中国欣然接纳了意大利传教士利玛窦带来的几何学、地理学知识以及人文主义的观点，开了晚明士大夫学习西学的风气。本土科学家徐光启还与利玛窦合译了欧几里得《几何原本》，改变了中国数学发展的方向。

承认"不同"、尊重"不同"的包容心态，也体现在人与人的交往之中。

北宋王安石变法时，保守派司马光与其针锋相对，朝堂之争极其尖锐。当皇上询问王安石对司马光的看法，王安石却对其人品、能力和文学造诣等大加赞赏，称其为"国之栋梁"。当王安石改革失败，皇帝要治其罪而征求司马光的意见时，司马光恳切地告诉皇帝，王安石疾恶如仇，胸怀坦荡，忠心耿耿，有古君子之风。两人政见不同，却又彼此欣赏，成为"君子和而不同"的典范。

不同于西方文明凭借强力向世界推行"普世价值"的做法，中华民族强调多元文明"和而不同"，认为各民族文化"开放包容、互学互鉴"才是正途。

一人之美为"小美"，天下之美为"大美"，和合文化就是成人之美、大同之美的象征。

三

可以说，和合文化和之江大地，自古以来就是互相成就、互相滋养的。

生活中，和合的图腾随处可见。对称的器具，深衣、云肩等服饰，和合石窗、玉器等，都满含着和合、和美的寓意。浙江人的食谱上，也不乏"和合味道"。被不少博主推荐的"网红美食"——食饼筒，将多种馅料卷于一筒，"合着吃"让各种美味一齐向味蕾涌来；台州人新婚之夜要喝"和气汤"，寓意着夫妻和合、亲眷和睦、生活和顺。

社会治理中，"大家商量着办"的理念深入人心。"民主恳谈""政协请你来协商""枫桥经验"等处处渗透着和合理念；和合家庭、和合调解、和合征迁、和合信访、和合诉讼等工作品牌，走进浙江人生活的方方面面；"和合指数"比比和气高低，"和合家风"吹进千家万户。

那么，为什么浙江的天台山能够成为和合文化的重要发源地之一？

历史上，因为战争和经济中心南迁等原因，浙江经历过多次人口迁入，56个民族儿女均有人口在浙江居住。

外来文化与本土文化不断碰撞杂糅，塑造了浙江包容、进取、团结、创新的性格，为和合文化的传承和发扬提供了丰厚的土壤。

四

以山为轴，可以观地势；以史为镜，可以鉴未来。

今天，我们为何还研究、推崇和弘扬和合文化？这一镌刻于历史的"东方智慧"，又该如何继续发扬光大，为民族复兴蓄"能量"，为世界文明通"经络"？

我们在传承中寻答案。

文化无形，停留在概念上就会看不见也摸不着。深度挖掘和合文化的丰富遗存与时代价值，需要有鲜活载体，将抽象的文化符号提炼成具象的文化实体。

正因如此，城乡建设蓝图中，和合小镇、和合圣地碑公园等拔地而起；文旅融合业态里，和合文化创意街区、和合人间文化园、和合研学营地等应运而生……它们犹如花朵般点缀在东海之滨、之江大地，成为浙江"重要窗口"中的靓丽风景。

我们也在实践中求创新。

以文化人，润物无声。文化的生命力，在实践的不断检验中与时俱进，才能生生不息。换言之，从"和合之源"到"和合之用"，"和合"这篇文章，大有可为。

当前，浙江正以文化基因解码工程为笔，挥写和合文化等文化基因的研究、保护、传承与创新转化新篇章；以此为引子，孕育出《盛世和合》《天下和合》《和合人间》等各类文艺精品，春风化雨般滴入百姓心间。

此外，和合文化更要在传播中走出去。

明清时期，通过丝绸之路，天台山茶漂洋过海成为日韩茶源，将"和合"种子播撒到海外;1997年,美国作家查尔斯·弗雷泽出版了长篇小说《冷山》,卷首上就引用了寒山诗句"人问寒山道,寒山路不通",和合思想在大洋彼岸引起轰动。

如今,和合文化全球论坛永久落户天台,必将成为又一推动多元共存和包容发展的优秀实践。

和合文化是台州的也是浙江的,是中国的也是世界的。坚持交流互鉴,向全世界展示伟大中华文明的绚烂之美,能让更多人知道和合文化这一"神秘的东方力量",凝聚起更广泛的和合共识。

山海辉映,天地人和。之江大地,正以千百种欣欣向荣的方式为和合文化注入新的生命力,让这颗蕴含着古老智慧的璀璨明珠,焕发出更加耀眼夺目的光芒。

申屠清儿 刘亚文 尚小星 陈飞鹏 执笔
2022年11月28日

市级媒体融合，浙江为何要先行

> 现状告诉我们，等待没有出路，加快推动深度融合发展形成传播合力，是市级媒体绝处逢生的"华山一条路"，是在错失一次次良机之后的最后一次机会。

今天上午，衢州市新闻传媒中心衢州传媒集团将正式挂牌，"三衢"客户端也将全新上线。这是继绍兴、湖州之后，浙江第3个全面整合的市级融媒体中心。

据了解，台州等地整合后的融媒体中心近期也将陆续正式挂牌，浙江市级媒体深度融合发展工作驶入了快车道。

作为东部沿海经济发达地区，浙江市级媒体的综合实力、经营状况在全国都处于前列。可为什么还要如此坚决、不留退路地推进市级媒体深度融合呢？

一

市级媒体处于中央、省、市、县四级媒体架构的"腰部"，是全媒体传播体系中承上启下、不可或缺的一环。

2014年,伴随着《关于推动传统媒体和新兴媒体融合发展的指导意见》的出台,媒体融合正式上升到国家战略层面。自此,中央和省级媒体率先引领发展,县级融媒体中心全面铺开。四级媒体架构中,"头部"和"尾部"的媒体融合在政策支持下已取得积极进展。

然而,位于"腰部"的地市级媒体融合却迟迟未取得突破,面临着多路"围攻"、多面"夹击"等问题。像有的市级媒体客户端,日活跃用户少之又少,影响力连媒体大楼、政府大院都没跨出去。

今年4月,中央明确提出,到"十四五"末,有条件、有意愿的市加强资源整合,建设市级融媒体中心。浙江明确,到明年6月底前,除杭州、宁波两个副省级城市外,其余各市都要完成报纸、广电资源整合,建成统一的市级融媒体中心;杭州、宁波也要全面统筹市域内媒体资源,在互联网端形成合力。

走这一步,浙江下了大决心。决心从哪来?

事实上,近年来浙江市级媒体受到互联网冲击,同样面临着生存空间不断萎缩、影响力日渐式微等问题。调研显示,2018年以来浙江市级媒体传统广告经营收入持续下滑,特别是商业广告,呈断崖式下降。

现状告诉我们,等待没有出路,加快推动深度融合发展形成传播合力,是市级媒体绝处逢生的"华山一条路",是在错失一次次良机之后的最后一次机会。

融合,有可能活,而且往往活得更好;不融合,只能眼巴巴"等死",等着被淘汰出局。

二

然而，推进市级媒体深度融合，浙江面临的困难和挑战其实并不少。

爬坡过坎的难，首先难在克服"心理障碍"上。目前，一些人对市级媒体融合改革还有抵触心理，认为现在还不到非改不可的时候，"比上不足，比下有余"的日子还能过，自己折腾自己不划算，实在过不下去了，"党委、政府应该把媒体养起来"，实际上是心安理得当"巨婴"。有的甚至还认为，改革只是把原来两家新闻单位合并为一家，换汤不换药，不相信融合会焕发生机活力。

还有的媒体负责人存在畏难情绪，担心融合触动既得利益、打破原有格局，害怕麻烦、怕得罪人，存在患得患失心理。

挑战之二，体现在能力上。不可否认，浙江市级媒体的互联网思维、新媒体运营能力普遍不高，存在惯性思维和路径依赖，用办传统媒体的思路办法搞融合发展，市场意识、用户意识不够强。

这背后，也存在人才缺乏、技术能力匮乏等问题。以技术方面为例，目前市级媒体自主研发力量较为薄弱，对技术应用的敏感性、掌握度滞后于商业平台，需借助外力突破技术瓶颈。数据显示，浙江20家市级媒体中，自有技术公司的仅6家，其余多数选择技术购买、业务外包。

第三点，难在操作层面。尽管浙江有县级融媒体中心的成功经验在前，亦有绍兴、湖州这样的全国试点市级融媒体中心，但各个市的基础不同、推进难度不一。

比如说，有的市，市级媒体体量特别大，仅传统媒体就有16

种之多，从业人员数量众多，有的还有一些历史遗留问题亟待解决，改革的阻力和包袱不可轻视；有的市虽然体量小、媒体不多，但长期以来习惯了偏安一隅，要让其"脱胎换骨"系统重塑，同样压力不小。

尽管前路荆棘，浙江仍然想要先行一步。

正如习近平同志曾在"之江新语"栏目中写道："浙江改革开放二十多年走过的道路，就是一条在不断克服困难中前进的改革创新之路，就是一段'发展出题目，改革做文章'的历程。困难是压力，困难是挑战，困难中往往也蕴藏着机遇，克服困难也就意味着抓住了机遇，赢得了先机。"

先行，是习近平总书记对浙江的期待，也是浙江一贯的追求。

作为改革热土，浙江一次次通过自我逼迫"杀出一条血路来"，破除体制机制障碍、打破思想桎梏，创造了一个又一个"无中生有"的奇迹。

此外，浙江在政治、经济、文化、社会、生态等各方面的优势，同样为市级媒体深度融合发展提供了强大的内容资源、市场空间。

比如，浙江正在不断深入推进的数字化改革，对于各级媒体融合来说，就无疑是个重大机遇。国家网信办8月发布的一份报告显示，浙江数字化综合发展水平全国第一。这正为市级媒体深度融合发展提供了强有力的技术支撑。

三

互联网时代，快鱼吃慢鱼。谁的脚步更快一些，谁就能抢占阵地、赢得主动。早改一天,转型机会就多一分;步子走得稳一些,改革成本就少一点。

接下来,浙江打算这样干。

是有机整合,不是物理拼装。浙江要求各市整合报纸、广电资源,不仅仅是新建办公大楼,把两个媒体单位的人集中在同一个物理空间办公,而是坚持一体化方向,重塑组织机构、再造采编流程,植入"互联网基因",让整合产生"1+1>2"的化学反应。

各市的实施方案中,都将"破旧"作为"立新"的基础,在顶层设计上破除各采编部门之间的藩篱,破除广播电视、报纸和新媒体采编发环节的壁垒,实现信息内容、技术应用、平台终端、人才队伍、管理手段共享融通。

是瘦身健体,不是简单甩包袱。针对市域范围内媒体资源严重过剩、"一城多媒"、同质竞争激烈的突出现状,浙江将抓住这次改革机遇,下决心优化结构布局,果断关停受众少、影响力弱、连年亏损或经营困难的报纸和频道频率,集中精力做大做强新闻客户端。

比如,早已失去市场竞争力、明确被要求停办的广播电视报,将人员全部转移到互联网端;对长期经营困难、收视率低的公共新闻频道,也建议各地结合实际逐步停办;对于在基层宣传中发挥有力作用、受到老百姓普遍欢迎的节目栏目则整合到保留的平台上。

是阵地转移,不是裁员减负。改革少不了会触动既得利益,改变原有格局。针对市级媒体从业人员普遍存在的疑虑担忧,浙江明确了这场改革绝不是简单地减人、减机构、减投入,不是让一些人"失业""下岗"来减轻财政负担,而是真正推动主力军全面转移到主战场。通过改革,让每个人找到合适的位子,都能发挥所长。

是全方位扶持，不是"养懒汉"。在推进市级媒体深度融合发展中，浙江明确财政投入只增不减，编办、发改、经信、人社、大数据等部门有针对性出台政策举措，推动市域范围内的政务、服务、大数据等资源往市级融媒体平台倾斜，重大信息发布、重要政策解读，优先通过市级媒体发布；可公开的政府数据资源，优先向市级媒体开放，对市级媒体深度融合发展"扶上马，送一程"。

但这并不意味着，市级媒体可以轻轻松松躺着完成任务。浙江建立了晾晒制度，实行项目评估、项目监管和责任考核机制，将考核结果与财政支持资金分配、评优评先等挂钩，形成浓厚的"争先赛马"氛围。

总而言之，市级媒体深度融合并非"为合而合""为改而改"，实际上是来一次彻底的跑道切换。党的二十大报告指出，加强全媒体传播体系建设，塑造主流舆论新格局。

这一次，就是要让市级媒体到互联网"深水区"去游泳，到移动端上去"抢地盘"。这也是在舆论场这个战场当中，浙江先行的意义所在。

余丹 张诗妤 执笔

2022年11月28日

踢球，还是读书？

> 总而言之，中国足球想要脱胎换骨，国家队只是表象，真正需要改变的是从青训开始、从全民开始、从联赛开始，每个喜爱足球的人用心用力地踢好足球，真正享受足球带来的快乐。

到了世界杯时间，中国人的幽默感在男足这件事上，又得到集中展现。

"除了男足，中国元素霸占了世界杯""中国队被分在了施工组"……卡塔尔世界杯开赛期间，各路媒体、球迷在观赛同时，都不忘调侃中国男足。不知从何时开始，"扶不起"的中国男足成为了突破次元壁、跨越年龄沟的一个交际话题。

从1957年起，中国男足12次冲击世界杯，11次铩羽而归。2002韩日世界杯是中国男足仅有的世界杯之旅，尽管一分未得、一球未进，却成为此后20年反复咀嚼的荣光，"以为是出道，不料是巅峰"。到了11月26日，中国国家男子足球队原主教练李铁接受监察调查，中国足球再次引发讨论。

中国男足为什么总是无缘世界杯？问题出在哪儿？此前，我们探讨了中国男足的斗志，今天我们再说说别的。

一

"中国14亿人，难道还找不出11个人去踢球吗？"

这是在某知识类社交媒体上有关国足提问最多的问题。很多人已经把中国男足当成了一个宣泄情绪的出气筒，但是大多数人只看到了冰山一角，并不了解冰山全貌。

11月28日，笔者联系了中国足球协会，相关部门负责人向我们提供了2022年最新统计数据：中国现有注册球员26万多人，其中职业球员3200多人，指效力于中超联赛、中甲、中乙国内三级职业联赛的球员。另外包括业余球员15.6万人，16岁以下青少年球员10万多人。

这组数据，是中国足球当下的"家底"。那么，如何解读这组数据？

笔者电话采访了知名足球评论员张路。张路曾任中国足协战略发展委员会副主任、教育部校园足球专家委员会委员。张路表示，26万注册球员数量看似很多，一旦横向比较，实则少得可怜。以青少年球员作为比对维度，这个数据在德国超过200万，在巴西和法国超过100万，在我们的邻国日本超过80万。上述国家的青少年球员数量是中国的10—20倍。

更何况，这还是下大力改革之后的成果。

全国校园足球领导小组曾做过统计，2000年到2014年，中国常年踢球的中小学生每年平均只有5000人。1991年出生的"全村的希望"国足一哥武磊，当年就是这5000人中的一员。如果将5000乘以11，那么或许我们将有11名亚洲一流球员在球场上驰骋、飞奔、拼杀。

为了从源头上解决足球人口不足的硬伤，做好足球普及化，国家相关部门曾接连出台过相应规划、方案。2015年，国务院办公厅印发《中国足球改革发展总体方案》，其中一项重要内容就是要大幅增加青少年足球人口。

2016年，国家发改委、国务院足球改革发展部际联席会议办公室、国家体育总局、教育部联合下发了《关于印发中国足球中长期发展规划（2016—2050年）的通知》，其中还设定了"中小学生经常参加足球运动人数超过3000万人"的远期目标。

去年5月，中国足协主席陈戌源在《人民日报》刊发署名文章《让大家看到足球的进步与希望》，文中强调，"足球振兴发展，必须要夯实基础，基础首先是足球人口。我们这个数字远远落后于足球发达国家，也落后于亚洲一些国家，短板必须补上"。

不过，要扩大足球人口基本盘，并非一朝一夕就能实现。中国要弥补与足球强国之间的足球人口差距，还需要不断努力。

二

"踢球，还是读书？"一个典型的中国式焦虑。

除了普及化程度不高外，张路曾表示，我国的足球人口底子之所以如此薄弱，是因为早些年，国家培养足球苗子的思路和理念不对头。

"如果要放弃学业，送你的孩子走专业化足球的路子，你愿意吗?"恐怕99%家长的答案是否定的,这是一条风险巨大、收益却不确定的道路,毕竟全世界的"梅西"寥寥无几。

与之形成鲜明对比的是日本。一份日本2022年在幼儿园及小学生中调查后公布的白皮书显示:日本低龄儿童选择长大最想从事的职业排名,第一是蛋糕点心师,第二是警察,第三就是成为职业足球选手。

中国不一定做过这样的调查,但如果有,踢足球一定不入前三。从小带娃上绿茵场的中国家长很多,但绝大部分是想强身健体或培养一项运动技能,真的想让孩子吃职业足球饭的少之又少。

温州籍国脚张玉宁,5岁时被父亲带去韩日世界杯现场看球,立志长大踢球。其父张全成决定成全儿子心愿,从此倾尽全力培养。其间投入的训练、教育、生活开支,花费巨大。据统计,中国职业足球运动员成才率约为5%。张玉宁踢到今天,很争气,也很幸运。但这样的足球娃,要么天赋异禀,要么巧遇伯乐,否则绝大多数会在残酷的职业成才通道中被过滤淘汰。

然而,像张玉宁这样的毕竟只是极少数。那么为什么会出现这样的尴尬局面?有个原因:过分强调早期专业化。

什么意思?就是过早地、人为提出"二选一"的选择题——选择读书,还是选择足球?张路曾表示,2000年左右,国家已经在大力普及足球进校园。然而当时错误的做法是,当孩子还在读三、四年级的时候,就使其被迫作出选择,选读书还是足球。

不可否认的是,最终脱颖而出、登顶金字塔的孩子屈指可数,而遭到淘汰的孩子则面临尴尬局面,球也不踢了,学也不上了,这是任何家长和学校都不能接受的局面。

此外,过早搞专业化职业化,让能读书的人早早放弃了学习,导致人生观世界观价值观尚未成型的男生过早受到功利主义的影响，缺乏明辨是非的能力，甚至沾染不良风气，养成不好的职业习惯。

小学寥寥无几，中学近乎绝迹，这样的怪现象背后，是体育与教育始终没有融为一体。

在现代足球起源国英国，有着一套极为严谨和科学的足球普及体系。6—12岁的孩子每周只参加两次、每次1小时的足球游戏，让孩子们在游戏中对足球产生兴趣。不仅如此，学校对于孩子们的文化课成绩也有最低要求，如果文化课成绩不达标，则不能参加足球游戏。

对于日本人来说，足球是校园文化的一部分，是以"锻炼体质、快乐教育、培养团队合作意识"为目标。人人都有接触足球、享受足球的机会，即便最终没能"一球成名"，这也将成为一段终身难忘的人生经历。

可惜，全中国的现状是，读书的人不踢球，踢球的人不读书。知识与足球本来应该实现双向奔赴，读书的人要踢球，踢球的人要读书，球才能踢得越来越好。踢球和读书，如果总是一道单选题，那么中国男足将一如既往的难"雄起"。

三

有个问题不知道有没有人想过：很多优秀足球运动员是选出来的，不是练出来的。

有了正确的发展理念、充沛的足球人口，如何扩大选中好苗子的概率？关键在于建立完善的覆盖体系，营造浓厚的足球氛围。

以英国足球为例，英格兰超级联赛简称"英超"有一个名叫"英超社区行动"的活动，就是以英超为指挥中心，号召英国各级别足球俱乐部成为带动社区活动的核心力量，通过社区化运营，建立金字塔体系。据不完全统计，英国近38万名青少年参与了英超联盟举办的社区活动。项目覆盖了英国最贫困的地区，占英国城镇数量的30%。

再说邻国日本的高中足球联赛，不仅是一场场单纯的足球比赛，更是一次全国性的隆重节日和体育盛会，民间关注度极高。不仅如此，日本还有一套成熟的联赛体系。知名球星本田圭佑、柴崎岳、冈崎慎司、长友佑都等人，都出自日本高中联赛体系。

遗憾的是，中国的足球并没有"铺"开来、"沉"下去，这不仅体现在球场数量、联赛体系，还体现在我们对足球文化的认知和理解上。

足球是世界第一大运动，世界杯作为全球最大影响力的单项体育赛事，社会关注度和商业价值有目共睹。参加一次世界杯，不仅可以证明自身体育大国地位，还能向世界展示文化软实力。

体操王子李宁曾说，中国人还是比较关注谁赢了，不太在意自己是否参与了。有很多人不喜欢运动，但到了比赛那天，他会问谁赢了。这样的人比较多，或许也是今天中国足球环境的成因之一。

我们除了自己尽可能多参与、多支持，还应该客观理性地认识和看待足球输赢。如果赢一次就捧上天，输一次就踩到底，甚至妖魔化中国足球，那么就不利于吸引更多青少年加入足球运动，也不利于足球职业联赛和相关产业发展。

全社会少一些急功近利，多一些长远眼光，多一些对足球文化和体育精神的关注和弘扬，中国足球才能有良好的舆论环境和发展环境。

  总而言之,中国足球想要脱胎换骨,国家队只是表象,真正需要改变的是从青训开始、从全民开始、从联赛开始,每个喜爱足球的人用心用力地踢好足球,真正享受足球带来的快乐。这就够了,剩下的,交给时间。

伊志刚　王超　执笔
2022 年 11 月 29 日

和合的世界意义

> 和合的精神,是承认且尊重;和合的特质,是包容和共生;和合的途径,则是对话与合作。

"贵和尚中、善解能容,厚德载物、和而不同"。自古以来,和合是中华民族一以贯之的文化追求。

今天,2022和合文化全球论坛将在天台召开,多国专家、学者心怀以和合文化推动全球共识、促进共同发展的美好愿望,相聚"和合之源"天台山。

昨天,我们向大家介绍过何谓"和合"。今天,我们借论坛之机,再来探讨和合文化的世界意义。

一

"贵和尚中"的和合文化源远流长,不仅滋养了中华民族,也借助丝绸之路、海上丝路等途径传播到世界各地。

中国历史上,从"和合二圣"到"协和万邦",和合思想始终贯穿着"四海之内皆兄弟"的理念。

两汉时期形成的丝绸之路，打通了横贯东西两半球的交往通道，帮助沿线国家发展经济文化。明朝郑和下西洋，由于崇尚和合理念，中国使者所到之处广受欢迎。至今，很多国家都还保留着"郑和们"带去的礼物和文物遗迹，以纪念东方文明的使者。

说到和合文化对世界的影响，离不开佛教天台宗的海外传播。作为和合文化发展的高峰之一，儒释道"三教圆融"的思想随着佛教天台宗等文化远播日韩等国家，成为中国和合文化对外交流的重要构成。

和合文化的象征人物之一寒山，所写之诗兼收并蓄，其和合精神超越了国界，直接影响了日本的短歌、戏剧、绘画的艺术风格，并形成了广泛的民众基础。与寒山文化相关的文史资料被日本民间人士大量珍藏，《寒山集》在海外一版再版。20世纪50年代，寒山诗传入美国，诗中反映的独特的人生哲学抚慰了美国青年充满动荡感、空虚感的心灵，因而受到推崇和认同，形成了一股"寒山热"。

和合文化的标志性人物济公，在中国台湾和香港地区乃至东南亚的信徒众多，其"众生平等、急公救难、除恶扬善、扶危济贫"的精神在当地深受认同。

从古至今，和合的精神一脉相承，并经由这些具象的人和物带到世界各地，开枝散叶。

二

和合文化为什么能够走向世界？其中所蕴含的爱好和平、兼收并蓄、开放创新的文化基因，或许就是秘诀之一。

比如，和合的思想尊重文明的多样性。

人类社会的发展史，从本质上说就是一部人类文明演进的历史。文明的多样性，好比自然界物种的多样性，是人类社会的基本特征。

上世纪90年代，美国学者塞缪尔·亨廷顿提出"文明冲突论"，声言中国文明将成为西方文明最大的挑战，认为西方文明是唯一优越的文明。

纵观人类历史，不同文明之间差异固然存在，但数千年来多元文明共生并进，崇尚和平、倡导宽容，一直是大多数文明的追求和共识。例如，拉美国家历史上民族结构复杂，不同文化经过交流、碰撞、融合，构建起独特的文化认同，最终形成了极具活力和创造力的拉美文明。

以和合文化为代表的中华文明，一直以来都在努力扮演世界多元文化调和的使者。如果要说"挑战"，中华文明"挑战"的从来就不是西方文明或其他任何具体的文明形态，而是站在人类历史和未来对立面的文化霸权。

又如，和合的理念在传承中不断创新。

中华文明是绵延五千年的活的文明，贯穿其中的和合文化，也是不断生长的活的文化。

"君子和而不同""协和万邦""万物并育而不相害，道并行而不相悖"……几千年来，中华民族用和合阐释人与人、国与国、人与自然的关系。

同样，在长期传承发展中，国际交往的经验、中国式现代化的实践等，又为和合文化不断注入新的思想内涵。

走到今天，现代文明发展，呼吁更深层次的文化交流合作。

和合的精神，是承认且尊重；和合的特质，是包容和共生；和合的途径，则是对话与合作。

可以说，从古丝绸之路上传来第一声驼铃开始，世界各大文明之间的交流就从未停止，并成为推动全球经济社会发展的重要力量。

而今，党的二十大报告重申"以文明交流超越文明隔阂、文明互鉴超越文明冲突、文明共存超越文明优越"，就表明了摒弃文明征服争斗、加强文化交流合作的态度。

三

百年未有之大变局下，世界各国面临疫情反复、发展失衡、治理困境、数字鸿沟、公平赤字等共性问题。人类向何处去？未来走什么样的路？每个国家、每个民族、每个人都在追问。

这个时候，我们倡导"和合"，就是希望为世界难题提供一种行之有效的中国式解题思路。

习近平同志在浙江工作时，曾精辟总结和合文化："'和'指的是和谐、和平、中和等，'合'指的是汇合、融合、联合等。这种'贵和尚中、善解能容，厚德载物、和而不同'的宽容品格，是我们民族所追求的一种文化理念。自然与社会的和谐，个体与群体之间的和谐，我们民族的理想正在于此，我们民族的凝聚力、创造力也正基于此。"

当前，基于全球化背景下"你中有我""我中有你"的发展环境，求同存异、和谐共生的和合文化，正致力于帮助世界各国消弭隔阂、积累共识。

2021年首届和合文化全球论坛上，日本前首相鸠山由纪夫说，"和合外交意味着，双方观点不同也不能全盘否定对方，而是必须努力与对方和解，这样才能建立双赢的局面"。马耳他共和国驻上海总领事韩弥敦表示，"进入后疫情时代，推动世界实现可持续、公平的复苏是共同的目标，而和谐与合作可以达成这一点"。

这些世界声音融汇一堂，反映了"和合之道"对于协调国际关系、促进世界和平所具有的指导和推动作用。浙江举办和合文化全球论坛、建立和合文化海外驿站，正是以实际行动推动多元文明共存和包容发展的创新实践。

以和合之道凝聚全球共识，以和合之力汇聚全球智慧，是让世界重归和平安定、推动共同繁荣的重要基础。

不久前刚刚落幕的G20巴厘岛峰会和APEC会议，分别把主题定为"共同复苏、强劲复苏"和"开放、联通、平衡"，反映了国际社会在当前形势背景下的最深期盼、最大期待。可见，对立、对抗越来越不得人心，和平、发展、合作、共赢成为国际社会的普遍心声。

党的十八大以来，习近平总书记曾在国际场合多次提到"和合思想"，主张国际社会要和而不同、平等相待、合作共赢。2013年，习近平总书记提出了蕴含丰富和合内涵的"人类命运共同体"全球治理理念。去年10月，习近平总书记在中华人民共和国恢复联合国合法席位50周年纪念会议上指出，人类应该和衷共济、和合共生。

英国哲学家罗素曾在《中国问题》一书中写道："中国至高无上的伦理品质中的一些东西，现代世界极为需要。这些品质中我认为'和气'是第一位的。"英国著名历史学家汤因比更作出预言，认为人类文明的发展前景是多元共存,而这一前景的希望在中国。

如今,实践已经证明,无论是全面小康的傲人成绩,还是共同富裕的积极实践,秉持和合理念,"各美其美,美人之美,美美与共,天下大同"的中国式现代化道路,为人类社会发展提供了一条充满智慧和希望的东方之路。

"天人合一"的宇宙观、"协和万邦"的国际观、"和而不同"的社会观、"人心和善"的道德观等和合思想,也成为擘画人类美好愿景的重要底色。

什么样的未来是我们期望的未来?

唯有各国秉持共商、共建、共享的原则,超越东西方传统意识形态,共同应对全球性的问题与挑战,促进全世界各民族的共同利益,方能迎来一个公平和美、自由发展、长久繁荣的"和合"世界。

朱昱炫　执笔

2022 年 11 月 29 日

"人民至上"不是"防疫至上"

> 如果把疫情比作一条波涛汹涌的河流，为了抵达对岸，有的国家选择赤膊下水、优胜劣汰，默许一些人成为牺牲品；而中国选择同舟共济、共渡难关，尽可能用一艘大船让所有人获得求生机会。

从2019年末新冠肺炎疫情暴发算来，已经过去了近三年时间。随着疫情防控时间拉长，不少人的心理承受和忍耐程度倍受考验，甚至正一点一点在流失。正如有的网友说：如果第一年是恐慌，带着一点窃喜，能在家好好歇会儿；第二年开始迷茫，盼着疫情快点结束；第三年则是有些抱怨，到底什么时候是个头。

加之，近来有的地方借防疫之名"层层加码"，滥用权力、为难群众，导致防疫变了形、走了样，有的表面上不说封控实则就是在封控，漠视群众利益和民生诉求，随意打断正常生产生活秩序，更有甚者置群众的生命安全于不顾，坏了党和政府的形象，伤了群众的心。甚至还有些人，借机发疫情财。相比疫情，这些现象更刺痛人心。随之而来的无奈、厌倦甚至愤怒，都是可以理解的。

疫情防控是为了防住病毒，不是为了防住人；从来只有"人民至上"，没有所谓的"防疫至上"。不管采取什么样的防控措施，都应该是为了让社会能够早日回归正常，让生活尽快回到正轨。所有的选项，都是我们通往这个目标的"桥"和"船"，而不是简单地把人防住，不计成本盲动蛮干。

一

这段时间，卡塔尔世界杯如火如荼，观众席上的人群不戴口罩、肆意狂欢，似乎和疫情前没什么两样。有人则问："世界上很多国家现在已经一切如常，'躺平'不也躺过来了吗？他们'放开'行，我们为什么不行？"

回答这个问题，不妨看几组数据：

先看确诊病例，截至目前，全球累计新冠确诊病例6.36亿，累计死亡病例超660万，最近一天新增确诊病例23万例、死亡病例428例。其中，日本1.26亿人口，日新增9.8万确诊病例；韩国5000多万人口，日新增4.7万确诊病例。

再看医疗资源，今年中国每千人口的医疗床位数6.7张，而2020年，韩国12.65张，日本12.63张，德国7.82张；2020年，我国每10万人ICU床位4.5张，德国28.2张，美国21.6张，法国16.4张，日本13.8张，全球平均10张。今年年初，新冠重症患者占用了美国ICU总容量的32.7%，每10万人ICU床位约7张被新冠重症患者挤占，已超过我国每10万人ICU床位数总量。

最后看"一老一小"，截至2021年底，我国60岁及以上人口达2.67亿，少儿人口超过2.5亿，"一老一小"群体规模很大。根据新加坡的最新数据，有疫苗保护的60—69、70—79、80岁以上的老人感染死亡率分别是0.014%、0.064%、0.54%；无疫苗保护的三个年龄段老人感染死亡率分别是0.19%、0.29%和2.5%。而我国未完成接种的三个年龄段老人分别约为2264万、1616万、1400万。如果现在就彻底放开，按照新加坡的感染死亡率估算，我国仅60岁以上老人的死亡人数就将会达到60万左右。

虽然病亡人数是个冰冷的数字，但最终都落到每个家庭头上。试问，我们能眼睁睁接受身边人离去的现实吗？显然是无法接受的。因为中国的社会制度、历史文化、价值观念和伦理道德，不允许我们眼睁睁地看着自己的父辈祖辈和孩子，面临死亡威胁而无动于衷、直接放弃。举个例子，西方有的国家一所养老院就有上百人死于疫情，如果这种事情发生在我们国家，相信是难以接受的。明白了这一点，也就理解了我们国家为控住疫情所作的努力。

《柳叶刀》杂志发表的一篇论文称，新冠肺炎疫情大流行期间，全球超额死亡估计达1820万人，超额死亡率为每10万人120.3人；美国超额死亡率每10万人179.3人；中国超额死亡率仅为每10万人0.6人。

任何事情不能只说结果，不谈过程。西方国家今天的"一切如常"，实际上是建立在一个个鲜活生命逝去和一个个家庭破碎的基础之上。最新数据显示，欧洲新冠疫情死亡人数已经突破200万，美国则近108万，是全球因新冠疫情死亡人数最多的国家。

光羡慕西方国家的自在与狂欢，却忽视了他们付出的惨痛代价，是选择性遗忘；脱离中国国情和发展实际，谈疫情的"控"与"放"，都是空想性命题。

如果把疫情比作一条波涛汹涌的河流，为了抵达对岸，有的国家选择赤膊下水、优胜劣汰，默许一些人成为牺牲品；而中国选择同舟共济、共渡难关，尽可能用一艘大船让所有人获得求生机会。当大船正艰难而逐渐靠向对岸驶去时，如果盲目羡慕那些已经登陆上岸的游泳过河者，不再齐心协力划船而选择贸然跳船，之前许多付出就有可能功亏一篑。

二

中国选择的抗疫道路，从一开始就不同于西方国家，贯穿始终的大逻辑是"以人为本、实事求是、因时制宜"。

记得2019年末至2020年初，新冠疫情来势汹汹。当病毒最强大的时候，我们深挖战壕，果断关闭离汉离鄂通道，全面打响武汉保卫战、湖北保卫战，在短时间内遏制了疫情蔓延势头。随着本土新增病例数逐步下降至个位数，我们审时度势，统筹疫情防控和经济社会发展，有序推进复工复产，使得我国率先实现经济增长由负转正，成为全球唯一实现经济正增长的主要经济体。

而后，随着病毒攻势减弱，境内疫情总体零星散发，我们外防输入、内防反弹，采取常态化防控策略，集中优势兵力逐个击破，交出了疫情防控和经济发展的亮眼成绩单。

如今，面对病毒毒性逐渐减弱、传播特点出现变化，我们坚持"动态清零"，更加突出"科学精准"，制定实施第九版防控方案，推出优化疫情防控二十条措施，不断迭代防控举措。

每一次调整，都是循客观规律而动，在多目标平衡中寻求最优解。

作为人口超过14亿的国家，大陆疫情累计死亡5200多人。

2021年，我国国内生产总值增长8.1%，2020、2021两年平均增长5.1%，成为主要经济体的优等生。

我们用中国的制度优势和资源配置方式，尽最大努力把人民生命保下来，挽救数以百万计的生命，同时推动经济社会发展，就是经得起历史检验的丰功伟绩。

三

近来，一些地方在执行"动态清零"的过程中，由于认识的问题、能力的问题、方式方法的问题，乃至背后利益的问题，导致防控政策跑偏了、变形了、走样了，有的地方甚至发生了不该发生的悲剧。

政策把握没有"一盘棋"。中央定下来的"动态清零"总方针、优化防控二十条措施，一些地方有不同解读，极大降低了中央政策的权威性。疫情防控在有的人眼里，只是管住自家"小池塘"，而不是共同管好流动的"大河"。所以，才会搞出"流动性管理"，"我负责流动，你负责管理"，后果必然是"一地生病，多地吃药"。

政策执行"坐跷跷板"。对于疫情防控最新优化调整的落实，踯躅不前或者一溜到底都是危险的。有的地方"猛踩油门"之后"掉挡失速"，最终"进一步退两步"，严重损害了群众对稳定预期的渴望。有的地方要么"一封了之"，要么"一放了之"，对于怎样走小步不停步，防控怎样更科学精准，资源配置怎样更合理有效，远没有形成有章法的"组合拳"。

"防疫至上"代替"人民至上"。有的地方以防疫为名，轻视民生经济，轻视百姓生活，更有甚者在政策执行中默许"只有新冠是病，其他病无关紧要"，扭曲了"生命至上"理念。有的给防疫"层层加码"，目中没了法律、没了规则，甚至想出各种招数"对付"群众，让百姓寒了心。

  这些问题的存在不可忽视，但动辄归咎于"动态清零"政策也不符合实际。当前的疫情防控，更像一架"利害相权"的天平，不仅要有算明白民生账、政治账、经济账的头脑，更要求在多目标平衡中实现"最优解"。如何坚持"动态清零"总方针，围绕阶段性目标，突出科学精准，确保政策不走样、不变形，考验着各级党委、政府的治理能力，也考验着党员干部的智慧和担当。

  当然，对我们普通人来说，我们也不能因为个别地方在执行疫情防控政策中跑偏了走样了、不科学不精准，从而全盘否认我们的疫情防控政策，否定"动态清零"总方针，这是不讲道理的，是只看到了一时一地的小逻辑而忽视了疫情防控的大逻辑。针对疫情防控工作中，个别防疫工作人员暴露出能力和作风上的不足，我们既要指出来，督促他们改正，也不能以点概面，认为所有防疫人员都是不好的，甚至认为他们是站在群众的对立面。更不能移花接木、张冠李戴，没有去现场、缺乏任何依据却借助拼接而成的视频和图片来制造、传播虚假消息，唯恐天下不乱。

四

  走出疫情阴霾，不是一句"放"与"不放"就能解决的事情。争论不会自动解决问题，最关键的，还是要从一个个具体环节着手，迅速提高发现问题、处置问题的能力，努力以软着陆方式管住管好。这是我们应该争取的。

为什么病毒致死率低了仍不能立马"放开"？就拿疫苗接种来说，我国80岁以上老人加强针接种率仅为40%，小孩接种率还不是很高，全民整体的免疫水平也不高。一旦出现大范围感染，我们的医疗资源也可能面临被瞬间击穿的风险。这个时候，与其纠结"放"与"不放"，倒不如先抓紧把我们的疫苗水平提上去，把我们的药物备得更充分，把我们的重症病床建得多多的，家里有"矿"、手里有"粮"，面对任何潜在的风险，都会心中不慌。

为什么会出现"一刀切""层层加码"？有些时候，看起来是创新举措，实际上是政策加码；看起来不是"一刀切"，实际上是造着概念搞"一刀切"。说到底，还是实事求是的意识太弱、担当作为的精神太弱、因时而动的能力太弱。每一次决策、每一个举措的出台都是经过审慎研判的，具体到执行这个环节，更要把以人为本的导向立起来，对防疫不力的严肃问责，对那些"层层加码"也要坚决问责，让他们都成为"过街老鼠"。

为什么有的地方防疫看起来很努力，实际上却很"吃力"？一些地方"码"有了，但不管用，看起来是大数据筛选，实际上还是人在操作；不同的省、不同的市乃至不同的县都在开发各自的"码"，去一个地方就得换一个码，让人"累觉不爱"。要尽快把健康码标准真正全国统一起来，把核酸检测结果全国互联互通，把先进地区精密智控的做法经验快快地复制推广到更多地方，"一地创新、全国使用"。不能让所谓的属地化、行政化甚至利益群体阻碍技术经验的推广普及，而是要想尽办法，让数据多流动，让病毒少流蹿，让老百姓少折腾。

为什么有时该说的不说，"对的事"却说不好、听不懂？有些党员干部在聚光灯下开展工作的能力较弱，要么一味回避躲闪群众关切，要么新闻发布会上说了一大通，结果都不是群众想听的、普通人能听懂的。要把那些逃避责任该说不说的揪出来曝光，把说不好、不会说的人从发布席上快快赶下去，把那有资格说，而且说得好说得清说得准的人多多请上来，在不确定性中多给人以确定性，让权威专业的声音立起来。

每一种能力的背后，都有一个共同的价值考量，那就是人民至上、生命至上。公众的呼声与诉求，历来是我们调整优化抗疫政策的基点。抗疫目的只有一个，那就是为民造福，就是护佑每一个人的健康、平安。抓住了这一点，我们的步子就不会乱、行动就不会偏。

疫情发展到现在，防控早已不是开"盲盒"。任何一次调整，其实都是政策的迭代、防控的优化，是离成功更近了一步，不是自我放弃、自我否定，不应循规蹈矩、自我设限。对我们来说，疫情防控就像开一艘大船，减速失速不行，急速转弯也不行。正因如此，才有防控方案从第一版，迭代到现在的第九版。沿着这个方向，相信还会迎来更加精准的第十版、第十一版……

建造疫情防控这艘"大船"，最终是要载着14亿多人顺利到达对岸。船到湍流处，更需心劲齐。要相信，我们不会一直漂流下去，只要团结一致、步调平稳、节奏不乱，一定能在不远的将来平安下船。

沈世成 何诗航 谢滨同 李攀 王云长 执笔
2022年11月29日

中国茶何以入人类非遗

> 如果说精良的技艺是茶的心,让其有无穷尽的生命力,那么厚重的民俗文化就是茶的魂,让其能拥有悠远的影响力。

中国茶,再次走入世界视野。

北京时间11月29日晚上,在距浙江万里之外的摩洛哥,联合国教科文组织正式批准"中国传统制茶技艺及其相关习俗"项目纳入《人类非物质文化遗产代表作名录》。这是中国第43个人类非遗项目,也是浙江第11个人类非遗项目,目前中国总数位居世界第一,浙江总数继续保持全国第一。

"中国传统制茶技艺及其相关习俗"项目包含了全国15个省份的44个小项目,浙江作为牵头申报省份,有6个项目包含在其中。

作为申报工作的牵头省份,浙江的压力不小。不过,浙江用四个月时间,克服空间距离、疫情防控、时令物产的困难,提交的技术审核材料一次通过,最终完美"上岸"。

此次申报成功,既是文化盛事,也是民族骄傲。喜悦之余,我们不禁思考,在人类非物质文化遗产代表作申报这一大考中,中国茶为什么能？申遗之后，中国茶如何行稳致远？

一

"中国传统制茶技艺及其相关习俗"项目申遗成功，其分量几何？恐怕知道的人并不多。

人类非物质文化遗产最早公布于 2001 年，是指经联合国教科文组织评选确定而列入《人类非物质文化遗产代表作名录》的遗产项目，记录着人类社会生产生活方式、风俗人情、文化理念等重要特性，是全人类共同的宝贵财富。

按照联合国教科文组织规定，每个国家两年只能单独申报 1 个人类非遗候选项目。本届有来自各国的 46 个文化遗产项目参评，难度自然不言而喻。

那么，本次入选的"中国传统制茶技艺及其相关习俗"到底是什么？顾名思义，就是贯穿采茶、制茶、饮茶等各环节的传统制作工艺以及衍生的相关习俗，包括茶叶采摘、茶园管理、手工制茶、茶的饮用和节庆习俗等等，始终代代传承、生生不息。

采茶是制茶的准备。不同生长条件的茶树，采摘要求有所不同；不同种类茶叶的加工，采摘要求也大相径庭。

制茶是茶技艺的核心。根据各地不同的风土、茶叶品种，充满智慧的茶人运用杀青、闷黄、渥堆、萎凋、做青、发酵、窨制等核心技艺，发展出绿茶、黄茶、黑茶、白茶、乌龙茶、红茶六大茶类及花茶等再加工茶。

在茶人的巧手之下，中国茶"家族"变得更加丰富多彩，2000多种茶品，以不同的色、香、味、形满足着人们生活的多种需求。

泡茶则更是一种技艺。热水冲淋茶壶，随后将茶壶、茶杯沥干，放入茶叶，倒入开水，看着在水中舒展的茶叶，闻着沁人心脾的茶香，品着温润的茶汤，甚是享受。

除此之外，茶盘制作、紫砂茶具制作等与茶相关的传统技艺，都是茶文化的重要组成部分，共同构成了传承千年、博大精深的中国茶文化。

二

这次，浙江有6个国家级非遗项目成为其中的重要组成部分，分别为：绿茶制作技艺西湖龙井、绿茶制作技艺婺州举岩、绿茶制作技艺紫笋茶制作技艺、绿茶制作技艺安吉白茶制作技艺，以及庙会赶茶场、径山茶宴两项民俗活动。从中，似乎得以一窥浙江茶文化的渊远流长和与时俱进。

茶圣陆羽在《茶经》中对浙茶技艺记载详实，"钱塘今杭州天竺、灵隐二寺产茶"，对杭州产茶史的明确记载自唐代始。

北宋，辩才法师在龙井狮峰山下开山种茶，成为龙井村种茶制茶的最早历史记载。据说，苏轼常与辩才品茗吟诗，他手书的"老龙井"匾额至今尚存于狮峰山的悬岩上。

西湖龙井茶区的茶叶炒制工艺，有包括抖、带、挤等在内的"十大手法"。安吉白茶的炒制，则要经历采摘、摊放、杀青理条等七道工序。还有独具特色的婺州举岩制作技艺，主要由拣草摊青、青锅、揉捻等七道工序组成。

由《茶经》中"紫者上，绿者次；笋者上，芽者次"得名的长兴紫笋茶，每年于清明至谷雨期采摘一芽一叶或一芽二叶初展，经

14道工序，前后所用时间竟达半月之久，被陆羽称为"茶中第一"。

如果说精良的技艺是茶的心，让其有无穷尽的生命力，那么厚重的民俗文化就是茶的魂，让其能拥有悠远的影响力。

金华磐安县的玉山古茶场初建于宋代，每年有两场盛大的庙会，届时茶场里挂迎亭阁花灯、竖龙虎大旗、办茶神祭祀等，吸引着天南海北的茶农、茶商、茶客。

径山寺在宋时会举办"茶宴"，宴会上，人们将茶叶碾碎成粉，用沸水冲泡调制，我国古代茶艺的经典技法"点茶法"正是由此衍生而来，日本"茶道"也源于此。

正是这些凝聚了前人智慧的制茶技艺与习俗，奠定了浙茶传承发展的扎实基础，也为中国茶赢得了分量十足的国际话语权。

如今，浙江是中国茶生产的重点省份，尤其绿茶，产量占全省茶叶总产量的90%以上，是全球绿茶生产、加工和出口的中心，赢得了"世界茶乡看浙江""中国绿茶看浙江"的美誉。

2006年，习近平同志在《世界茶乡看浙江》一文中提到："浙江茶叶连续20年的持续增长，不仅解决了百万户农民的增收问题，也为农村转变经济增长方式提供了新的思路，为社会主义新农村建设提供了基础和条件。"

从传统饮品变为现代全链条产业，从上游的茶旅融合到下游的茶元素衍生品研发，一片叶子不仅能富一方百姓，还香飘四邻。不止步于此，我们还要给浙江绿茶贴上有机生态、标准化、机械化、多元化的标签。

三

回到当下，非遗的保护与传承，不是拥有一份"名录"就好。面向未来，我们应怎样保护好、传承好、发扬好"茶非遗技艺"？

申遗成功值得骄傲，但我们也发现，浙江茶仍需"突围"：

国际竞争压力逐步上升，诸如日本这样的产茶国，其产量虽有不及，单价却能高出我们十倍有余。

市场品牌林立，一些消费者却只知立顿、川宁这样的国际大牌，鲜有脱颖而出的浙江品牌。

"茶风"渐起，却好之者众、知之者寡，令茶文化传承陷入窘境。譬如近来，"围炉煮茶"备受追捧，但一些不明就里的茶客在追捧之余，也暴露出对茶叶品种、操作手法、饮茶文化还存在认识误区。

面对这些问题，首先要做好"解码"文章，把茶文化的精髓挖掘好、展示好，让更多人爱品茶，更爱了解茶文化。

比如，让茶技艺更加贴近人们的日常生活，充实人们身边的文化空间，在品茶、制茶的体验中读懂茶文化。在浙江绍兴，就有一家名叫"绍兴非遗客厅"的特色店，沿街靠窗的位置陈列了以越红茶为代表的多种非遗项目精品，南来北往的游客在此喝茶听戏、以茶会友，感悟茶的魅力。

其次，在保护好传统技艺的同时，也应让茶乘着文化产业的翅膀，走到更远的地方，走到更多人的身边。

当下，浙江正结合"五百五千"计划，把茶与非遗旅游商品相结合，将茶非遗资源引入商场，开设茶非遗展示馆、非遗生活馆，培育形成一批非遗特色商场……茶,有了更多的品读方式。

最后,非遗如何守正创新,培养人才亦是关键。

各项传统技艺的传承人是茶文化最好的"代言人",应多提供平台让他们走到台前,不要让"守艺"人独守传统技艺。

比如作为西湖龙井制作技艺传承人,葛维东收徒授艺,带出了大批能手,成为西湖龙井茶发展的典型代表,让茶人精神和制茶文化代代传承。与此同时,还应发挥专业院校优势,完善茶非遗人才培养和孵化机制,让更多年轻人走近、了解、爱上中国茶。

古树新芽,生生不息。"茶非遗"这篇文章,浙江还有太多的内容值得书写。

后申遗时代,期待我们酝酿出更美的"茶滋味"、更潮的"茶体验",与你我共享。

吴意琦 吴飞霞 向尉文 执笔
2022 年 11 月 30 日

3.2万条留言,那些你还没看到的

> 从网友的留言中,我们读到不少平凡人生的温暖故事,感受到很多人对国家疫情防控政策的理解和支持,以及对"层层加码""一刀切"的深恶痛绝。

昨天下午3:35,"浙江宣传"发布了《"人民至上"不是"防疫至上"》,截至今天早上6时,阅读量达到1528万,点赞量达到15.5万,有32463条读者留言。遗憾的是,因为微信公众号的系统限制,我们最多只能放出100条留言,所以很多读者的声音没有被看到,但我们觉得都很精彩,应该得到展示。

今天,我们专门将其他未被精选的部分留言整理出来与大家分享,听听"浙江宣传"更多读者昨天未能发出的声音。

我们发现,这些留言大致可以分为以下几类。

一、建言献策类

饴：

跟新加坡和香港比，我们老人接种率远不及别人。与其天天把"老人和孩子怎么办"挂在嘴边，不如先把接种率提上去。

风：

正能量。目前防疫有些地方还得改进，比如惩戒力度，居家乱窜的，核酸造假的，等等，必须入刑，重刑才能有所收敛。

blue：

1.在切实提高老人疫苗接种率方面的努力呢？在对更多种类疫苗放开接种方面的响应呢？完全可以做到以我为主的疫苗主体，不动摇多种疫苗共存的形势。而不是因为某些争论脱离了人民至上的根本。

2.在切实提高病床数特别是应对重症以上的ICU的努力呢？无论是总量的投入还是比例的提高，是钱的投入也包括人才的引导。完全可以做到重症以上为主的诊疗模式。而不是到现在仍花费巨量资金耗费无数人才去搞方舱了吧。

孙健波：

希望杭州东站对待上海来杭的卡口能够更加高效，目前每周来返上海杭州的工作通勤受到的影响很大。一旦因为没有三天三检杭州这边就会赋黄码，导致再次回杭就要等待核酸数据上传，这个过程要坐在东站等一个小时。

lyu：

作为2020年初参加湖北抗疫的医务工作者，提供个人浅见，供参考。一直以来的重心大多放在切断传染链上，受影响的大多是青壮年劳动力，对社会和经济的影响源于此，而老弱和有严重基础疾病的人群才是关键，提高高危人群疫苗接种率和重症救治能力才是关键。

JoeyNoritake：

防疫不力需要被处理。过度防疫，违背"人民至上"也需要被处理。让有能力，有责任心的干部上，让保乌纱帽、能力平庸的干部下。

王亚龙：

我加一条建议：希望能建立更完善的舆情反应机制，对百姓的埋怨集中反馈到具体部门去解释，去落实，去道歉。而不是恣意删评控评，激化矛盾。

猫的薛定谔：

统一各种健康码首先要对于当前核酸检测机构的乱象进行严厉整治，否则各个地区也无法信任其他地区来的人所持的核酸报告。

水曰润下：

防疫本身是为了人民。如何在防疫的过程中贯彻"以人民为中心"是地方所必须考虑的现实。防疫和民生也不矛盾。在防疫过程中关注和发展民生，也是地方需要深入思考的问题。

二、释放情绪类

M：

今天朋友圈都在转发"浙江宣传"的这篇文章，我一字不落地看了，特别感动。我是疫情防控定点医院一线抗疫医务工作者的家属，抗疫三年来，抗疫医务人员及其家庭承受的心酸和硬扛下来的苦，可能我们是最清楚的，真的很难，真的很苦。近期看到社会上对医务工作者的付出产生了质疑的声音，真的特别心酸，我爱人哭了一天，她一度怀疑抛下家庭幼儿的三年，没日没夜戴着N95穿着隔离衣穿梭在医院的三年，值不值得。

谢谢"浙江宣传"，你让我们知道，我们医务工作者家庭三年的付出，值得。

年轻真好：

三年，国家挽救了多少生命。花费了多少人力、物力、财力，现在大家都困难，但是希望大家团结一心，一起渡过难关，国家考虑的从来都是14亿人，而不是个人，不能做到人人满意，但绝大多数人满意。国家的出发点是14亿人民，不要用自己的个人出发点来评价国家的政策。这三年，其实国家做的每一个决定，都是极其艰难的。但我知道，这三年，挽救了不知道多少生命。加油，中国。

Laurance_徐：

那就针对老人跟小朋友实施针对性关爱吧，把有限的核酸检测资源跟医疗资源给他们，我们年轻人就不抢占资源让政府增加财政支出了。现在刚好相反，人民真的太累了，服务行业都被拖累成啥样了。

呵呵笑我我笑呵呵：

犹记得2020年初，疫情最严重的时候，很多地方谈汉色变，当然为了大局，每个湖北人武汉人都能理解，但难免心酸。很多人嘴里说着武汉加油湖北加油，但是你不能出现在我身边，用"举报""逮起来"等词汇对待偶尔出现在街头的鄂字车牌，过完年绝大部分湖北籍员工被通知在家等候通知，解封后正常出去的员工被区别对待……但我清楚地记得亲戚家孩子在杭州工作，过完年单位就派车来湖北接他去上班。当时真的觉得眼泪都快流下来了，那时候起就觉得杭州是个温暖的城市，浙江是个有担当的省份！我鼓励我的孩子以后努力考上浙江的大学并留在那里工作！

盼盼盼不远远远：

最近因为某些事情，其实整个人是很激愤的，但看完文章以后觉得还是有希望的。有些人病了，但我相信更多的人是好的，为了我们而努力的！谢谢你的文章。

对方正在输入…：

作为一名医务工作人员同时也是一名党员，经常会跟我爸讨论当下的疫情形势，我爸是五十年代过来的普通人，他说，没有共产党就没有我们现今的生活，每个年代都会赋予当代人不同的历史责任，如今到了你们这一代出现了疫情大关，你们得扛住了！所以每次我去支援的时候他都会支持，说你作为一名党员应该去，但一定要做好防护措施！

顾维林：

我们从不抗拒防疫，抗拒的是为了防疫而防疫、为了利益而防疫。

小滑块：

写得确实好哇，我周围的同学朋友，没人说要完全放开，但对于这过程中产生的种种不合理、不科学、无效且有风险的种种行为感到反感和抵触。

Unicorn：

不反对动态清零，但是真的很讨厌动不动就封控，甚至连个解封的日期都不明说，今天社区开了证明我去医院开药，前面有一家人，老人应该是康复出院不久，病情又反复了，但是因为住院要24小时核酸医院没办法接收，最后也不知道情况怎么样。我家里母亲也是上周刚出院能体会到这家人的着急，没有核酸不能接收真的是不太好。

诗和远方：

作为一名社工，我感触颇深，数据重复核查，没有问题的人员也要核查，不仅造成基层工作量大，还严重影响群众出行，有时半夜打电话还会打扰他人休息，碰到理解的还好，不理解的一顿骂挂电话，很无奈。

Zoffy：

世界杯的狂欢只是让你看到光明美好的一面，疫情背后黑暗悲惨的一面你是看不到的，因为死去的人是不会说话的。

三、坚定信心类

田瑞阳：

听这篇文章的时候，我正在防疫第一线，夜以继日地投入在工作中，为了入党时的初心，更为了我的家乡尽快恢复到往日的人间烟火。坚信我们抗疫一定会取得最后的胜利，凛冬已至，春天还会远吗？

肆佰：

写得太好了，读完让人热泪盈眶，三年来中国人民始终在坚持抗疫，始终在盼望着成功摘掉口罩的那天！

施茗淅：

作为一个基层医务人员，我对疫情的感受更是切身实际，2019

年暴发时就奋战第一线，今年大年初一凌晨又奔赴富阳。虽然直面病毒但我之前并不害怕，相信党和政府能带领大家共渡难关，直到这次网上突然铺天盖地的消息说"国家保护人民三年了，以后就靠自己了"，"要放开了"，"河北已经放开，医护大部分已经羊（阳）了"这些不辨真假的消息才让我觉得迷茫丧失信心。今天单位已经做好了全院应急医疗分组，面对浙江日益增多的病例我们已经准备好了，晚上看到浙江宣传这篇文章，仔仔细细看了两遍，心突然就踏实了，身为浙江人民，身为中国人民，我们是幸运的，就脚踏实地地听从党的指挥吧，不会错，最终我们肯定能克服新冠，中华民族的特色就是人定胜天！

烹小鲜：

必须点赞，用数据说话，有理有据，认真及时回应老百姓的关切要点，不所答非所问，真应该让各级政府好好学习。各地政府疫情管控方式不仅是考验政府的执政能力与水平，也是凝聚民心最好的机会。做得好的政府，在人人自媒体的时代，老百姓自然自觉宣传正能量。中国的政府是世界上最负责的政府，中国的老百姓是世界上最好的老百姓。相信国家，相信党，只要我们团结在一起，什么困难都能一起战胜，这篇文章必须转！！

喵：

非常有幸能看到、看进心里，这样的写作，能看出这是经过调研、搜集、开会、探讨等一系列工作总结出来的，深入到人民心坎里的另一种交流。希望更多的人民群众、党员干部理解换位，党在这样复杂的情形下，依然人民至上。他们竭尽全力作出的政策，完善与否都需要一个过程，我们都是在不断探索中前进和发展，有时候事实不一定能看到，经历了才可能知道。

增加信任，共克时艰，保护好自己，避免不必要的事情，是当前最重要的任务。剩下的交给党，交给国家。让我们待到山花烂漫，出门一起璀璨！

lily：

只要我们科学抗疫，尊重科学，实事求是，深信曙光就在前方。相信大家一起努力，定能共渡难关，国强则民强，国富则民富，国家昌盛则民族亦昌盛。越是在关键时刻，越要和祖国站在一起。

眼神：

夜深人静，三个孩子都睡了，在出租屋里很有安全感和幸福感，一字一句认真地看完，文章很有感染力。在浙江九年，疫情三年，从来没有放弃和消极地生活，孩子跟着我们在异乡打拼都很努力，相信"乌云"总会散去。

刘金：

冬天从来不只有萧条。冬天像孕育着彩蝶的蚕茧一样，孕育着色彩斑斓、鸟语花香、生机勃勃的春天。坚持就会胜利，春天就在前头。

耳東：

从来没有否定过动态清零或者国家层面更全面的政策，因为我们个人无法为损失负责。但也希望各个地方不要推脱责任，做到真正的人民至上，这才是我们想看到的。

四、表达共鸣类

大盖子：

因为拥有所以害怕失去，失去"自由吃喝、自由玩乐，自由出国"的权利,这些曾经获得很多的人,呼喊着"放开",向西方学习,而中国是一个14亿人口,发展不平衡,人口多元化的国家,更多的"沉默大多数"只是希望疫情平稳,因为他们是需要出门工作,干一天挣一份钱的劳动者,但往往,他们更积极,更平和,更宽容,更隐忍,然而,他们的奔波该用什么来守护?靠摘掉口罩吗?他们真的应该被听见,被照顾,被保护。防疫,不是为了限制谁,而是通盘考虑绝大多数人的安危,因为病毒并没有长眼睛,更不会精准制导确保哪一类人可以永远平安。相信不断优化的防疫政策,管理好自己与家人,在充分保护的前提下尽可能生活如常,这才是一个文明人该做的事。

极致猴儿:

不愧是我心目中最人性化最先进的省,在各种育儿群里,看到浙江省的妈妈,都很幸福,讲起疫情他们一点都不慌,也不抵触。看了这篇文章,我明白为什么了,多么高知的官媒,多么清醒的官媒,多么有逻辑的官媒,说得让人心服口服。再看看人家对防疫的解读,真是理性,人民至上啊。看得我都想为儿三迁了。

Tubie:

这篇文章真的有理有据有节,我一直很期待官方能真诚地把当前病毒毒性明显下降后为什么还不放开说清楚,终于等到了。群众从来都很支持政府的工作,但是群众真诚,各级政府也得真诚。官方的发声不应该每次都是唱高调、喊口号,像这一篇实事求是把问题说清楚,多好。

潘聪:

现在不仅是我们国家21世纪以来遇到的最困难和严峻的时期,也是发生很多敏感话题的时期,这里就不展开讨论。全国人民应该清楚意识到无论是遇到怎么样的矛盾，什么问题，都应该坚定不移地爱国，绝对不能做任何伤害国家，伤害人民的事情。我们的人民在进步，国家也在进步，人民和国家是永远站在同一战线的。有些事情个人无法改变的，但是可以让自己更强大，把自己的生活过好，好好照顾自己的家庭，其他的也不说了。

阿狸果果[UAD]：

现代社会的治理，工作要细致又反应迅速，这篇的态度，真的不能同意更多！目前的问题是有很多，但只要目标明确而坚定，我们必然可以一一解决。这时候说要放弃，那么前面三年的付出又是为了什么？行一百而半九十，已走了那么远，不要倒在终点线之前才来痛心疾首！

虽然死亡率不高，可是对于每个个体，谁又希望自家的老人孩子成为那概率中选的人呢？在别人家，可能就是个数字，落到个体头上，可能是一辈子的伤心。稍稍麻烦一点，配合一下，坚持一下，这个冬天过去，春天总会按时到来。

阿汉：

写得好！基层很苦、很累、也很难。科学防疫中，层层研究决策，到了末端定会有偏差。一定要科学防疫，从指挥、智囊团队、保供、医疗、宣传上共同团结发力，是组合拳，不是单打独斗。各种修正不可怕，可怕的是不理解、被漠视、误解。需要正能量，好声音。

刘亚慧：

三观太正了！居然能看到一篇跟我想法完全契合的文章。最近因为跟身边很多人想法不同，感到无法说服，非常郁闷。这篇文章有理有据，完全表达了我的感受，也非常客观地写出了事实情况，以及我们现阶段该有的态度。大赞。

Howie：

最近发生了很多事，看着身边很多人的不理解，却无能为力。没有一篇文章能比这一篇更能代表我的立场和感想了，谢谢你。

王慧春：

决策是好的，但基层执行的时候考虑的是政绩、官帽，难免层层加码，动不动静默，封控，甚至在明知没有传染源的学校也要宿舍静默，高校更是如此，一放了之，三年大学，有一年就在家里度过，诸如此类，举不胜举！人民至上，生命至上，切实做到落实难上加难！

闹：

各个点都讲到我的心坎上，看到这篇文章，让身为浙江人民的我更加自豪。接地气、敢想、敢讲、敢创新，不仅总结疫情三年以来人民的心态、情况，还总结了疫情的不当措施、需要改进的地方，也给出了创新的政策方案。看了这篇文章顿时让最近看到那么多疫情切实不合理的事件产生的郁闷消散了大半，大爱浙江。

天涯人　周爱群：

说得太好了，我们老百姓不反对动态清零政策，我们理解国家的统筹安排，但是我们反对的是基层底下操作层层加码，把鸡毛当令箭，防疫有变味的趋向，造成大家恐慌情绪以及负面情绪。

五、迷茫困惑类

帅帅冠：

总体都说得很客观，我非常赞同；对咱们国家的防疫政策从国情出发，也是无比赞同。但有两点疑问，一是关于疫苗，近期曝出科兴疫苗的问题，我们是否还能相信自己所打的疫苗有用？二是，西方国家现在的"一切如常"是怎么做到的？如果仅仅是以数万计的生命堆砌出来的，那现在是不是仍在继续堆砌过程中？他们怎么敢继续堆砌？是不是他们对自己的疫苗很有信心？

Jared 赵军杰：

为什么咱们的ICU床位和老年人接种率还有那么大的差距？何时才能符合放开的要求？现在各地的主要精力貌似都在搞核酸检测。

Reger 欢欢：

我想知道医疗机构对重症和治疗的药品和设备有没有做好储备？医疗机构能不能应对大规模的治疗，过去三年都在强调方舱的建立，我们想知道医疗机构在防疫治疗上做了哪些内容？

刚健中正：

政策的迭代、防控的优化方向没问题，为什么在执行层面出了问题？是培训没跟上，还是解释不到位？

六、热爱浙江类

@靳佳南：

我想去浙江添砖加瓦。

无聊：

离开浙江七八年了，它依旧如我印象中那样有责任，有担当，依旧那么优秀。

Just do it：

前段时间看到一些事，听到一些话，辗转反侧，难以入眠。看了这篇文章之后，突然就像吃了定心丸一样，迷雾中还是有高人看清一切。身为一个浙江人，很自豪。干在实处，走在前列，爱且永远相信浙江。

永进：

既是高速公路的工作人员，也是基层社区业委会的一员，我感觉我们浙江在疫情防控方面实事求是，既兼顾经济发展，又防止疫情扩散。这既得益于浙江政策落实到位，也靠基层工作人员的长期付出。

浙江做得很好，庆幸生在浙江，身在浙江！对好的政策要在全国推而广之，对违规加码产生的问题要予以追责，始终坚信国家会更好。

Sylvia：

我同学被这篇文章吸引已经考虑毕业到浙江工作了。

李辉：

我在杭州工作，我因为工作经常出差，但是我非常感恩浙江的防疫工作。下高铁就做核酸，精准防控。在杭州从来没有乱封家，去年哪怕片区有感染密接，也通过当天核酸发通行证的方式解决，从来没有一刀切，一锁封。杭州的防疫工作人员脾气都不错，没有暴力工作，杭州的市民也很理解很支持大白。浙江的文明，是浙江人一起树立的，是浙江生活的所有人一起努力得来的。相信政府，相信党，一起努力。

七、鼓励表扬类

Daisy：

摆事实、摆数据、讲道理，也没有回避国内现下有些地方能力不足产生的错误,看得出一字一句都是发自内心写下的。真诚建议大家读完全文。

Winshare：

以前一直对"写材料""笔杆子"嗤之以鼻,此文让人看到了写材料的真正意义,少一些八股文,多一些实在的分析,道理才能服众,才能打赢舆论战。

馨丹：

郁闷了好多天,终于看到了从实际出发,用数据说话,围绕民众的切身利益,敢说真话的好官媒。很庆幸国内有这么优秀的官方发言平台。太感动了。不好意思,没有经过您的允许,转发了朋友圈,希望更多的人,了解真相。

云上看日出：

这种文章多一点,多说大白话,让人民多了解;也不要层层加码,把底层防疫工作做好,不是对人民处处粗鲁对待只管隔离,相信最终都会理解和配合。

刚毅坚卓：

"浙江宣传"这篇文章写得非常好,有理有据地回答了为什么不能放开,我们目前问题在哪,应该怎么做!另外,绝不能因为发生疫情就随便问责基层特别是社区干部,有问题可以批评教育甚至调整岗位,不能随意问责,那是典型的官僚主义、形式主义。要为基层责任松绑,才能更好地落实精准!这个时候,所有人都要真心实意地以行动为防疫人员加油,而不是口头说一套,背后做一套。

Anna：

感谢发声,我们需要这样敢于面对事实的战士,人民才会更有耐心和信心一起打赢这场胜仗。

xgq：

我不得不路转粉了！在疫情防控出现阶段性迷茫，需要信心、耐心的时刻，把理说得有理有数有节有批有盼，把文章写得这么有人性，把防疫说得这么有道理又不煽情，非"浙江宣传"不可。

写在最后：我们今天整理发出了58条留言，是全部留言的零头。从网友的留言中，我们读到不少平凡人生的温暖故事，感受到很多人对国家疫情防控政策的理解和支持，以及对"层层加码""一刀切"的深恶痛绝。我们也非常感谢广大网友对我们文章的鼓励，以及批评和建议，我们将继续努力。因为你们，我们会继续"说人话、切热点、有态度"。

李攀 徐毅 方晨开 汪磊君　执笔
2022年11月30日

江南遇雪

> 在浙江,处处可赏雪景,嘉兴乌镇、宁波东钱湖、湖州莫干山……一处的雪景,有一处的风情。与合适的人一起赏雪,除了情调,更是人们精神生活的极大满足。

昨天(11月30日),杭州、嘉兴、湖州、绍兴等地就迎来了今年冬天第一场雪。相比往年,这场雪来得更早一些、更大一些。

据"浙江天气",杭州平均初雪日期12月31日。也就是说,今年足足提早了一个月。

在江南,大雪并不常见,往往要经历长时间的期盼与等待。正因如此,在北方人眼中稀松平常的场景,却是江南人翘首以盼的景色。

江南遇雪,足以脑补出一部诗情与浪漫的大片。

一

江南少雪,所以弥足珍贵。

从杭州的"雪史"来看，11月16日是多见的初雪日期，1955年、1969年、1976年都是这一天，最迟的一场初雪则要拖到4月中旬。最"惨"如2019年、2020年，杭州主城区就没见过"像样"的雪。

杭州为什么少雪，杭州市气象台官微说，这是因为杭州降水和气温很少能同时符合条件。下雪需要近地层气温下降到0℃附近或以下，使得雪花在下落过程中不至于快速融化。一方面，冬季的杭州雨少，另一方面，全球气候变暖大背景下，杭州冬天的气温不低，很少能达到下雪的天气条件。

因为少雪，所以更爱雪。每当到了冬天，浙江人就开始期盼第一场雪什么时候能到。有时候，雪迟迟不来，"盼雪"的情绪积累，以至于只要有一点点雪子落下，也能引发朋友圈的刷屏。

去年12月25日上午，杭州市区下起了一场小雪，网友将其称之为"头皮屑"。即使如此，大家还是很激动，"杭州下雪"的词条甚至冲上了微博热搜。

"一粒雪也是雪！"南方人的心情，让见惯了大雪的北方人难以理解。

小雪尚如此，如果刚好大雪，再冷的天也挡不住杭州人看雪景的激情。

2018年12月30日下了一场让所有杭州人都印象深刻的鹅毛大雪。因为没有雨水伴随，这场雪下得更纯粹，西湖边人潮涌动。在西湖雪景中跨年的人们，想必是留下了人生中美好的回忆。

成年人喜欢赏雪，在漫天飞舞的雪花中感受浪漫，孩子们更喜欢玩雪，在雪地里打滚、堆雪人，是童年的记忆之一。

昨天上午10点左右，杭州、湖州等地，先是下雪子，然后慢慢飘起了真正的雪花，屋顶、树上很快积起了薄薄的一层。心急的人们，下午已经赶到西湖边、宝石山上，直播起了西湖雪景。

德寿宫的红墙，更是"期待"下雪很久了。如果这场雪一直下，到第二天，朋友圈里应该就能看到众多红墙雪景的照片了。

二

杭州的第一场雪，一般都属于天目山的清凉峰，今年也不例外。

海拔1700多米处的山间，初雪之后，便是美丽的雾凇景观，山水上下一白，松柳凝霜挂雪浪，"忽如一夜春风来，千树万树梨花开"亦不过如此。雪地上，成群的梅花鹿若隐若现，为雪景平添一份生气。

浪漫的江南百姓，称之为"初雪与临安的默契使然"，这也让本就婉约的江南，增添了几分诗意。

下雪对于西湖，更是另外一份情致了。

明代书画鉴藏家汪珂玉曾在《西子湖拾翠余谈》说："西湖之胜，晴湖不如雨湖，雨湖不如月湖，月湖不如雪湖。"

雪后西湖最容易让人记起的，当属张岱的《湖心亭看雪》。文中写道："雾凇沆砀，天与云与山与水，上下一白。湖上影子，惟长堤一痕、湖心亭一点、与余舟一芥，舟中人两三粒而已。"

不过，杭州的大雪太少，要想看到如张岱描绘的湖心亭雪景，除了要有闲情之外，还需要等待老天的馈赠。

西湖边赏雪点最有名的，还是断桥残雪。

许仙与白娘子的爱情故事，让断桥有了一层浪漫的含义，纯白的雪景，又加上了"一路白头"的祝愿，也就难怪一到下雪的日子，便有人涌去西湖断桥边。

如果是一个人也没关系，哼着"断桥是否下过雪，又想起你的脸"，也是很适合此时此刻的心境。

一遇上雪，中国人的诗情画意是藏也藏不住。

王徽之曾在大雪纷飞的夜里兴致大发，经过一夜舟旅探访友人，却临至门前而转身返回。于是有了"在雪夜神游中已经尽兴，又何必看重登门相见"的潇洒；为写出神来之笔，唐代诗人孟浩然"思在灞桥风雪中驴背上"，此后"踏雪寻梅"也成为中国文人的行为艺术。

鲁迅先生也说，"江南的雪，可是滋润美艳之至了"，虽不如北方的雪来得苍茫壮阔，江南的雪恰似素颜的女子，只消一个回眸，一个浅笑，就醉了日月河山。

除了赏雪，脑子活络的浙江人还从雪中寻找机会。如临安大明山，每年冬季都会成为杭州"最热"的地方之一，上海、安徽等地的滑雪爱好者多汇聚于此。

在浙江，处处可赏雪景，嘉兴乌镇、宁波东钱湖、湖州莫干山……一处的雪景，有一处的风情。与合适的人一起赏雪，除了情调，更是人们精神生活的极大满足。

三

"圞坐红炉唱小词，旋篘新酒赏新诗。"江南日暮的雪景里，南宋钱塘女诗人朱淑真在与女伴们围炉品酒间，留下了这样的诗句。

下雪的日子，除了赏雪景之外，最合适的就是聚会了。

杭州"老市长"白居易写过一首著名的诗:"绿蚁新醅酒,红泥小火炉。晚来天欲雪,能饮一杯无?"道出了多少人对雪后闲情逸致生活的向往。

雪夜与友人小酌、赋诗、唱和……窗外雪下了一夜,与友人在这样的夜里促膝围坐,清朗之音、玲珑之声、环佩之韵,连同氤氲而起的幽香,都在江南的雪中,都在一杯杯温热的酒里。

"融雪煎香茗,调酥煮乳糜。"这是白居易另外一首诗中的雪景,这种生活,很像现在流行的围炉煮茶了。三五好友,围坐在一起闲聊,中间煮着茶,烤着红薯、板栗、花生,已成为在当下年轻人中走红的休闲方式之一。

70后、80后的农村孩子,多少都有过冬夜一家人围坐烤火的日子,灶洞里的火光,映红了所有人的脸,嘴馋的孩子,还会在火堆里埋进几个红薯,等到香气四溢时再拿出来分享。

作家汪曾祺曾说,家人闲坐,灯火可亲。人们感念雪后的赏景、饮酒、煮茶、烤红薯,实际上是怀念灯火人间、亲人陪伴的幸福生活,平淡而充盈。

若无闲事挂心头,便是人间好时节。在这样飘雪的日子里,看一场雪景,约一个想见的人,日常生活,也可以是诗意生活。

钱伟锋 李俪 执笔

2022年12月1日

别让乡镇宣传委员"左右为难"

> 总之,宣传思想工作从来都不是敲锣打鼓那么简单,它是考场和战场,需要乡镇宣传委员"回归宣传",转换精力、积蓄实力,考场赛、战场见!

党的二十大精神宣传教育高潮迭起,谁在组织乡镇基层宣教活动?临近年底,谁在策划开展乡村喜庆热烈的节日文化活动?乡镇文化站、农村文化礼堂等一大批公共文化空间,又是谁在牵头组织管理服务?

答案指向一处:乡镇宣传委员。

目前,官方正式文件里没有乡镇宣传委员这个说法,而是叫分管宣传工作的党委委员,被群众通俗地称作宣传委员。一般每个乡镇都会有一个宣传委员,据不完全统计,浙江目前共有乡镇宣传委员1300多人,其中近1/3身兼多职,甚至部分乡镇宣传委员占编不在宣传岗。

随着基层宣传思想工作难度和压力的不断加大,笔者发现,有的乡镇宣传委员做宣传工作的精力反而越来越少了,岗位和责任也存在一定程度的错位。

原因何在？乡镇宣传委员又应该怎样"干好宣传"？

一

都说宣传工作应"上接天线，下接地气"，乡镇宣传委员可以说是"接地气"的最后一公里，直接与群众"面对面，心贴心"。

但在基层，总有人认为，宣传工作是"锦上添花"的事，几天不干、几个月不干好像也没什么影响，也就出现了"说起来重要、做起来次要、忙起来不要"的不良倾向。

所以在基层总能看到，基层工作需要文字介绍，宣传委员写；特色农产品录制视频，宣传委员拍；重大项目开工启动仪式，宣传委员办；生态环保、平安检查，宣传委员协调……

的确，"上面千条线，下面一根针"，基层工作条线多、任务重。但相较于其他岗位，乡镇宣传委员经常被"挪作他用"，"做宣传"精力自然就少了，更没有时间精力对宣传工作深思考、深耕耘。

精力顾不上、时间挤不出，面对学习党的创新理论、重大方针政策，管好基层宣传文化阵地等任务，很多乡镇宣传委员也自叹"力不从心"。

有宣传委员感慨："如果真的能再多点精力做宣传，肯定能做得更好。"无疑，其中也透露出一些无奈与心酸。

二

有人认为,"宣传工作越到基层越弱势"。

弱势,表面上看是因为没有强大的支持和过硬的本领,归根结底是因为各界对基层宣传工作存在误解。比如,有种颇流行的观点就认为,"宣传工作好像也不创造什么经济价值,工作虚得很"。

"务虚"确实是宣传思想工作的特点之一,但是此虚非彼虚,务"虚"是做思想、传理论、搞文化,因为看不见、摸不着,所以感觉是"虚"的。但它绝对不能和"不重要""糊弄一下就好"画等号。

对"虚"的误解体现在哪里?笔者认为至少有以下三点。

"干一年宣传,不如搞一月工程看得见"。宣传思想工作不是立竿见影的"显绩"工程,不像经济指标等数据变化那么反应敏感、直观可见。工作成效的滞后,使宣传委员任期内可能看不到什么效果,在大众眼中就仿佛"没干什么事"。

宣传思想工作可以"物化""量化"的少。不同于修路架桥,宣传思想工作除了像博物馆、文化馆、文化礼堂等实体阵地可感可知,理论宣讲、群众活动等往往在学习之余、热闹之后,并不能在大众身边留下什么"看得见"的成果。

误解还体现在工作评价上。如何评价宣传思想工作?一直以来都是刚性量化少、定性原则多。比如要求党的创新理论入脑入心,怎么样才算入脑入心?记住百分之多少,才达标?没有刚性约束,工作就容易停留在"做没做",而无法评价"好不好",就容易感觉"做不实"。

因为对"虚"的误解,自然加重了一些乡镇宣传委员工作的"难"。

三

宣传委员的重要性不容被忽视,也应该得到更多支持。

抗战时期的宣传关乎战争胜负,和平时期的宣传关乎经济发展、国家稳定。1980年7月,波兰发生团结工会事件,陈云曾说:"经济工作搞不好,宣传工作搞不好,会翻船的。我讲的宣传工作,不只是讲报纸宣传工作,实际上包括党的整个思想政治工作。"

的确,宣传工作影响着党的整个政治工作。搞不好宣传的风险是什么?最直接的便是党的精神不能传达、政策无法落地。比如党的二十大精神宣传贯彻,如果宣传委员不发力,不把精神传达好,群众对党和政府的惠民利民努力何知?

空地不种上庄稼,马上就会杂草丛生。广大乡镇、农村一直是意识形态工作的薄弱环节,如果没有宣传委员的守护,舆论阵地和基层阵地就会失守。正确导向没有存在感,负面内容就会大行其道。文化活动少了,打麻将、斗地主的就多了;公共文化空间少了,党员群众交流就少了,矛盾自然就多了。

打江山、守江山,守的是人民的心,靠的是每一位基层宣传人的共同努力。

《习近平浙江足迹》一书中,时任浙江省委书记的习近平同志曾提到"我也是个老基层。我对基层工作非常牵挂"。他还对关心基层干部提出"三真"要求,即真正重视、真情关怀、真心爱护。

如何支持乡镇宣传委员"干好宣传"?

大前提是扭转基层对宣传思想工作的认识。思想建设与经济建设同等重要，一月两月不做，就需要三年五载来补。消除误解、提高重视，不急于一日之功，宣传思想工作在基层才不会"三天打鱼两天晒网"。

同时，大环境需要减轻基层干部压力。除了生活上关心关爱、工作上激励减负外，笔者认为，对真正想干事、能干事的基层干部来说，减轻压力不是减担子、撂挑子，支持他们更多回归主业才是最大的重视，给予他们更多主业指导才是最好的关爱。

四

对于乡镇宣传委员来说，宣传工作往往"左右为难"。做多了，有人说"纸上谈兵玩虚的"；做少了，不仅考核评价要垫底，更有人告诫"思想做不好，一切全白跑"。同时，还要兼顾其他条线工作。

精力如何分配，工作如何平衡，"两难困境"考验着每一位乡镇宣传委员。但越难意味着越重要，越难越不能忘了关键。

那么，应该如何"干好宣传"？

正确的事业观是前提。宣传思想工作队伍应该把宣传当事业，做宣传、精宣传、钟情宣传，找到为之奋斗一生的目标。

《一位宣传战士的上山情怀》让我们感慨浦江县委常委、宣传部部长徐利民为上山文化的鞠躬尽瘁、死而后已，他一片热忱，是宣传干部对标的典范。

乡镇宣传委员优势在哪里？在于最了解群众需求、最直面基层问题。因此更要发挥优势，虚功实做、实功"虚"做。

虚功实做，要让宣传思想工作有看得见、摸得着的成效。比如，讲"宣传思想工作守正创新"，群众可能觉得虚，但举办丰富多彩的文化活动、建设宽敞明亮的文化礼堂、打造可知可感的文明环境，群众的获得感认同感就会油然而生。

实功"虚"做，要努力做好党委、政府的宣传员。宣传思想工作不止于宣传思想，所有党委、政府的实事项目要努力总结提炼，进行经验宣传，讲好惠民故事，传播党委、政府好声音。

要把工作做好，还离不开提升专业技能值。有人说，乡镇宣传委员要做到"四会"：会写、会说、会干、会协调。这要靠下真功夫，日积月累方能实现。多多学习理论、阐释理论，常常走进群众、服务群众，在一次次化解风险和应急处突中提升能力，在一次次工作创新和突破中增强本领，才会逐渐成为一名合格的宣传委员。

总之，宣传思想工作从来都不是敲锣打鼓那么简单，它是考场和战场，需要乡镇宣传委员"回归宣传"，转换精力、积蓄实力，考场赛、战场见！

刘雨升 叶世鑫　执笔

2022年12月1日

行车让行人，行人咋样行

> "车让人"让出的是文明与温度，"人让车"让出的是安全与理解。斑马线虽然不宽，却是衡量人们文明素养和城市文明程度的标线。

又到一年一度全国交通安全日。每到这一天，总会唤起人们对文明安全出行的关注。

如今在不少地方，"车让人"已经蔚然成风，此前"浙江宣传"已经发文介绍了浙江的"礼让斑马线"。但另一个视角值得思考：被礼让的行人，是否也做到了以礼相报？

早几年前，笔者就注意到一则新闻：某地一男子在医院门口斑马线上故意穿梭，刻意阻挠调戏礼让车辆，造成现场交通堵塞。

这位"嘚瑟哥"的视频气得人咬牙跺脚。日常生活中斑马线上的不文明行为虽然大多不至于如此，但如何在"车让人"和"人让车"之间找到平衡，已成为许多城市必须解决的一大难题。

一

"要想不扣分,切记让行人。"文明交通倡导到这个阶段,相信很多司机已经养成礼让行人的习惯。

但反过来,时有发生的行人在斑马线上的不文明行为,也常常让车主们十分抓狂。笔者梳理了四类情况:

"休闲式"过马路。有些行人过斑马线,不时驻足嬉戏、交头接耳,有的全程低头刷手机,由此引发的交通事故已屡见不鲜。有关数据显示,行人走路盯着手机时的平均视野只有正常走路时的5%。日本电信公司也曾做过测试,1500人在最繁华的东京街头盯着手机过马路,结果仅有约36%的人平安通过。试问如同闲逛自家后花园一样过马路,哪来安全出行可言?

"无畏式"过马路。有些行人不顾信号指示,"任性"闯红灯,有的在车流量大时,只身一人也硬要优先过马路,有的在绿色信号灯即将跳入黄灯时,还要"大步流星"向前闯。据统计,2021年,在浙江省,行人交通事故死亡人数占全省交通事故死亡总数的三成,其中,横穿马路、闯红灯等违法行为造成死亡事故居多。

"滴水式"过马路。一些没有设置红绿灯而又人流量大的路段,行人走了一波又来一波,一个一个不紧不慢地过,总是断断续续,斑马线前让行的机动车却一动未动,后面排队的车辆越来越多,时常导致整条道路拥堵不堪。

"过谦式"过马路。有些行人过于谦让,站在路口似过非过,出现斑马线前行人和驾驶员"僵持"谁也不走的尴尬场景,有时驾驶员还因为行人一直不走而先通行被扣分罚款。还有些行人为了回应礼让的车辆,快速跑着过斑马线,从而引发"鬼探头"等交通安全事故。

这些现象背后,折射出的是行人文明素养与现代文明要求还有差距,部分行人仍怀着"我弱我有理"的心态,缺乏安全意识;也暴露出城市管理之缺,没有形成合理的制度制约,甚至还有一些问题是由于交通设置不合理而产生的。

"车让人"让出的是文明与温度,"人让车"让出的是安全与理解。斑马线虽然不宽,却是衡量人们文明素养和城市文明程度的标线。

二

在行人与司机之间往往存在一种博弈。车 vs.人,谁才是赢家?实际上,车辆轰鸣声中,永远没有哪一方会成为赢家。

对于拖沓散漫,甚至是闯红灯的行人来说,"我赌你一定会停下让我";对于司机来说,特别是脾气较为暴躁的,"我赌你会怕我,不会和我硬碰硬,我开快点也就过去了"。如果双方都抱有侥幸心理,矛盾和危险总会随之而来。

有人说,对司机的行为约束那么多,对行人却没什么限制;也有人说,"礼让斑马线"不就是为行人服务的吗?行人只要踏上斑马线,即便闯红灯,车辆也得停下让行。

的确,从法规层面讲,汽车、摩托车、电动车、自行车都应该礼让行人,但一旦发生碰撞,受伤害可能性最大的总是行人。

对于行人来说,"弱势"不是无所顾忌的理由,受"偏爱"更不是马路上肆意妄为的借口。法律法规,是为行人提供保障,绝不是违反交通规则的"保护伞"。因此，过马路不能有狭路相逢勇者胜的"豪气"，行人不能把自己的命交到别人手里，司机不守法固然会受到处罚，但丢命的却是自己！

"宁等一分，不抢一秒""道路千万条，安全第一条"。当个别行人随时随意过马路，养成不文明的习惯，就会加深行人和司机之间的矛盾和误解，破坏交通安全的防线，助长不文明的风气。这种无谓"博弈"的结果，往往是两败俱伤。

行人和司机从来不是对立的两方。行人与司机同向而行，双方遵守合作规则，才能摆脱"囚徒困境"，找到交通安全的最优选择。文明与安全，永远是共同的"目的地"。

三

礼，是相互的；让，也是相互的。礼让是双方尊重，不是一方委屈。

车让人，行人要在确保安全的前提下，快速通行；车让人，行人或招手或点头或点赞，以示谢意，小小斑马线才会更文明，道路交通才能更顺畅。道路顺畅心情才能舒畅。

行走的文明要像车让人一样形成风尚，需要制度政策的保障，让"人快速安全通过斑马线"的倡导入法入规，让愿景成为现实。比如，丽水市发布《礼让斑马线行为规范》，衢州市出台《文明行为促进条例》，将"礼行"或"行人遇机动车让行时确保安全的情况下快速通过"作为鼓励倡导性条款纳入其中。嘉兴市则针对"低头玩手机"过马路等行为，作出了禁止性规定，最高可罚款50元。

当然，有了硬核的制度，还需要加强执法、严格监管，并且准确、生动、鲜活地开展宣传教育。温州市在2019年就开出了全省首张斑马线"低头族"罚单，并向慢悠悠过斑马线的行人送"慢羊羊"以示教育。

此外，完善交通标志标线、增设交通信号灯、增设过街天桥、地下通道、规范设置斑马线等举措，也应紧随其后，给予行人更多安全保障。

这方面，一些地区做了积极探索。杭州市去年在全市推广设置了"Z字型"斑马线，通过"左进右出"、入口处地面喷涂醒目的"向左看""向右看"，引导行人"绕起来"安全通行；海宁市2018年推出智能斑马线，采用"物联网＋智能传感器"技术，守护行人安全出行。

"礼让"这个细节，既是道德的自觉，也是文明的基石，需要细水长流、绵绵用力，更需要每一位行人的共同参与，不当马路"低头族""嬉戏族"，用文明有礼的出行自觉，给予礼让司机一份互敬，给予自己及家人一份安乐。

有人说，"礼让斑马线"是浙江一道美丽的风景。我们期待，"互敬斑马线"在不久的将来，也能成为"文明中国看浙江"的最美缩影。

徐毅　徐婷　刘雨升　执笔

2022年12月2日

大党独有难题难在哪里

> 新的征程上,我们面临的"天气"可能会越来越复杂,甚至会遇到难以想象的风高浪急乃至惊涛骇浪,只有直面险阻、敢于斗争,我们才能跨过荆棘蒺藜继续奔跑。

不久前,"跑过风景跑过你"的2022杭州马拉松落下帷幕。有人总结了跑马需要面对的三个难题:首先,自己体质得过硬;其次,要有强大的意志力;第三,可能会碰到天气突变,得做好应对不确定因素的准备。

笔者联想到中国共产党成立百年来,推动实现中华民族伟大复兴的征程,又何尝不是一场跌宕起伏的"超级马拉松"呢?只不过,这场长时赛的难度是前所未有的,面临的挑战可能会超出我们的想象。

党的二十大报告首次提出了"大党独有难题"这一新表述:"我们党作为世界上最大的马克思主义执政党,要始终赢得人民拥护、巩固长期执政地位,必须时刻保持解决大党独有难题的清醒和坚定。"

中国共产党作为百年大党和世界第一大党，大有大的优势，大也有大的难处。我们党要带领14亿多人民跑好伟大复兴这场"世纪马拉松"，绝不是轻轻松松、敲锣打鼓就能实现的。我们借用跑马拉松的经验，来分析下大党独有难题到底难在哪里。

一

难在如何保持自身"健康"，跑得稳、跑得远。

历史经验告诉我们，一个政党并不是体形越大，身体就越健康。百年长跑，中国共产党的队伍越跑越壮大。至2021年底，中国共产党党员共有9671.2万名。要知道，世界上人口超过5000万的国家不到30个，而政党党员人数超过1000万的只有10个、超过100万的只有39个。这样一个大党，如果脚板无力、重心不稳，就行之不远。

纵观世界政党兴衰史，政治地位显著并长期执政的大党、老党逐渐衰败蜕化，最终丢失政权的情况并不少见。苏联共产党在党员数量达到顶峰后不仅丢失了政权，还引发了国家解体，甚至带来了世界社会主义运动整体陷入低潮。墨西哥革命制度党在长期执政中逐渐背离指导思想，忽视党的自身建设，再加上盲目推行新自由主义改革战略，引发大规模社会危机，最终结束了长达71年的单独执政。政党内矛盾激化、派系林立，党内政治生态遭到破坏，成为导致1993年日本自民党大选失败的重要因素，日本自民党从此结束了38年的单独执政。

为什么一些政党在规模较小时战斗力很强，在规模较大时反而走向衰落？讲到底，就是在政治、思想、组织、作风、纪律等各方面出现变质、变色、变味的问题后，没有及时祛病疗伤、激浊扬清，导致身体虚胖、骨质松软，个头很大但迈不动腿、没有力量。

通常来说，在一个主权国家连续执政达到或超过20年的政党就可视为长期执政党。中国共产党已经连续执政73年，当前正面临大国执政、一党执政、长期执政和全球化时代执政的多重考验。

怎样保持自身"健康"？关键还是要用好"人民监督"和"自我革命"两个法宝。一方面，能够虚心接受人民评议，"对群众的意见和牢骚要正视"，绝不讳疾忌医；另一方面，坚持自我检视、敢于自我逼迫，不断扫除损害先进性和纯洁性的有害因素、清除侵蚀健康肌体的病原体，力避疾病缠身、永葆风华正茂。

二

难在如何维持目标"配速"，跑好自己的路。

马拉松比赛拼的是耐力和毅力，需要坚定目标方向，把握好节奏，跑出自己的步调来。如果说实现"两个一百年"奋斗目标是中华民族发展史上一场十分重要的"全程马拉松"，在跑完实现第一个百年奋斗目标的"半程"后，我们既不能停下来歇歇脚，也不能头脑一热开启"狂奔"模式，而是要选好自己的路径，测算好距离、调整好心气，元气满满再出发。

全面建成社会主义现代化强国、实现第二个百年奋斗目标，是一段更为艰辛的征途，因为这条路从来没有人跑过。长期以来，"现代化＝西方化"似乎已经成为世界公理，但西方发达国家在现代化进程中出现的很多"根子"上的问题警示我们，这是一条难以避免贫富悬殊、形式民主、文化庸俗、社会混乱的路，我们决不能步其后尘。

走中国式现代化道路，对于中国共产党来说，不只需要勇气，更需要实力。环顾全球，已经实现现代化的约37个发达国家的人口合计为10.9亿，其中多数国家只有几百万人。而中国式现代化，将以14亿多的人口体量整体迈向现代化社会，这将彻底改写世界现代化进程、版图和态势，是史无前例的伟大创举。同时，人口规模巨大、全体人民共同富裕、物质文明和精神文明相协调、人与自然和谐共生、走和平发展道路的特征，又决定了我们要解决的是超越西方现代化的世界级、历史性难题，没有历史耐心就会"失速跑偏"，不能创新突破就会"怠速停步"，要实现稳中求进、循序渐进、持续推进，需要拿出更大的智慧和努力。

有人说，对于一个已经功成名就的大党来说，最难的就是做到居安思危，始终保持创业初期那种励精图治的精神状态。对于中国共产党来说，跑好"两个一百年"奋斗目标的"后半程"，无风可乘、无浪可借，除了拿出"孤勇者"的拼劲和韧劲，别无他法。

三

难在如何应对不确定的"天气"，步伐不乱奔向目标。

马拉松比赛中，选手要面对各种各样的天气，风和日丽、气候宜人自然是理想状态，骄阳似火、狂风暴雨也可能不请自来。跑好伟大复兴这场"超级马拉松"，需要做好应对各种天气变化甚至极端恶劣天气的充分准备。

从世界"天气"看，百年未有之大变局加速演进，世纪疫情仍在全球肆虐，俄乌冲突外溢效应正在蔓延，冷战思维和集团政治回潮，单边主义、保护主义抬头，经济全球化遭遇逆流。一些西方国家视中国为其主要战略竞争对手，用渗透、制裁、断供、脱钩、抹黑等各种手段对我们进行全领域打压、全球性围堵，利用网络对我国发动认知战，目的就是要阻止中华民族伟大复兴。就像一位国外网民所说的，中国参加所有的国际会议都是讨论如何让世界变得更好，而一些国家参加所有的国际会议都是讨论怎样围堵中国。面对各种"黑天鹅""灰犀牛"事件和来自外部的打压随时可能降临的情况，关键就看我们有没有准备好应变、制变的"工具箱"。

从自身状况看，各领域发展都还存在一些深层次矛盾问题、风险隐患。比如仍面临关键核心技术受制于人的问题，医疗器械、金属冶炼、高精度机床、生物制药、电子器件等行业尤为突出。比如粮食安全，玉米、大豆等粮食对外依赖度还比较高。比如能源安全，今年夏季不少地区"拉闸限电"也反映出能源供给不足。比如社会民生领域，如何向群众提供更好的就业、教育、医疗、托育、养老、住房，还需要加快破题。这些问题解决起来难度系数堪称前所未有，处理不好就会黑云压顶、电闪雷鸣，关键看我们的脊梁能不能顶得住压力、扛得住风雨。

党的二十大报告22次提到"斗争"，特别是全面建设社会主义现代化国家的五个重大原则之一就是"坚持发扬斗争精神"，无不在提醒我们：新的征程上，我们面临的"天气"可能会越来越复杂，甚至会遇到难以想象的风高浪急乃至惊涛骇浪，只有直面险阻、敢于斗争，我们才能跨过荆棘蒺藜继续奔跑。

四

1961年,英国元帅蒙哥马利访华时曾对毛泽东主席说:"再过50年,你们就了不起了!"如今,世界早已见证了这一预言的实现。今天,中国共产党为世界所瞩目,不仅仅在于党员人数和组织体系的超大规模,更在于历经时代洗礼仍然保持了政党属性的先进性、宗旨意识的人民性和使命任务的崇高性,这正是不断破解大党独有难题的成果。

作为使命型政党,中国共产党从来不停步于"短期性的应激目标",而是致力于跑好大党、大国专属的"超级马拉松"。圆梦路上,谁都无法左右变化无常的外部气候,但能做的就是保持解决独有难题的清醒和坚定,努力让每一个"肌体细胞"都充满活力、每一块"肌肉"都更加有力,把自己锻造成"一块坚硬的钢铁",始终保持青春特质!

陈培浩　执笔

2022年12月2日

理想的学校与学校的理想

> 今天,我们更期待着,如今的春晖和无数个孕育着国之未来的菁菁校园,接过这份历史的丰厚馈赠,为探寻和构筑新时代"理想的学校",写下21世纪的"春晖纪"。

2022年入冬后的第一场雪,静静地落在绍兴上虞白马湖畔的杨柳枝上。春去冬来中,立于湖畔的春晖中学走过了114年历程。

1908年,上虞富商陈春澜先生创办春晖学堂,1922年12月2日,春晖学堂悄然转身,一所叫"春晖"的中学正式开学。

或许在当时被寒意笼罩的中国,谁也不会想到,正是这所栖身乡野的学校打开了通往"春天"的大门。

一

回忆春晖校史,不得不提教育名家经亨颐。这位曾东赴日本就读师范的先生,是浙江教育界的顶流人物。他此前的身份是浙江省立第一师范学校校长，兼浙江教育会会长。

1922年，他45岁，出任春晖中学第一任校长，开启了中国近代史上的"春晖传奇"。

与杭州相比，那时的上虞算是"无名之地"，但一所理想的学校却在这里找到了"自然与人文"的完美融合。有人说，如果要评20世纪初"中国最美中学"，春晖中学一定名列前茅。

> 走向春晖，有一条狭狭的煤屑路。那黑黑的细小的颗粒，脚踏上去，便发出一种摩擦的噪音，给我多少轻新的趣味……山的容光，被云雾遮了一半，仿佛淡妆的姑娘，但三面映照起来，也就青得可以了，映在湖里，白马湖里，接着水光，却另有一番妙景。

初来春晖的"国文老师"朱自清在散文中将这美丽的乡村自然风光称为"春晖给我的第一件礼物"。

在春晖的星月里找到乐趣的还有丰子恺。凡是喜欢丰子恺先生漫画的人，都会记得这幅作品——《人散后，一钩新月天如水》。这幅经典的小漫画是丰子恺第一幅公开发表的漫画作品，此时，担任美术和音乐教师的他，安居于春晖中学的"小杨柳屋"里。

时至今日，春晖中学校园就像水墨画般，在白马湖边静静展开。翠绿的山下，小桥、流水、古树、校舍，仿佛那个"弦歌不绝"的场景从来没有走远。

墨瓦、灰墙、红栏杆的房子是李叔同的"晚晴山房"，当年的建筑一字楼、仰山楼、曲院、白马湖图书馆，还有修缮后保留着民国风韵的夏丏尊的"平屋"、朱自清的旧居、丰子恺的"小杨柳屋"、经亨颐的"山边一楼"、纪念陈春澜的"春社"等，都见证着春晖流淌百年的风华。

二

如果说，"在湖最胜处"的自然之美让春晖中学拥有了一所理想学校的天造优势，那么其"人造奇迹"便是大师云集带来的人文之光。

教育思想领时代之先的经亨颐认为学校不是"贩卖知识之商店"，"求学为何？学为人而已"，力主教育当陶冶人格为主，强调德智体美全面发展。

当别的学校校训多是"厚德""载物""笃学"时，春晖的校训是"与时俱进"；当别的学校不是男校就是女校，春晖已经是男女同校，开创浙江中学之先河；当别的学校用的教材还是"老古董"，春晖已将《新青年》《向导》《语丝》等进步刊物选为课本……

正是这样一种自由、进步的办学理念，吸引了夏丏尊、朱自清、朱光潜、丰子恺，还有蔡元培、黄炎培、俞平伯、李叔同、叶圣陶等一大批追求新思想和新教育的名师硕彦先后来到这里执教、讲学、考察，"革故鼎新"。

在这里，夏丏尊先生积极实践"爱的教育"的理想，朱光潜先生提出"美的熏陶"，丰子恺先生教导学生用艺术陶冶情操，朱自清先生坚持"教育有改善人心的使命"，践行教育者"须有坚贞的信仰"……

如果求学于那时的春晖，那么你的课程表就是一张"宝藏图"：上午跟着朱自清领略散文之美，听朱光潜用纯正的英文朗诵英文诗歌；下午跟着丰子恺学习写生素描，再欣赏下于右任泼墨的潇洒。自然科学老师张孟闻，是近代中国著名的动物学家、中国生物科学史研究的奠基人之一；数学老师刘薰宇，是民国大师级的存在……

一代代名师先贤将春晖开垦成为中国现代新教育和新文学的发源地之一，从此中国教育界有了"北南开，南春晖"的美誉。

三

无论哪个时代，办一所理想的学校都离不开一个核心的命题，那就是：什么是一所学校的理想？

创办之初，在校长经亨颐心中，对于"春晖"的理想期待就是"培育有健全人格的国民"。在那个内忧外患的年代，作为教育家，经亨颐已经深刻地认识到，"中国要站起来"需要更多的"健全人格的国民"。

早在来到春晖中学之前，他就这样说过：

> 以大厦比喻国家，人才比喻栋梁是老话了，但我以为，构成大厦还有个重要的东西，那就是此凸彼凹的榫头。如果没有榫头，再好的栋梁有什么用？……我这个学校，不光要培养栋梁，更要培养能为全社会所用的榫头。

培养为全社会所用的"榫头"，即提升全民族素养的教育，也可视为今日素质教育之滥觞。正是在这样的教育理想下，春晖中学自开校后便践行着"爱的教育""纯正的教育""有信仰的教育"

"个性教育"等教育主张。

今天，当岁月在白马湖水的波影里穿越114个春秋，春晖的"理想"又如何与时俱进地赋予时代新意？

百年春晖的历史，就是健全人格、发展个性、追求主流精神价值的生动过程。如今，"文化德育"已融入春晖中学的一山一水一课中。

从2005年开始，学校开发了春晖家园系列课程：校园独特的自然环境，成为学生学习的"植物园"，形成"春晖家园·植物篇"；从丰子恺谱曲"如诗如画"的"谁言寸草心，报得三春晖"，到李叔同的"长亭外，古道边……""音乐与人生""人生导航"从这里开篇。

在"文化德育"和"中学学科建设"双轮驱动下，春晖已成为北大、清华、复旦、上海交大、浙大等著名高校重要生源基地；为构建与大学教育、创新人才培养接轨的高中教育新模式，学校还开设了"春晖讲堂""党史微课""赛艇""攀岩"等创新课程，百年名校焕发着青春光芒。

如果说，要成为上个世纪20年代中国教育史、文化史的独特存在，那么春晖中学已经交出那个时代关于"理想的学校"和"学校的理想"的高分答卷。

今天，我们更期待着，如今的春晖和无数个孕育着国之未来的菁菁校园，接过这份历史的丰厚馈赠，为探寻和构筑新时代"理想的学校"，写下21世纪的"春晖纪"。

周圆　执笔
2022年12月3日

媒体监督：该出手时就出手

> 舆论监督本质上就是这个时代的"亮剑"，把改革发展中的突出问题暴露出来，把干部队伍中的不良作风反映出来，从而加以改进、加快解决。从某种意义上讲，这就是媒体的斗争精神。

"所有的批评报道，20点播出，21点必须研究怎么整改。""闻风而动，事不过夜。"近段时间，湖州有档舆论监督栏目《看见》"火"了。这个自6月24日诞生的"新生儿"，已刊播监督报道近60期，力度之大、声势之强引发广泛关注。

"看见"，也成了湖州各界的一个高频词。

很多人知道，舆论监督是媒体的重要职责，也是激浊扬清、解决问题的一把"利剑"。在媒体格局变革日趋深刻，传播媒介多元、渠道多样的当下，如何让这把宝剑更锋利，是一道难题。

而市级舆论监督栏目《看见》的走红，或许能给我们提供一些思路。

一

先来说说出题背景。

提起舆论监督节目，也许你会想到《焦点访谈》栏目。走过近30个年头的这档栏目，始终坚持"用事实说话"，为新闻舆论监督打造了"样板"，实现了"舆论监督，群众喉舌，政府镜鉴，改革尖兵"的目标。

聚焦浙江省域，舆论监督栏目也有代表作。

2014年，浙江卫视《今日聚焦》正式开播。这档坚持问题导向、结果导向的栏目，以"政府关注、群众关心、近期可整改"为报道原则，用新闻的力量参与社会治理。

2018年，《浙江日报》推出《一线调查》栏目。记者深入现场，揭露问题，栏目刊发的调查报道反映了一系列民生问题，给相关部门和读者带来了诸多思考。

此外，山东、海南等多地省级媒体也主动发力舆论监督，进一步推动政府部门履职尽责。舆论监督，可以说媒体一直没有缺席。

但与央媒、省媒相比，市级媒体有点犯难。

在人力、物力和影响力等方面都没有优势的情况下，市级舆论监督报道该从何处下手？

从《看见》栏目的报道来看，内容贴近百姓、问题一针见血、解决及时到位，是答案之一。

比如，《废弃线杆矗立街头，谁来"拔刺"？》这期报道，反映的是湖州中心城区存在多个废弃线杆，不仅带来安全隐患，还影响市容市貌，但是如何处理，多个部门都表示无能为力。事情并不大,现象也很普遍,但百姓反应很大。经报道后,问题在短时期内得到有效解决。

比如,《仁皇山风景区:权责不清,管理缺失》这期报道,因为部门之间职责不清晰,导致管理出现乱象。经报道后,相关部门连夜分析问题,明确职责。另外,针对权责不清、互相推诿等现象,属地也分类别、分区域全面排查,做好"厘清边界"的功课。

此外,像消防安全、电梯隐患、环境污染等一批问题,在媒体介入后,部门以"闻风而动、闻过则喜、闻鸡起舞、事不过夜"的作风立即整改,在一些共性问题上更是实现了从"就事论事改"向"举一反三治"的转变。

从三级媒体的实践来看,舆论监督报道要想受欢迎、赢好评,说到底,优质的内容不能缺位,群众的"急难愁盼"能否解决是观众真正想"看见"的。

二

再来说说《看见》栏目的解题思路。

有人问:为何《看见》栏目能一炮走红?仔细想想,或许还是这样的"亮剑"太少了。

各地媒体或多或少也都开设了舆论监督栏目。但为何很多时候,这些栏目没有"市场"?在笔者看来,原因主要在以下三个方面。

比如,"家丑不外扬"心态作祟。一些领导干部怀抱狭隘的政绩观,认为舆论监督就是单方面找茬挑刺。在他们看来,"家丑"曝光后可能会影响政绩,因此不配合、不支持,甚至还会出现对媒体的敌视心理。

从《看见》栏目报道的内容看，像消防安全隐患等不少线索都是相关职能部门自己上报的，主动揭短、敢于亮丑、接受监督已成为当地各部门的共识。

比如，习惯听号令。有些新闻媒体有要求就做，没要求就不做；有些媒体习惯唱赞歌，不想监督、不敢监督，导致能力丧失，对舆论监督报道"敬而远之"；还有些媒体尽管也监督，曝光现象也多，但因为准备工作不足，对问题分析不够，出现光打雷不下雨现象，更谈不上什么效果。

从《看见》栏目报道的效果来看，正因为坚持"不当老好人"，对每一个问题都刨根问底、穷追不舍，找到最后真相与症结，才使这档栏目受人关注。比如《火灾警示之下，消防隐患缘何"涛声依旧"?》这期报道，就抓住夏季一处旧厂房发生火灾的突发事件开展追踪式报道，不仅满足了公众的知情权，而且更深一步调查发现该区域存在重重消防隐患，并对此进行举证拷问。这样的监督报道抓住了"热点"，又不止于就事论事。

再比如，"三分钟"热度。有些栏目舆论监督时冷时热、时有时无、时多时少的状况，广泛存在。说白了，很多地方其实是把舆论监督作为"备稿"，也有为了应付之嫌。久而久之，舆论监督就会处于尴尬境地，"监督难""难监督"现象始终伴随。

从《看见》栏目的报道频次看，每周三期批评报道雷打不动，另外对曝光内容、属地等，不作硬性规定，不搞区域平衡，避免了"昨天刚报道过，今天轮不到我们"的侥幸心理，大大提升栏目的影响力和公信力。

不愿为、不敢为、不长为，当群众需要你"亮剑"的时候，你不"出鞘",那么又谈何"市场"?该发声就发声,该亮剑就亮剑,"爆火"就不足为奇。

三

马克思有句名言:"问题就是公开的、无畏的、左右一切个人的时代声音。问题就是时代的口号,是它表现自己精神状态的最实际的呼声。"

对于媒体而言,做好舆论监督大有可为,也应有可为。

习近平总书记曾在党的新闻舆论工作座谈会上强调,舆论监督和正面宣传是统一的。新闻媒体要直面工作中存在的问题,直面社会丑恶现象,激浊扬清、针砭时弊,同时发表批评性报道要事实准确、分析客观。这也对舆论监督提出了更高的要求和期待。

今天,媒体肩负的任务越来越多,承载的使命越来越重,各种问题和矛盾也伴随而来。面对这些矛盾和问题,不是没有解决的条件,有些之所以迟迟解决不了,主要原因就是缺乏直面矛盾、破难攻坚的"亮剑"精神。

敢打敢拼,总会有解决的办法;不碰不触,矛盾永远是矛盾,问题永远是问题。

电视剧《亮剑》中,李云龙带领的队伍之所以让敌人胆寒,就是因为他们从不退缩,敢于"亮剑"。

舆论监督本质上就是这个时代的"亮剑",把改革发展中的突出问题暴露出来,把干部队伍中的不良作风反映出来,从而加以改进、加快解决。从某种意义上讲,这就是媒体的斗争精神。

当然,对于媒体自身来说,做好舆论监督,首先还得刀刃向内,提升"内功"。

媒体是舆论监督的具体执行者,如果执行打折扣,反而会影响公信力。

当前,媒体融合加快推进,这也为媒体做深做透舆论监督带来了机遇。媒体更应精准把握定位、创新路数打法,从选题取材、角度时机、政策分寸、力度大小等方面进行认真分析研究,借助多样化的技术和渠道,提升舆论监督影响力、震撼力和持久力。

舆论环境其实就是发展环境。做好舆论监督不能一阵风,风过无痕;不能东边日出西边雨,力量冲抵。只有正确对待、充分用好、持续发挥舆论监督的作用,为经济社会发展增强动力、集聚能量,我们才能在时代的浪潮中无惧风雨、破浪前行。

王晶　执笔

2022年12月3日

考试那些事儿

> 公平是底线,安全也是底线,要将教育、卫健、公安、交通、通信等各部门联动起来,将社会资源调动起来,为"赶考族"保驾护航。

近期,与2023届毕业生息息相关的国考、四六级等考试相继宣布延期举行。距离全国研究生考试时间也不远了,尽管多个省市发布了考研的温馨提示,"考研党"也仍忧心忡忡,"会不会延期"的话题在各大社交平台上掀起不小波澜。

这届"00后"大学生着实有点苦,居家上网课、学校封校,生活学习节奏被意外打乱。大家本来就有身心压力,就业升学的路上再碰到一些变数,更显得焦灼不安。

疫情防控迎来新形势,国家所要做的努力就是进一步把疫情对大家的影响降到最低点,让社会的各个齿轮更加精准地咬合联动起来。大船行至登岸前,更要提防可能出现的险滩、激流,绝不让任何一个群体落水。毕业生群体、年轻人群体尤其需要关注与呵护。

一

人社部有关数据显示，2023届全国高校毕业生规模预计达1158万人，同比增加82万人，规模和数量都将创历史新高。

千万人挤进就业市场，考公考研的"赶考"一族更是"卷"到了天际。今年国考报名人数达到250余万，为近十年最多的一次，平均60个人抢一个职位。考研人数超过500万，但计划录取人数仅110万。

虽说条条大路通罗马，但摆在"00后"毕业生面前的，无论是考公还是考研，每条路都很拥挤，面对就业升学的严冬，以及不太确定的外部环境，备考的煎熬可想而知。

有同学在微博上说，"考试时间另行通知，设定的倒计时没了，铆足的那口气也泄了"，"疫情形势变化莫测，自己计划和预期不得不一改再改、一变再变"。甚至有同学说，"考公考研的毕业生都是小群体，大家的诉求不受重视、不被关注"。

很多人的焦急和顾虑，来自于缺乏足够的确定性。比如有的地区、学校还在封控，考生能不能及时返回报考点还是问题；有的地方自行制定隔离政策，考期的临时变动增加了经济成本、时间成本；有的考生担心身体健康，考试还没结束就被带去隔离。借考困难、交通不畅、隔离费用不低，对考生们来说都是现存的难题。

事实上，毕业生们有情绪波动、愤懑吐槽也可以理解。无论哪场考试，都是重要关口，对大家来说都是一件"人生大事"。毕竟这个时代要让每个人都有机会找到实现梦想的舞台，考试是改变命运最行之有效的通道之一。

1000多万毕业生，700多万"赶考族"不是一个小群体。无疑，就业升学关乎个人手中的饭碗，关乎社会大局的稳定，这对国家来说也具有相当的重要性。

二

疫情背景下，确保考生应考尽考，这是态度也是温度。

近日，国务院召开座谈会就优化完善防控措施作了要求，各地也因时因势对疫情防控措施进行了调整。随着考试时间临近，像国考研考这样的全国性考试如何组织、如何确保安全、如何维护公平，就显得十分重要。

考生诉求的背后，实质是各地防疫措施怎么优化调整。对于考生而言，他们需要的不仅仅是"考前温馨提示"，更需要能安心进入考场考试的具体方案。

面对疫情防控的新形势新任务，考卷不仅发给学生，更发给了各级管理部门。

考期临近，相关部门应该为考生守住一张安静的书桌进行复习，更要在不影响防疫大局的前提下，尽可能帮助大家顺利参加考试。

在考试之前，应紧密关切考生的相关需求，做好保障工作。沉默和拖延从来不是解决问题的办法，要尽可能早地给考生确定的信号，将考情部署开诚布公，让考生安下心来。少一些模棱两可的冰冷提示，多一些具体可行的应对方法，尽可能地解除考生的后顾之忧。

笔者注意到，在社交平台上，就有不少考生提出，希望考试动态可以尽可能提早公布，为大家留出弹性时间进行规划和应对。比如，有考生提出，"希望早点通知，因为异地考研还得提前回去隔离"；也有人呼吁，"允许考生异地借考"。

去年的研究生考试，浙江制定"一地一方案"，特殊考生"一类一方案"，特别是针对约400名因隔离滞留考生开展全国首次跨省借考，获网友一致好评。

考试真正来临时，则要制定好一套科学精准的考试防疫工作方案，强化落实各项防疫举措。提前把底子摸清楚，有多少人参考，考生的健康状况怎么样，特殊考生有多少，要做到"一盘清"，同时做好考点、考场的环境消杀等，切实保障考生和考务人员生命安全和身体健康。

对于这些特殊情况的调度和安排等，各地的方案就要尽可能地分类分细。该启动机制的要尽早衔接启动，不能因为防疫政策的临时变动，让考生束手无策、投考无门。

三

应考尽考也是一张民生答卷。病毒怎么防，考试怎么考，两者不能割裂开来、对立起来，要统筹起来考量。

需要研判的是，在形势不够明朗的情况下，让这么多人流动起来，会不会造成难以预料的后果；需要考量的是，因为考试延期使"百米冲刺"变成"千米长跑"，会不会引发就业结构的改变，影响总体就业的成色和水平。

不过，必须相信，疫情发展到今天，各个领域都积累了宝贵的经验。无论有关部门作出什么样的决策，都应坚持从实际出发，为考生着想：

如何快速作出响应，第一时间让中央决策部署落实落地；如何从人民利益出发，从大局出发，将防疫的一颗颗棋子落入全国的"一盘棋"中；如何做好物资储备、应急准备，以不变应万变；如何细化社会民生的各个方面，不让任何一个群体因为疫情掉队……这些问题都是当务之急。

公平是底线，安全也是底线，要将教育、卫健、公安、交通、通信等各部门联动起来，将社会资源调动起来，为"赶考族"保驾护航。

四

越是船到中流、波浪滔滔越要保持定力、勇往直前，这是对每个人意志的考验，也是对全社会应对各种突发状况耐力的考验。

笔者不禁想起80多年前的一段往事。

抗战期间，全国108所高校中有52所内迁大后方，各院校招生在重庆、成都、昆明等地进行，无数青年学子千里跋涉来到西南大后方求学考试。在敌机的密集轰炸中、在狭窄黑暗的防空洞中，大家借着煤油灯微弱的光线完成了高考。

有人回忆，考试进行时如遇到敌军飞机来袭则立即中断，由老师带领考生安全、迅速地进入防空洞躲避。待警报解除，老师会给考生们换发另一套试卷，考试继续。他们中的很多人就这样考进了西南联大，后来成为享誉海内外的国之栋梁。

80多年前要跑赢警报、跑赢炮弹，今天则是跑赢自己、跑赢疫情。

植物学里有一种"春化作用",指植物必须经历一段时间的持续低温,才能发芽生长。在这个特殊时期,所有考生、整个社会,都应该将之当作特别的"春化阶段"——忍受"低温",正是为了更好地开花、结果。

王人骏　执笔

2022年12月4日

追寻宪法"西湖稿"诞生始末

> "立善法于天下,则天下治;立善法于一国,则一国治。"历史不断前行,在建设中国特色社会主义法治道路上,与时俱进的善法、善治,是我们每个人美好生活的底气。

杭州西湖边,北山街84号大院30号楼,这处树荫掩映中连着几间平房的青砖二层小楼,曾是新中国第一部宪法——1954年宪法的起草地。

西湖山水曾温润了宪法里的字句章条,也赋予了那部宪法草案一个浪漫的别名——"西湖稿"。

现在,"西湖稿"起草地已经成为"五四宪法"历史资料陈列馆。

今天(12月4日)是第九个国家宪法日,今年是现行宪法公布施行40周年。我们走进这座小楼,追寻"西湖稿"诞生的始末。

一

"治国,须有一部大法。我们这次去杭州,就是为了能集中精力做好这件立国安邦的大事。"

1953年12月24日,毛泽东主席带着宪法起草小组成员从北京出发,乘坐专列一路奔驰前往杭州。火车上,毛主席对随行人员这样说道。

如今,这段话刻在"五四宪法"历史资料陈列馆序厅背景墙上。

"立国安邦"四字,足见这部根本大法的地位。可如何起草一部这样的宪法,却是一道难题。毛主席带着起草小组同时从内外两个方向去寻找突破。

对内,要明确当时新中国的基本国情以及未来道路。

正如毛主席所言,"这个宪法是适合我们目前的实际情况的,它坚持了原则性,但是又有灵活性"。

在起草宪法草案第一稿的同时,毛主席正在进一步修改和完善关于党在过渡时期总路线的完整表述,他对社会主义建设道路的顶层设计和思考,许多都寓于这部宪法。这为这部宪法的起草确立了思想指导,确保其适应中国国情、具有中国特色。

对外,新中国的第一部宪法要具有时代眼光和国际视野。

以1949年《共同纲领》为基础,毛主席开列了一份关于中外各类宪法的参考书单,供起草小组和党内其他同志学习。书单中,有1918年苏俄宪法、1936年苏联宪法,有罗马尼亚、波兰、德国、捷克等国宪法,有1946年中华民国宪法,等等。

起草小组一头钻进了宪法堆里,阅读、钻研各国宪法,并充分结合新中国的实际与特点,对于草案的初稿和条款反复斟酌、几易其稿。

宪法的起草和讨论工作,是在北京和杭州两地同步进行的。起草小组写出一稿,就发给北京,北京那边讨论后提出修改意见,反馈给起草小组后,在杭州再进行修改。

那时候没有电子邮件,双方的通讯需要靠电报和信件。"西湖稿"就在这样来来回回的讨论、修改、再讨论、再修改中诞生。

1953年12月28日至1954年3月14日,毛主席率领宪法起草小组成员,在西子湖畔度过了77个日夜,起草了宪法草案初稿,史称"西湖稿",为新中国第一部宪法的正式诞生奠定了重要基础。

二

只有深入人心,宪法才能获得人民真心拥护。

1954年6月15日一早,最新出版的《人民日报》上刊登了宪法草案全文,再次让全国人民沸腾。这意味着,宪法草案正式提交全国人民公开讨论。

事实上,几个月之前,经毛主席审定和修改的《宪法草案初稿说明》专门就宪法草案在文字上的特点作了说明:

> 宪法是必须在全国人民中间普遍宣传和普遍遵守的,因此,条文固然要尽量简单,文字尤其要尽量通俗。从这个观点出发,宪法草案的文字完全用白话写成,凡是可以避免的难懂的字眼,一律加以避免。

文字用白话,要求通俗易懂,正是为了让大家都能参与讨论。"五四宪法"最大的特征就是全民参与。

随之而来的这场大讨论,足以用轰轰烈烈来形容。据统计,当时约有1.5亿人参与了"新中国第一部宪法草案"的讨论,约占当时全国总人口的四分之一。在北京、浙江等地,甚至出现了抢购宪法草案的情况。

为了让更多人参与讨论,宪法草案的宣传是因人施讲的,如针对城市干部群众、农村干部群众,就有两个不同版本的提纲。

有资料显示,当时我国不少地方遭遇特大洪灾,很多是在防洪堤坝上组织民众进行讨论的。洪水冲坏了公路、铁路,讨论意见便用油纸包裹好,空运到北京来。

已故著名法学家许崇德曾回忆,为了及时整理全国人民的意见,工作人员经常加夜班,"每拆开一包,都非常激动"。

在近3个月的大讨论中,全国人民对宪法草案提出的修改、补充意见和问题达118万多条,几乎涉及宪法草案每一个条款。这些意见可不是仅停留在讨论层面,而是都经过了认真讨论,有些还被采纳写进了宪法。

让人民参与到宪法制定的讨论中来,这在世界上是极为罕见的,正充分体现了中国共产党成立以来,一贯坚持的以人民为中心的执政理念。

三

1954年9月,经历了全民讨论的宪法,在第一届全国人民代表大会第一次会议上全票通过。

2019年5月,"五四宪法"历史资料陈列馆曾收到一封北京来信。写信人名叫韩山,1954年时,他15岁。信中装着他当年写的一篇满分作文:《报喜信儿》。

韩山回忆,"五四宪法"通过的消息传开后,学校组织学生到街上游行庆祝，一出校门，口号声就在队伍中炸响开来。

作文写道："欢乐传遍了每一个街巷——不，是传遍了整个北京，传遍了全中国！"

另一个有意思的细节是，当年出生的孩子中，很多人起名叫"宪法"。据公安部门统计，截至今年11月，仅在杭州，名叫"宪法"的就有92人。

两个细节，足见全国人民对于宪法颁布这一盛事的振奋与欢欣。通过制定一部新宪法确认已经取得的经验与成果，巩固革命的胜利成果，是全国人民的共同愿望。

"五四宪法"的实施，具有治国安邦的基石意义，它以法律形式确立了国家的各项基本制度，指明了一条清晰、明确的通往社会主义的道路，是社会主义法治建设的新开端。我国现行宪法确立的许多重要制度和原则，都来源于对"五四宪法"的继承、坚持、完善和发展。

自"五四宪法"起，新中国此后又分别通过了三个宪法，现行宪法为1982年宪法，并历经1988年、1993年、1999年、2004年、2018年五次修订。

习近平总书记指出，宪法的根基在于人民发自内心的拥护，宪法的伟力在于人民出自真诚的信仰。

"立善法于天下，则天下治；立善法于一国，则一国治。"历史不断前行，在建设中国特色社会主义法治道路上，与时俱进的善法、善治，是我们每个人美好生活的底气。

回到西湖边，北山街，一年又一年，一批批市民游客来到当年这座起草"西湖稿"的小楼。这个意义特殊而重大的故事，在今天仍然一次又一次被重复着。每一次讲述与倾听，都在回望着"法治中国"的初心。

档案资料

"五四宪法":1954年9月20日,第一届全国人民代表大会第一次会议全票通过了新中国第一部宪法,史称"五四宪法"。

"五四宪法"除序言外,分为四章,共106条8954个字。宪法规定了中国过渡时期的经济制度和政治制度,宣布了国家过渡时期的总任务。

注:本文相关资料由"五四宪法"历史资料陈列馆提供。

刘梦怡 涂玥 执笔

2022年12月4日

宋词有风情亦有豪情

> 比起规整的诗歌，词作更能淋漓尽致地抒发这种豪情。正是这种对祖国的赤胆忠心融入到了词里，让词有了新的生命，撑起了硬朗的筋骨，不再是偎红倚翠的靡靡之音了。

宋词常被误认为只是小情小调，这虽有点冤枉，但也不是毫无根由，这跟词的出身有关。

词的历史跟诗比起来，诞生时间要晚得多。诗可以追溯到《诗经》，而词最早只能关联到隋唐。起初时，诗词两种文体，分工很明确：诗言志，表达的是情志；词言情，特指情爱。人们常说"诗庄词媚"，因为词本身来源于宴乐，主要是用来娱乐的。从隋唐到五代，难登大雅之堂。

到了五代宋初的词，依然没有雄风壮志。要么是冯延巳的"日日花前常病酒，不辞镜里朱颜瘦"的愁啊愁，要么是晏殊的"一曲新词酒一杯，去年天气旧亭台"的闲啊闲。即便如欧阳修，在古文运动上纵横捭阖，改变了整个文坛的萎靡不振，但他写起词来，也是婉约得不得了,跟他散文的文风宛若两人。在他这里,词的境界并没有打开。他写了词以后,也不太在乎署名权,导致他的一些词会跟冯延巳的混在一起。

但在这风情无限的小天地之外,亦有一种豪情已在词里暗暗滋生。

一

多数人只知道范仲淹是个"先天下之忧而忧,后天下之乐而乐"的文士,其实他带兵打仗亦是能手,在跟西夏李元昊的对阵中不落下风。边疆待多了,他的词风便有了转变,《渔家傲》写的就是"四面边声连角起。千嶂里,长烟落日孤城闭"的边塞风光,写将士,写征夫,已有戍边报国之情在涌动。

而到了柳永这里,他虽常为歌女写词,境界却打开得很大。他的《八声甘州》的起头,"对潇潇暮雨洒江天,一番洗清秋。渐霜风凄紧,关河冷落,残照当楼",这种大手笔,足以和李太白的"音尘绝,西风残照,汉家陵阙"相媲美。而他的《望海潮》,一起笔就是大开大阖的场景:"东南形胜,三吴都会,钱塘自古繁华。烟柳画桥,风帘翠幕,参差十万人家",铺叙展现了杭州城的繁荣壮丽,其"三秋桂子,十里荷花"更是神来之笔。如此浓墨重彩、传神大气地写出杭州城气韵形象的,无人能出柳永之右。

当然,这些词作,只是豪放词的前菜,唯有到了苏轼这里,宋词的豪情壮志才真正释放出来。据宋人最经典传神的记载,苏轼曾问:"我词何如柳七(柳永)?"那人回答:柳郎中词,只合十七八女郎,执红牙板,歌"杨柳岸,晓风残月";学士词需关西大汉,铜琵琶，铁绰板，唱"大江东去"。

在词的革新上，苏轼超过了老师欧阳修，以诗入词——凡诗歌所能表达的，词也都能表达；凡诗歌所能达到的意境，词也能抵达。

面对人世的悲欢离合，他会发出"明月几时有，把酒问青天"之问，最后以"但愿人长久，千里共婵娟"收尾，和李白的明月诗相比各有千秋——此词出后，所有中秋词俱废。他的《念奴娇·赤壁怀古》形象大气地描述了"大江东去，浪淘尽，千古风流人物。故垒西边，人道是，三国周郎赤壁。乱石穿空，惊涛拍岸，卷起千堆雪"的场景，让黄州赤壁声名显赫，名正言顺成为"东坡赤壁"。

他的"莫听穿林打叶声，何妨吟啸且徐行"，他的"老夫聊发少年狂，左牵黄，右擎苍"，他的"谁道人生无再少？门前流水尚能西"，都充满了向上之力。读东坡的词，清旷神远，细读之后，总能找到共情之处。这种豪情不是用力过猛的激情四射，而是人生的旷达舒缓。

只可惜，苏东坡的魅力虽然大，他的词传颂也广，但当时没有多少人继承他的这种豪情。如他最欣赏怜爱的弟子秦观，却变成了婉约词的圣手，反而和柳永的风格更近。苏东坡也无可奈何，只好写上"山抹微云秦学士，露花倒影柳屯田"，戏谑秦观继承了柳永之风。

二

到了宋室南渡，在这个剑与火、血与泪的时代里，苏东坡才找到了很多知音，词的壮志豪情全被激发出来了。面对社稷危亡，面对民族耻辱，面对百姓苦难，词再也不是浅斟低唱了。宋词上最为壮怀激烈、同仇敌忾的一页，便是这群热血沸腾的爱国者共同书写的。

如岳飞，他的词虽只存留三首，但那首"壮志饥餐胡虏肉，笑谈渴饮匈奴血"的《满江红》，足以气壮山河，每到中华民族危亡之际，便成为所有志士仁人的共同心声。

如张孝祥，一生坚持抗金，在宴席上书写了《六州歌头》，"念腰间箭，匣中剑，空埃蠹，竟何成"，词风骏发踔厉、慷慨悲凉，让主战派张浚感念而当场罢席而去。

如刘过，时时铭记"中原事，纵匈奴未灭"；如刘克庄，"少年自负凌云笔"，常常怊记"多少新亭挥泪客，谁梦中原块土"；如陆游，一生不忘收复中原，永志不忘"当年万里觅封侯，匹马戍梁州"。

这种波澜壮阔的报国豪情在辛弃疾那里达到巅峰。辛弃疾身份很特殊，他是军人出身，能于百万军中取上将首级如探囊取物。他年轻时曾冲进金兵阵营，擒拿了叛徒张安国，然后驰骋而去，一路南下，押到临安，简直堪比武侠小说里的场景。

只可惜，他南归后一直不得志。虽然刀剑入库，但他还选择了词文报国。从现在来看，词的力量超过了刀剑。比起苏东坡来，他对词的革命性更大，直接以文为词了，散文句法在他词里处处可见。且他学养精深，所以词里用典奇多，常顺手拈来，但化用得巧妙。读辛弃疾的词，是要点历史门槛的。

得志时，读他的《鹧鸪天》，"壮岁旌旗拥万夫，锦襜突骑渡江初"；昂扬时，读他的《破阵子》，"醉里挑灯看剑，梦回吹角连营"；愤怒时，读他的《水龙吟》，"把吴钩看了，栏杆拍遍，无人会，登临意"；失意时，读他的《永遇乐》，"想当年，金戈铁马，气吞万里如虎"；会意时，读他的《南乡子》，"千古兴亡多少事？悠悠。不尽长江滚滚流"。但不管如何变化，贯穿其中、一生不变的，是他梦回中原、收复河山的壮志豪情。

三

从词的前世今生看，确实是从婉约出发，专注花前月下的小天地，但经过范仲淹的边塞雄风，到苏轼的旷达高远，再到辛弃疾的万丈豪情，宋词的天地越来越大，营造的境界越来越高，具备了与诗歌同样的气魄与精魂。

读苏轼的词，是感受那种超越人生的旷达之情；读岳飞、陆游、陈亮、刘过、辛弃疾的词，是感受那种上阵搏杀的热血激情，那种精忠报国的万丈豪情。

苏轼一生兜兜转转，仕途跌宕起伏，正是这种生命的历练、感悟给了他的词一种深沉的底蕴，这是晏殊这种太平宰相们所不能感悟的。而到了豪放词集中爆发的南宋之初，岳飞、刘过、陈亮、刘克庄、陆游等人无一不是愤恨外族侵略、坚决主张抗金的。

如陈亮，一生虽沉沦下僚，却五次上书朝廷抗金，因反对屈辱苟安、主张北伐而多次身陷牢狱，但始终初心不改。他和辛弃疾最为意气投合，常有词作互相酬唱，在创作词上绝对是一对好CP。而豪放词的集大成者辛弃疾，本身就是身怀绝技却怀才不遇的军人，这种杀敌报国的豪情只能委屈在词作里尽情倾诉。

比起规整的诗歌，词作更能淋漓尽致地抒发这种豪情。正是这种对祖国的赤胆忠心融入到了词里，让词有了新的生命，撑起了硬朗的筋骨，不再是偎红倚翠的靡靡之音了。

而这种爱国词作也激励了人们抗敌的斗志，极为振奋人心。光一首岳飞的《满江红》，让后代多少仁人志士前仆后继地奔赴国难。所以，宋词之美和爱国之情是相互成就的。

每到迷雾阵阵，每到临阵退缩，每到危难时节，可以大声朗诵宋的豪放词，那种字里行间的壮怀激烈能穿越千古，千载之下，犹见其凛然正气，犹见其昂扬面貌。

赵波　执笔

2022 年 12 月 5 日

新闻发布勿犯七个低级错误

> 以人民为中心,新闻发布才能走进人民心中。

近年来,越来越多的党委政府负责人、新闻发言人主动走到聚光灯下、发布台前,与媒体记者面对面,向人民群众报告,展现出开放坦诚自信的理念。

曾记否?在疫情严峻时刻,一次次新闻发布,在诸多不确定性中给人以确定性,传递温暖、信心和力量。

但在实践中,也发生了不少因发布不当或发布错误被"群嘲"、上"热搜"的情况,甚至"发布现场"直接成了"车祸现场"。这不但不利于工作,还严重损害了党和政府形象。

笔者梳理近几年新闻发布的"翻车"案例,发现主要有以下7个低级错误。

错误一:"挤牙膏式"发布,被舆论牵着鼻子走

事件发生后,害怕说不清、说不好,干脆选择逃避、沉默,导

致舆论发酵，引发负面情绪，最终不得不说；或因发布内容草率引发质疑，被迫一步步跟进解释，丧失了主动权。

如某地妇女被拐卖、虐待事件发生后，舆情汹涌。官方通报姗姗来迟，却因避重就轻、态度敷衍，再次引发质疑。当地只好多次回应，但每次通报都激起更大的负面声浪，事件处置陷入极度被动局面。

可见，突发事件、热点问题发生后，不主动发布、就被动"挨打"，不充分准备、就节节败退，甚至陷入"塔西佗陷阱"。只有在第一时间发布权威信息、回应社会关切，发挥新闻发布"一锤定音"的作用，才能把握主动权、主导权。

错误二："错位式"发布，台上说不好、台下听不懂

台上台下话语错位、贴不到一块儿去，发布效果就不理想。有的地方发生事故灾难后，官方通报大讲"领导重视""召开会议""现场部署"，事故本身只在文末一笔带过，引起群众不满；有的发言人引用"静默管理"等术语，听得人一头雾水；还有部门在公开发布的文件中提到要"推广街区制，逐步打开封闭小区和单位大院"，"打开小区、大院"，实为"开门"，却被网友误解为"拆墙"，引发争论。

党政部门的文件语言注重逻辑严谨、表述规范，这是必须的。但对重要事件进行新闻发布，就要突出新闻性、捞"干货"。遇有专业术语，再跟进解释一下，做到既科学准确又通俗易懂，最好还生动有趣。否则，把群众绕晕、整蒙了，不但得不到认同、支持，还易被误解误读。

错误三:"虚晃式"发布,你说你的、我说我的

你问A、我答B,你问具体问题、我作原则表态,"虚晃一枪",看似是"不被带节奏"的"高明"之举,实则违背了"向人民报告"的发布初心。

如一场航空事故新闻发布会上,记者提出关于飞机维修、事发天气、机组行为、事故调查等4个社会普遍关注的关键问题,发布人却答"我们正在全面开展安全隐患大排查"等"风马牛不相及"的内容,网友嘲讽"回答了个寂寞"。

究其原因,要么是实际工作没做好、不想说,要么是发布人不知情、说不出。避免"虚晃",会前要作充分研判,把群众关心什么、想听什么弄明白,充分准备;如果确实不掌握情况,也要实事求是地说,并在会后抓紧了解、尽快反馈,体现开诚布公的沟通态度。

错误四:"放飞式"发布,事后"打脸""反转"

有的地方负责人,表态、邀功时自信满满,事后当地却曝出相关的负面新闻,迅速"打脸";有的发布人,介绍政策举措时"头头是道",却严重脱离实际,引起群众不满;还有的发布会,信息前后矛盾、数据互相"打架",让人哭笑不得。

如某地在发布会上自诩"精准防控",却被随后而来的防疫乱象打破"神话";发布会上"稳中向好",社交平台上却因物资保障、就医等问题民怨沸腾,网友感慨"发布会和现实相距甚远"。

发布不准确,有可能是不了解实际情况,断章取义、人云亦

云；有可能是盲目自信，对事态变化缺乏充分的预估；有可能是把关缺位，草草"开张"。归根到底，是对舆论缺少敬畏。要时刻谨记新闻发布是在舆论一线"起舞"，面对镜头、公众，必须确保每一句话、每一个字都经得起事实检验。

错误五："注水式"发布，营养密度低

有的是为发布而发布，发布内容低级无聊，如在疫情防控新闻发布会上用11分钟介绍颈肩病的防治，被网友怒斥"一个真敢问，一个真敢答"；有的是长篇大论、言之无物，"当务之急是找到关键的问题，那么关键的问题是什么呢？是我们要找到问题的关键"，这样的话惹人吐槽；有的把新闻发布当成工作宣传，缺少硬核信息，让参会记者很无奈。

新闻发布会是释放权威信息的重要平台，确保"有料""吸睛"，才能赢得尊重和信任。疫情防控工作中，权威声音当然不能缺位，但要切中群众关切的要害问题，堂堂正正发布信息。哪些是切实管用的，哪些是滥竽充数的，瞒不过群众的眼睛。

错误六："关门式"发布，把新闻发布会误作内部工作会

把新闻发布会当作内部交流会，出现"今天关起门来说""刚才说的话大家不要报道""以上是我个人观点"等"雷"语；或开成工作部署会，发布人坐在台上布置任务、提出要求，甚至引导鼓掌，真不拿记者当"外人"。

事实是，镜头背后是公众、记者背后是人民。发布人站在话筒

前,就应该说大众最关切的话。况且,在全媒体时代,自以为"关起门来",实则是"全网直播""全球直播"。如果内外不分,该说的没说或说不到位,甚至发表失当、错误言论,后果将不堪设想。

错误七:"表演式"发布,一"演"就砸

有的发布人参加疫情防控新闻发布会,妆容精致、服饰华丽,与工作氛围严重不符;有的发布人以为发布会结束就是"表演结束",在会场说说笑笑,殊不知还在直播进行中;还有的发布人,为了凸显防疫成绩,诉苦"错过女儿18岁成人礼",看似"真情流露",实则"自我陶醉",感动了自己,却感动不了别人。

发布人代表党委、政府形象,衣着、表情、语言都是新闻发布。从进入发布厅起至离开发布厅,一言一行,都是新闻发布,必须时刻牢记身份,树立好代言人的形象。发布人切忌"自我感动"、表演作秀,不要给群众留下"何不食肉糜""不食人间烟火"的感觉,唯有与群众共情,与群众将心比心,才能赢得理解和共鸣。

新闻发布不出现低级错误,诀窍就是社会热点问题出现时,不失声、不缺位,主动回应关切;突发事件发生后,一条条滚动播报,以权威信息推动事件处置;重大政策出台后,及时传播出去,努力解释清楚,让老百姓看得到、听得懂,推动政策快落地、落得实。以人民为中心,新闻发布才能走进人民心中。

杨昕 执笔

2022 年 12 月 5 日

工业遗存何以"变身"文化空间

> 可以说,每一处工业遗存背后都有故事,每一个故事都折射出时代的变迁、人物的奋斗、工匠的创造、工艺的革新,彰显着时代精神。

要说最近杭城最火爆的新晋网红打卡点是哪里,浓浓工业风的小河公园一定榜上有名。

这里原是新中国成立后浙江建立的第一座油库,为产业发展立下过汗马功劳。如今,曾经的油桶堆场,变成了花阶浮亭;灯笼造型的油罐,成了运河水上游的标志性建筑,每个角度都能看到不一样的风景。

这样的例子在浙江还有很多,比如杭州LOFT49文化创意产业园、宁波和丰创意广场、温州黎明92文化创意街区、台州老粮坊文创园等,分别由锦纶厂、纺纱厂、工业区、老粮库改造而来。

据不完全统计,浙江的各类文化产业园区、文化创意街区,有60%左右是由工业遗存改造而来。

值得思考的是,工业遗存何以"变身"文化空间?又如何吸引人？

一

这类空间之所以容易成为"出片"的网红打卡地，被年轻人喜欢，在于传统与现代的碰撞、融合。

工业和文化，看似关联度不高，但是，经过创意的改造，变得既沧桑，又时尚，形成了强烈的视觉冲突。

比如，由西泠冰箱厂改造而来的杭州创意设计中心，有着炫酷的"姿势"，那一个个由汽车轮胎做成的"十二生肖"，色彩斑斓。

比如，景宁将昔日的废弃矿山化身为"天空之城"度假村，远远望去，一座座"浮游"在悬崖上的矿洞景观，星罗棋布。

虽然是现代作品，却有着明显的时代烙印。让人感慨，这些"老物件"拼尽全力"整活"的样子，真美！

这类空间不仅是网红打卡地，也是创意策源地。年轻人之所以喜欢这种文化情调，愿意扎根于此，不仅因为这些地方租金较为合理，也是因为"老物件"可以让人"穿越时空"，理清思绪，沉浸创作。

比如，之江文化创意园的前身是水泥厂，紧邻中国美院象山校区、浙江音乐学院两大艺术类高校。倘徉其中，会与各种"天马行空"的创意产品、奇思妙想的漫画作品"撞个满怀"。

在这类艺术气息扑面而来的地方，可以感受到，创意能够"化腐朽为神奇"。

二

不可否认，这些工业遗存厂房老旧、墙体斑驳、机器生锈，像是城市的"伤疤"。要给它们"动手术"，难度往往很大，土壤修复、改造审批、安全防护等都是必不可少的前提。

曾经在很多地方，工业遗存一度被当作"包袱"，或被荒弃，或被拆除，消失在城市里。但也有不少地方认识到了工业遗存的价值。

比如，正在改造中的大运河杭钢工业旧址综保项目，这里曾经是杭州钢铁厂，作为浙江省建立的第一座钢铁厂，是浙江近代工业文明的重要发源地之一。1957年，这里迎来了第一批建设者。在一片热火朝天中，炼出了浙江现代工业的第一炉铁水。

曾经气势恢弘的厂房、生生不息的高炉、如火如荼的冶炼，对于建设者而言，是一种历史回眸，记录着那个一穷二白的年代，产业工人们艰苦创业的激情岁月；对市民而言，则是一种情感升华，这是一部新中国工业体系建设的"历史教科书"，向人们讲述着过去的辉煌与荣光，也传承弘扬着劳动创造精神。

对一座城市而言，工业遗存还见证着发展变迁，是推进"腾笼换鸟"、实现"凤凰涅槃"的生动实践，也是区别于其他城市的"独特性格"。

2006年3月20日，习近平同志在"之江新语"专栏发表了一篇题为《从"两只鸟"看结构调整》的文章，文中提到："实现'凤凰涅槃'和'腾笼换鸟'，是产业高度化发展的客观趋势和必然选择。这种对更高境界的不懈追求，也是'浙江精神'在新时期的生动体现。"

可以说，工业遗存既是难题，也是资产，就看我们以何种眼光看待，以何种方式"打开"。

如今，这种正确的"打开方式"不再是浙江特有现象，浙江"孵化"的"两只鸟"已飞向全国。很多地方推动盘活工业遗存"旧巢"，实现"退二进三""吐故纳新"，引入空间占用少、附加值高、成长性好的文化企业。一个个老厂房，逐渐成为文化科技的创新地、优质企业的孵化地、城市更新的承载地、生活美学的集聚地。

北京的"798"老厂房，经过改造，成了国内文化艺术爱好者"密度"最高的集聚区；首钢老工业园，经过改造利用，变身北京冬奥会和冬残奥会的赛场和冰雪新地标；上海杨浦滨江逐渐从生产岸线转型为生活岸线、文化岸线，实现了从"锈带"到"秀带"的蝶变。

可以说，每一处工业遗存背后都有故事，每一个故事都折射出时代的变迁、人物的奋斗、工匠的创造、工艺的革新，彰显着时代精神。

三

然而，要把工业遗存变为鼓励创意的"场景"，说实话并不容易。

过去的工厂都是冷冰冰的高墙、高窗，如果不加分辨地沿用、一点都不改变地去原样保护，它仍然是冷冰冰的，人们自然不会愿意去。

如何对工业遗存进行巧妙的保护利用，改造为具有辨识度的文化空间，融入现代生活气息，这是一个专业性很强的事情。

比如，小河油库在改造时，3个老油罐被完整保留了下来，通过开门窗打孔，既让油罐增加了可进入性，又增添了光影效果，让原来严实、冰冷的油罐墙面有了"表情"。

实际上，这种切割作业难度很大，多层钢板依次切割，并且要在同一位置开孔，如果出现错位就会被遮挡，影响效果。

可以说，对设计者而言，"点石成金"的过程，是技术和创意的双重考验。

当然，这只是改造的第一道工序，工业遗存的保护利用不仅仅是建筑的翻新，"腾笼换鸟"的"腾"也不是最终目的，"换"才是关键。一些工业遗存改造后，之所以处于"不温不火"的状态，究其原因，是对工业遗存的文化价值和功能的重视不足、挖掘不够。

笔者经过实地踏勘，在这里可以提供一些借鉴案例。

比如杭州拱墅区东新街道的新天地区域，曾是重型机械厂所在地，搬迁后，留下大规模工业厂区。产业置入过程中，他们精心选择文化演艺业态，华灯初上，演出秀场帷幕拉开，居民游客纷至沓来。

距此不远，大运河畔的杭州丝绸印染联合厂，变身文艺新坐标，获得建筑设计、服装设计等企业青睐；西溪湿地旁，邮电522厂转型为东信和创园，吸纳众多文创企业、艺术展厅，成为知名的慢生活区；瓯江畔，温州冶金机械厂改造为浙江创意园，不定期举办广告大赛、创意市集、文创沙龙等特色活动，成为文创新空间；南太湖新区的原湖州化纤厂，已成为电影工业生产基地，可满足爆炸、飞行等多种虚拟拍摄需求……

不同的城市有不同的产业结构、不同的地域文化,保护利用有价值的工业遗存,绽放出个性光芒,塑造出独特的文化品牌,对于保留城市记忆、延续城市生命、塑造城市文化、满足城市情感,具有不可忽视的重要作用。

这正是:

珍视工业历史,注入新兴动能;

擦亮文化底色,创造美好未来。

郑思舒　执笔

2022年12月6日

社科强省应该强在哪里

> 社科工作是一项胸怀"国之大者"的工作,要为党委、政府谋实策、出良策。这是社科研究的硬核实力,也是社科工作的基本盘。

有人说,一个国家的硬实力搞不好,可能一打就败;一个国家的文化软实力搞不好,可能不打自败。

哲学社会科学就是文化软实力的核心部件,关乎长远,做的是"人心"的工作。可以说,人类社会每一次"闯关夺隘",都离不开哲学社会科学这个"风向标"和"助推器"。

浙江是习近平新时代中国特色社会主义思想重要萌发地,我们坐在理论的"富矿"上,躺在思想的"摇篮"里,站在实践的"高峰"处,拥有搞研究、出成果的得天独厚的条件和资源。

但实话实说,虽然我们早早就提出建设社科强省的目标任务,也一直在努力奔跑,但与目标还是有不小差距。

究竟什么是社科强省?社科强省强在哪、怎么强?要怎样让社科强省看得见、摸得着,让浙江社科工作走在全国最前列?这一系列叩问还需我们认真解答。

一

社科强省有多强,首要在于我们取得的成果有多大、铸就的高地有多高。

浙江作为习近平新时代中国特色社会主义思想重要萌发地,是为共同富裕和省域现代化先行探路的地方,这就决定了我们的成果必须带着浙江"烙印"。

这几年,浙江通过实施理论溯源工程,从"富矿"中挖出了不少"金子"。而接下来,溯源工程的迭代升级之路已经铺开:"共同富裕"、"八八战略"、新中国成立75周年、"重要窗口"提出5周年和"十四五"收官等,都是接下来要深挖的矿场。

社科强省之担当,就是找准主赛道、当好主攻手,聚焦原创性、学理化,立足浙江、解读中国,创造出更多大成果。

比如,前阵子广受关注的"中国历代绘画大系",就是这样一个叫得响的成果。而孕育出"大系"的文化研究工程,是我们"出产品、出成果"的看家法宝之一,还得继续做深做实,把品牌越擦越亮。

每逢重要节点,都是社科成果的一次大阅兵。明年是浙江实施"八八战略"20周年,这将是对浙江社科理论界的一次大战大考。期待浙江的社科理论界抓住这一契机,集中优势火力、上好全部弹药,好好打出几梭子弹,拿出几道响当当的"硬菜",既要有老少皆宜的"水果拼盘",也要上浓缩了干货的"主菜硬菜",为明年"八八战略"实施20周年献上大礼。

二

社科人才是第一要素、第一资源，社科强省也理应是社科人才的强省。

我们经常在问，浙江的"郑永年"在哪里？浙江的"张维为"又在哪里？没有几个这样在学术上、理论大众化方面的领军人物，又哪来的社科强省？

浙江拥有3万多社科工作者，但在全国叫得响、在关键时刻能够出来发声、在重大问题上发挥认知引领作用的理论大家，还是屈指可数。

没有任何借口，我们要做的就是迎头赶上、跨越超越。

培养优秀人才，一方面要从"苗子"抓起。抓紧物色一批有才气、有担当、有格局的好苗子，看准了就多创造机会、狠狠培养，造就培育几个在关键时刻能为党发声、为国思考的青年中坚、名家大家，加快集聚一批社科领域的"灵魂人物""大笔杆子"。

如何发现更多的"未来社科专家"，高校特别是"双一流"大学要发挥主力军作用，加大资源投放和政策倾斜力度，在更高水位上构筑人才"蓄水池"。

除了内育"栋梁"，还得外引"凤凰"。而若想引得凤凰来，则需栽好梧桐树。

比如，想办法大力引进高层次、高水平社科人才，把该投的资源砸下去，把该出的政策推出来，邀请、吸引全国最顶尖的专家学者来研究浙江、解读浙江，抬升浙江在全国理论界的江湖地位。相信"诗画江南、活力浙江"有足够的素材可供挖掘和使用。

当然，不管是自己培养的，还是外面引进的，只要是人才，就应给予相应的支持。该给的项目、资金、保障不能缺位，该出的题目、交的任务、压的担子也不能含糊，激励与倒逼双管齐下，保证最大限度出成果、出人才。

三

评判一个地方是不是社科强省，也体现在成果的传播力、抵达率和影响力上，体现在实践转化、学界反响和受众认可上。而这些，呼唤有影响力的"大平台"。

有人曾打趣地说，现在我们不少社科理论成果，"发表是结题依据，评奖是主要目的，批示是衡量标准，束之高阁是最终归宿"。这样的社科研究，毫无疑问，肯定是远远不够的。

理论成果最终服务的对象是人民群众。"浙江宣传"就曾发表文章《社科研究不能"小众循环"》。如果我们编写的一整套理论丛书、一系列理论文章，社会上没人看、没人读，那再好的价值只能循环在圈内。孤芳自赏从来都不是社科工作的价值追求。

如何让我们的声音传得更开、传得更广、传得更远？关键得有有影响力的平台。

比如，社科成果要敢于挺进互联网主战场。互联网时代，"流量就是人心"，传统意义上的"田间地头"，早已转移到十几亿人手上的那块移动小屏。像前些天"浙江宣传"推出的《"人民至上"不是"防疫至上"》，光公号本身的阅读量就有1970多万，全网点击量10多亿。社科理论界也应到这个战场上去"攻城略地"，把文章写到移动端、传递到手机屏，把观点写进人心里，影响更多有影响力的人。

社科成果，也应有与成果相匹配的高端学术平台，这是社科理论界放大影响力的关键载体。这些年，中国社科院主办的"学术中国"高峰论坛、上海社科院主办的"世界中国学论坛"等，都吸引了许多来自国内外的社科学者。在浙江，今年5月举办的扎实推动共同富裕高峰论坛，同样取得了很好的传播效果和社会影响。

由此可见，缺乏高层次、高水平理论论坛，是难以发出自己声音、输出自己影响力的。

同时，社科工作是一项胸怀"国之大者"的工作，要为党委、政府谋实策、出良策。这是社科研究的硬核实力，也是社科工作的基本盘。

比如，我们虽然建成了相对完善的智库体系，但"国字号"仅有1家，也就是真正能在国家平台上发出声音的就这么1家，值得深思。

我们的社科工作者，只有在重大理论问题、重大实践问题上和重大决策关口及时发出权威声音、拿出真知灼见，才能真正称得上是党委、政府的思想库、智囊团。

四

社科强省的强，也在于站得高、望得远，拥有谋大事的格局。

社科强省建设是一个开放性的系统工程，不是专家学者的单兵作战，而是社科战线的集团冲锋。如果没有大视野，不建立大体系，就不可能形成大合力。

建设社科强省，光喊口号再喊多少年都没用；目标中不溜秋，建成了也只是自己定义的强省。今天浙江发展的格局和定位，决定了我们的目标要更远、标准要更高，要按照"标杆""标兵"要求来找方向、找位次，所有工作朝着"拼第一、做示范"往前冲。

现在，有的社科工作者，在大局、大势面前有"佛系"的不良倾向，快到评职称了，才想着做点东西，利益攸关时才去争一争；有的到处走穴，甚至不再搞科研，而是忙自己的产业，可谓不亦乐乎。如果干社科工作，"小我"太多、"大我"太少，把主业当副业，是永远干不了大事、也干不成大事的。

必须看到，今天的时代条件、舆论场域、话语体系等都发生了深刻变化，社科工作的路径、打法也要随之改变。如果我们还沉浸于"老一套"、老状态，不调整跑道、不改革创新，"自我说服"大于"自我逼迫"，社科强省建设是搞不好的。只有从体制机制这个深层次的问题出发，找准症结、破题破圈，真正意义上推进组织变革、制度重塑，才能让每一位社科工作者有所趋赴、找到奔头、实现自我价值。

最后，拳头要有力道，必须把五个手指紧紧攥在一起。只有大家心往一处想、劲往一处使，把各类资源、所有优势、全部要素聚集在社科强省建设的刀刃上，才能真正在"高原"之上筑起"高峰"，在"先行"之中当好"先锋"，让社科强省的步伐快快地跑起来，将社科成果的含金量狠狠地提上去。

王云长 洪敏 执笔
2022年12月6日

书店引力和耐力

> 书店能不能打动读者，就看能不能直抵人心，让读者进得来、留得住、还想来，这样书店才有吸引力和经受各种考验、获得长足发展的耐力。

"感谢您70年来的支持和陪伴……"

前段时间，杭州解放路新华书店发布了《致读者朋友的一封信》，宣布将进行闭店改造，预计2023年改造完成后与大家见面。这两天，笔者发现，书店已正式闭店。

位于解放路225号的这家新华书店，建成于1954年1月，在西湖边已经挺立近70年了，是浙江现存建址最早的新华书店门店。

从一个"孩子"变成了"古稀老人"，它见证了一代又一代杭州人的青春，引来众多读者留言怀念。

在时间的沉与浮中，书店的发展经历了从单一售书走向多元业态，从传统零售走向智能互联，展现出别样的气质。这不禁让我们思考：究竟什么样的书店才能打动人？

一

大众好评的书店，一般都有姣好"颜值"，也有丰富"内涵"。

这一点在浙江省"最美书店"历年评选中也能得到印证：空间设计有特色、有品位，定期举办阅读推广活动，注重读者体验，"融圈""出圈"成效明显，这些对书店的"内外兼修"都提出了要求。

随着经济社会的快速发展和文化体制改革的不断深入，人们的审美情趣越来越高雅。从前装修简单、布局单调的书店，年轻一代会认为老土、过气。只有经过重新包装，以"高颜值"的面貌出现在公众视野，才能留住读者匆忙的脚步。

上海朵云书院·旗舰店，今年获评全国"年度最美书店"，开在239米高的上海中心大厦52楼。落地书架构成一个个连绵的书洞，一眼望去，有种漫步云端的错觉，为读者带来"云间阅读"的享受。

始于颜值，衷于书香。用"高颜值"把读者吸引进来，还得靠"有内涵"把读者留住。在生活节奏日益加快的当下，人们对书店的要求不再像以往那样只是为了挑选购买图书、翻阅书本那么简单，而是追求更加多元化、个性化的服务方式。

业绩逆势上扬的西西弗书店，在售卖图书的同时，辅以文创、咖啡简餐等，打造"城市文化客厅"。常年举办品牌读书活动，通过新书分享会、电影沙龙、绘本故事会等形式来迎合年轻人的口味。

除了常规型书店，"未来书店""24小时书店""无人书店"等概念书店也横空出世。它们凭借温暖人心的文化情怀和高科技体验，给读者带来全新的精神"冲击"。

二

毋庸置疑，今天的许多书店，已经不仅仅是"书"店，而是一个集阅读、休闲、活动、社交等功能为一体的复合型文化空间，人们不仅可以静心阅读、陶冶情操，还可以交友聊天、消费购物、商务洽谈。

笔者认为，这一过程中，除了书店业者的主动求变，更多是大环境倒逼使然。

书店的日子并不好过。两组数据为证：2020年我国约有1573家实体书店关门，208家实体书店销售收入同比下降；今年上半年图书零售市场码洋规模同比下降13.8%，其中实体店渠道同比下降39.7%。

这些年，网络书店凭借低折扣和方便快捷的购物体验，不断挤压实体书店的生存空间。

在我国，网络书店销售自2016年起就已反超实体书店，至2021年，线上书店销售码洋高达实体书店的4倍。

一边营收减少，另一边成本却不断增加。从业人员透露，书店的经营成本主要包括人力、采购、物业三大部分，其中人力成本占三到四成，租金、物业管理费及水电费等物业成本占四到五成。近年来，这些成本均有不同程度的上涨。

在这种境况之下，书店与时俱进、改革创新是一种必然。因而，我们看到很多书店守正创新，实现了逆境突围。

但另一方面，书店经营失败的案例也屡见不鲜，典型之一当属言几又。这个在高峰期曾融资超2亿元、在全国开出约60家门店的连锁书店品牌，现已关店50余家，与地产商、出版商等对簿公堂。

类似的网红书店起初时确实吸引了一大波眼光，但短短几年沦落到如此地步，实在令人唏嘘。问题出在哪儿？或许与以下几个误区有关。

依赖"流量为王"。抱着"赚一票就走人"的心态经营，打造拍照景点。装修设计没把握好尺度，空间上追求过分奇特，色彩和用材上极度夸张，追逐资本玩家。

忽视"图书选品"。外观看起来简约现代，但书架只有几排，更多的空间是付费区、环绕式楼梯；有的图书甚至只有壳子，沦为"氛围组"，成为网红打卡的"背景板"。

"流水线"式服务。过去一些人文书店的经营者自己也是一名学者，但是现在这样的学者型经营者少，店员更像是流水线培训的大堂经理和服务员，文化附加值并不突出，也给不了专业的找书建议。

三

在这个微利、专业度要求高、需要很长时间来沉淀的行业，我们相信前路仍有光。

比如，政府已经出台各项针对书店的扶持政策，涵盖减免租金、减轻税费、资金帮扶和金融支持等多个领域。《关于支持实体书店发展的指导意见》就提出，要"支持实体书店进一步融入文化旅游、创意设计、商贸物流等相关行业发展，努力建设成为集阅读学习、展示交流、聚会休闲、创意生活等功能于一体的复合式文化场所"。

此外，我国书店行业在市场规模上具有显著优势，即便在互联网和疫情的双重冲击下，2021年中国图书零售市场码洋规模仍高达986.8亿元，其中实体店渠道码洋规模有212亿元。

而书店扩张的步伐也从未停止。2020年，我国新开书店的数量约是关闭数量的2.6倍，纯新增书店数高达2488家，几乎是同年美国新开书店数的8倍。

想要"逆流而上"该怎么做？无外乎人和书两个重点。

一家备受读书人青睐的书店，人其实才是一道靓丽的风景线。如果能把人服务好，满足读者的审美、活动需求，就能大大提升体验感，并打动他们。

比如，年轻一代喜欢新潮的文化活动，那可以做足市场调查，满足他们的需要，将整个书店定位为年轻人的时尚文化空间；爱书之人想挑本好书，书店业者如果能凭借丰富的市场经验和熟识的图书内容，有的放矢地为读者提出指引、解说等参考性意见，那将会使读者产生一种难以替代的精神愉悦。

当然，这一切都是建立在图书这个核心要素上的。打动人的书店必定对图书爱得深沉，天罗地网搜集好书，想方设法抵达读者内心。

归根结底，书店能不能打动读者，就看能不能直抵人心，让读者进得来、留得住、还想来，这样书店才有吸引力和经受各种考验、获得长足发展的耐力。

只有打动人的书店层出不穷地冒出来，"深化全民阅读活动"才有立足的载体，"爱读书、读好书、善读书"的氛围才会越来越浓厚。

郑黄河　执笔

2022年12月7日

"深度伪造",眼见不实

> "深度合成"技术可以说是一把双刃剑,而"深度伪造"就是那道颇具伤害性的锋芒。希望在各方的共同努力下,我们能用好这把剑,让它多朝着有利于社会发展的方向,发挥作用。

人们常说"耳听为虚、眼见为实"。然而在今天,"眼见"就真的是真实的吗?

随着数字技术的迅猛发展,一种叫"深度伪造"的技术正慢慢渗入人们的生活。这种技术可以利用人工智能和大数据生成虚假图片、视频、文本等,其逼真程度往往让人难辨真伪。

先进的技术本无好坏之分,但当技术披上了"伪造"的外衣,则不仅会让一些不明真相的网民受到欺骗,更深层面上来看,它最大的威胁,是在广大群众中造成信任的危机。

一

想知道什么是"深度伪造",首先要知道它的技术原理——"深度合成"技术。简单来说,就是指利用深度学习、虚拟现实等合成类算法,实现文本转语音、音乐生成、人脸生成替换、图像增强等功能的技术。

举几个例子就会发现,"深度合成"在我们身边其实已经运用得比较广泛。

图片合成,包括人脸替换、专属表情包制作、写真换装等,人们可以一键创出任何自己想看到的全新图像。比如在一些小程序中,只需上传一张自己的照片,一键换装、一键美颜、一键换背景等都可以通过AI技术轻松实现。就算想要合成"粉红色大象在撒哈拉沙漠玩扑克"等天马行空的图片,也都不是难事。

语音合成,即运用AI技术生成接近真人语调和节奏的声音。比如,当你听到"注意看,这个男人叫小帅"这句话时,脑海里是不是有一个声音已经呼之欲出?没错,这个常常出现在抖音、B站的电影解说配音,就是"深度合成"出的一款声音。它的音色、语气和停顿非常自然,几乎没有机器的生硬之感。而这种无限接近真人的声音合成技术,在智能语音导航、有声书朗读、客服电话中已经得到广泛应用。

视频合成,即通过改变人的面部特征,从而操纵面部表情,可以让一个人看起来在说他从未说过的话。比如,在电影《阿甘正传》中,制作方就曾将肯尼迪的影像填充在影片中,炮制了肯尼迪接见阿甘的画面。而在一些"换脸"小程序里,网友也可以用自己的照片替换影视剧主角的脸，合成一段由自己"出演"的经典影片。

近年来，"深度合成"技术已在很多领域大量应用，生产出的内容数量和关注度呈快速增长态势。统计数据显示，在国内外主流音视频网站、社交媒体平台上，2021年新发布的"深度合成"视频数量较2017年已增长10倍以上。

由此可见，在"深度合成"技术的世界里，耳听、眼见甚至连触摸，都不见得是真实的。

然而，每一次技术变革在带来福祉的同时，也经常伴随着风险。正如同硬币的正反两面，"深度合成"的另一面就是"深度伪造"，即利用"深度合成"技术生成虚假的视频、照片和文本等。

二

"深度伪造"可以说一出生就带有"原罪"。2017年，一位名为"deepfakes"的美国网友上传了经过合成技术编辑的色情视频，这是"深度伪造"在世人面前的第一次亮相，很不光彩。

此后，随着技术逐步"平民化"，造假手段也一日千里、突飞猛进，由此带来的风险隐患也越来越多。

"深度伪造"造成的虚假信息传播，给社会治理增添了不少难题。麻省理工学院分析了十多年来300万推特用户发布的信息后发现：一个捏造故事传播到1500人的速度是真实故事的6倍。有数据显示，自2018年11月以来，在线识别的"深度伪造"视频数量每6个月翻一番。

正因为"深度伪造"的信息极易迷惑人，这一技术也成了认知战信息战的新武器。美西方国家近年针对我国的舆论战中，大量使用"深度伪造"作品。像香港"修例风波"期间，一些境外媒体伪造"港警殴打无辜民众"等视频，颠倒黑白，煽动舆论，极易让人产生错误认知，损害我国形象。

除此之外，利用"深度伪造"实施的经济诈骗更是五花八门。比如在2020年，香港一银行经理被诈骗者使用语音克隆技术冒充"合作伙伴"骗取了3500万美元，这也成为目前已知造成最大经济损失的"深度伪造"案件。一项研究估计，受"深度伪造"影响，全球企业每年损失高达780亿美元。

"深度伪造"不仅给个人、企业和社会带来隐患，更是给国家安全带来威胁。一些国家的现实政治显示，特定情况下"适时"出现的"深度伪造"，会造成社会动荡，甚至改变一个国家的政治进程。有美国政客曾说："过去威胁美国需要核武器、航母和导弹，但今天，制作一个逼真的'深度伪造'视频，就能破坏选举，使国家陷入巨大的内部危机。"

三

"深度合成"这项技术本身并没有错，但一旦被恶意滥用，跨越道德和法律的边界滑向"深度伪造"时，就会遗祸无穷。当"深度伪造"这个"魔盒"被打开，虚实交界处必须设置一道明辨是非的防火墙。

首先，还是要用好法律这把武器。近几年，很多国家针对"深度伪造"等新技术，出台了相关法律法规或管理办法。我国从2019年11月起，先后出台《网络音视频信息服务管理规定》《网络信息内容生态治理规定》等法律法规，对生成合成类内容等提出监管要求。

比如《网络音视频信息服务管理规定》中明确，利用新技术新应用制作、发布、传播非真实音视频信息的，应当以显著方式予以标识，不得利用基于深度学习、虚拟现实等新技术新应用制作、发布、传播虚假新闻信息。同时也明确，违反该规定的，由网信、文化和旅游、广播电视等部门依照相关法律法规规定处理。

能否将这些规定执行到位，还需要有关部门加大网络安全执法力度，不断完善日常监督检查和定期检查相结合的监督管理制度，推动网络平台履责尽责，有效规范涉及"深度合成"技术应用的行为。

其次，要善于用技术制约技术，加快打造"深度伪造"信息检测系统。比如，美国五角大楼国防高级研究计划局启动了"媒体取证"计划，赞助十几个高水平的研究机构加强对"深度伪造"、合成媒体的检测。

在国内，部分互联网公司在这方面也具备一定的技术积累。早在2019年，百度安全就推出国内首个基于人脸搜索、人脸属性提取、语音识别和OCR识别的深伪检测平台，对主流"深度伪造"数据识别准确率在99%以上。

然而可以预见的是，随着技术的不断发展，"深度伪造"也将变得更加难以检测。要想在这场基于技术博弈的"猫鼠游戏"中占得上风，就需要加强"深度伪造"检测技术研发，在关键技术领域突破攻坚，持续提升和迭代检测技术能力。

最后，"深度伪造"面向的是广大网民，因此还需加强网络安全教育，提升全民网络素养。我国是网络大国，拥有世界上数量最多的网民,截至2022年6月,我国网民规模为10.51亿,互联网普及率达74.4%。但也要看到,我国数字素养教育起步晚,教育水平、知识水平参差不齐。还需要持续加强对网民的宣传教育,特别要注重对特定群体的数字技术扫盲,在整个社会接种防范"深度伪造"的"疫苗"。

"深度合成"技术可以说是一把双刃剑,而"深度伪造"就是那道颇具伤害性的锋芒。希望在各方的共同努力下,我们能用好这把剑,让它多朝着有利于社会发展的方向,发挥作用。

云新宇 洪敏 执笔
2022年12月7日

一县何以见天地

> 实践已经无数次证明,唯有植根现实生活、紧跟时代潮流、回应人民关切的文艺创作,方能充满活力和生命力。

在中国,大大小小的县城,一头连通城市,一头接壤乡村。数以亿计的勤劳人民,在这里上演着最鲜活生动的基层故事。

昨晚(12月7日),浙产电视剧《县委大院》正式登陆央视一套黄金时段,并在浙江卫视等同步播出。

这部剧是中宣部、国家广电总局"礼赞新时代 奋进新征程"优秀电视剧展播剧目、2022浙江文化艺术发展基金资助项目,由《山海情》原创班底创作,正午阳光出品,集结了老中青三代资深实力演员。早在开播之前,网友们就纷纷留言"下一个爆款预定"。

未播先火的背后,令人期待的是,《县委大院》如何将"县里那些事儿"讲到观众心坎里去?这部聚焦县域治理的影视作品,又能为当下的现实题材文艺创作带来哪些启迪与思考?

一

《县委大院》，顾名思义，讲的是县里的人和事。

光从名字上看，会觉得这是一部"又红又专""工作报告式"的正剧。但从剧情而言，这部剧的情节设计不走"传统套路"，而是直面现实、直击问题，毫不避讳地把真实存在于基层一线、"针尖对麦芒"的激烈矛盾展现出来。

全剧围绕光明县的故事展开。县名光明，但一开局却不太"光明"。从过去到现在，光明县的发展基础一直比较差，在市里排名长期靠后。和作为"优等生"的隔壁县相比，是典型的"落后县"。

主人公梅晓歌作为代县长上任的第一天，就遇上了从乡里赶来的上访工友。接下这块远近闻名的"烫手山芋"后，摆在他和他的班子、同事面前的，是一堆干群关系疏离、社会矛盾繁杂、政府债务沉重、财政捉襟见肘的"烂摊子"。

如何破釜沉舟、"打怪升级"，克服重重阻力谋发展，成为贯穿全剧始终的"主线任务"。

随着剧情深入，征地拆迁、环境污染、农业发展、教育改革……林林总总的麻烦接踵而至。这些发展困境不仅是剧中光明县干部们面临的最棘手、最难以解决的几座"大山"，也是剧外数千个县城在探索现代化发展道路上共同经历的现实难题。

怎样破题成为关键。《县委大院》也许并不能给出放之四海而皆准的"标准答案"，但光明县从一个"落后县"奋起直追、奔向"光明"的"逆袭"故事，带给人新的感动、振奋和思考。

二

事实上,《县委大院》不是第一部聚焦县域发展的电视剧。在此之前,已经有多部同类题材的影视作品,其中不少还被视为经典。

1990年上映的电影《焦裕禄》,构成了一代人的文化记忆。影片中,由李雪健主演的县委书记焦裕禄带领兰考县干部群众治理"三害"的故事,一度感动中国,有不少观众在电影院里哭湿了手帕。

2018年,一部电视剧《右玉和她的县委书记们》,全景再现了新中国成立以来,山西右玉历任县委书记带领群众治沙造林、建设家园的生动实践,风格写实、广受好评,入选第十五届精神文明建设"五个一工程"。

再往近看,今年上半年,浙产剧《春风又绿江南岸》,故事的发生地就在一个名叫"江南县"的南方县城,探讨的话题是基层经济发展与生态环境保护。

可以说,关于县的题材在文艺创作中并不鲜见。那么,小小县城为何值得特别关注?在县域治理发展过程中,到底有什么值得我们一书再书?

古人云,郡县治,天下安。从历史上看,自秦始皇兼并六国以来,两千多年间,虽然历朝历代地方行政区划体系经历了繁复的变化,出现了"郡县制""州郡县制""州县制"等,但"县"自始至终都是不变的基层单位,堪称我国历史上最稳定的行政区划单元。

县一级"麻雀虽小,五脏俱全"。有人将它比喻成是国家治理的"微缩版",尽管不一定准确,但却不无道理。县域治理,不仅直接关系民生福祉、社会稳定,对推动更高层面的社会管理创新,实现国家长治久安,都具有基础性、战略性的意义。

习近平总书记曾担任过正定县委书记,对于县域治理工作的重要性有切身体会和深刻见解。早在1990年,他就曾在《从政杂谈》一文中指出:

> 如果把国家喻为一张网,全国三千多个县就像这张网上的纽结。"纽结"松动,国家政局就会发生动荡;"纽结"牢靠,国家政局就稳定。国家的政令、法令无不通过县得到具体贯彻落实。因此,从整体与局部的关系看,县一级工作好坏,关系国家的兴衰安危。

正因如此,对一个县发展历程及其背后治理逻辑的深入分析和艺术呈现,某种程度上就是以此为窗口,展现"中国之治"的基层探索和实践。

"光明县"不是一个特例,而是千千万万个基层行政单位的缩影。《县委大院》要讲的,也不仅是"光明县"的故事,而是以一域观天地,折射整个国家治理能力和治理体系现代化建设的宏大场景和时代叙事。

三

近年来,现实题材影视创作日益成为一种趋势。《大江大河》《山海情》《人世间》等一批现实题材作品不断涌现,播出热度、社会关注度、大众话题度都与日俱增。

大家爱看这类剧，很重要的一点是因为在追剧过程中感受到了"真实"。我们会被剧中展现的真实生活场景、生活经历所带入，会为主人公拼搏奋斗的信念和命运的转机所牵挂，会因人物真实的情感表达而动容，悲伤着他们的悲伤，欢乐着他们的欢乐。

就像有网友在评价《山海情》时所说的那样，"既无限贴近残酷真实，又兼顾艺术的凝练升华，拍出了一方水土一方人的浓烈调性，拍出了刻骨的穷，也拍出了动人的情。现实性是它的基础，诗性是在此上开出的花"。

真实，赋予了艺术作品打动人心的生活厚度和戏剧张力，这是现实题材创作的魅力所在，也是难点所在。要构筑起一部剧的"真实"底色，让人身临其境，和剧情同频共振，与人物感同身受，笔者认为，离不开真人、真事、真情"三要素"的支撑。

所谓"真人"，就是人物形象真实立体，一改"脸谱化""单一化"的人物设定，让人真正回归现实，变得有血有肉。

就像在《县委大院》中，每个出场的人都被赋予了独立鲜明的个性，剧中有名有姓、有始有终的人物就达到上百个，呈现出各具特色、生动活泼的"众生相"。在这里，我们会看到脾气温和、凡事亲力亲为的梅晓歌，真诚刚毅、处事果敢利落的艾鲜枝等基层干部，也能看到脾气倔强的老邱、朴实憨厚的宝根等性格各异的普通老百姓，每个角色都有属于自己的闪光点。

所谓"真事"，就是情节让人信服、故事令人共情。艺术可以放飞想象的翅膀，但一定要脚踩坚实的大地。

深入生活是积累第一手素材的不二渠道。为了追求真实，在正式开拍前，编剧和导演专门前往江西、湖南等地，蹲点挂职数月。

为了将现实中的"县委大院"搬上荧幕,美术场布到50多个县采风。零距离观察,留下的是无数个生动的细节。反映到镜头中,是一个个"接地气"、让人会心一笑的画面。

所谓"真情",就是以情动人,不刻意追求剧情的戏剧冲突和情感的剧烈起伏,而是用真实的内容肌理和情感流露,引发共鸣。

实践已经无数次证明,唯有植根现实生活、紧跟时代潮流、回应人民关切的文艺创作,方能充满活力和生命力。

荧屏上,"光明县"的故事已经开启;现实中,让"光明县"更加光明的追求一直在路上。

李戈辉 侯云杰 周爽 李刚 执笔

2022年12月8日

鲜为人知的红船往事

> 红船,这艘理想之船、信仰之船、初心之船昭示着我们:历史从不等待一切犹豫者、观望者、懈怠者、软弱者,唯有认准方向、坚定信心、扬帆远航,才能不负使命、不负梦想。

1964年4月5日,江南烟雨朦胧,伴随着一声悠长的汽笛声,一列火车在途经嘉兴站时临时停车。步出车厢的,是78岁高龄的中共一大代表董必武和夫人何莲芝。董老兴致勃勃重游南湖,然后高兴地说:"这只船,我回忆是造得对的,造得成功的。"

获得董老"点赞"的这艘船,就是现在我们所看到的南湖红船。

世上再没有第二条船,能像红船一样享有如此荣光。如今的红船,已先后迎来了3000多万慕名前来瞻仰的人,他们当中有党和国家领导人,有外国政要和友人,还有那些经历过血雨腥风、战火纷飞的老党员,南湖红船始终是人们心中的"圣地"。

小船,诞生了大党。

可很多人不知道的是，经连年战乱，1921年，定格历史的那艘游船早已下落不明。大家现在看到的这艘红船，是历经艰辛再造的一艘中共一大纪念船。这中间，发生了怎样的故事？

一

1958年，为迎接新中国成立十周年，"南湖革命纪念馆"的建馆工作提上了议事日程，以此纪念中国共产党在南湖红船上诞生这一重大历史事件。

但随即，人们意识到一个大难题。中央有关部门曾明确指出："南湖建馆的中心是'船'的问题。"因为非原迹现场的馆室只能叫陈列室、展览馆，而中共一大南湖续会的原迹，就是"船"。

没有"船"，甚至连建馆的资格都没有。那么，寻找那艘见证了开天辟地大事变的船，就成了关键。

时过境迁，37年过去了，南湖周围早已沧海桑田，当年的游船也几乎绝迹。要从这茫无头绪之中，准确摸到中共一大代表开会的船，谈何容易！

为了弄清当年这艘船的模样，嘉兴专门成立了一个找船小组，大家奔走大街小巷，寻遗老，访艄公，开座谈会，花了1年时间走访调研。

根据各方提供的线索，红船的样子基本有数了：

1921年前后南湖上的船有四种：摆渡船、小游船、账船和丝网船。根据中共一大会议的相关资料，他们分析代表开会租用的船应该是"丝网船"，而这种船多来自无锡，原本适于游太湖之用。当年，这种丝网船一般在游人最多的夏天到嘉兴南湖，冬天返回无锡。然而日本侵华战争爆发，日军占据烟雨楼以后，南湖没有了游人，丝网船也就此销声匿迹。

抱着一线希望，找船小组风尘仆仆赶赴无锡。在当地的帮助下，他们意外发现一艘改装成运输船的双夹弄丝网船。历经嘉兴市、无锡市数次群众座谈会后，一只较为成型的船模型诞生了。

全宗号155，目录号001，案卷号017，页号001……如今，通过这样一串数字，就可以在嘉兴市档案馆锁定一份珍贵的档案资料——中共一大纪念船图纸。

二

1959年3月的一天，天气格外晴朗，找船小组每一个人的脸上都写满了激动和兴奋，他们带着这艘船模型坐上了赴京的火车，准备呈交毛主席、董必武同志审定。

但他们并没有如愿见到毛主席、董必武同志。彼时毛主席去西南视察，董必武同志去东北视察。

然而，距离承诺1959年10月1日开放纪念馆的日子越来越近，时间等不起了。

就在大家心急如焚之时，有人帮着出了主意：可先去一位老乡那里访问一下。这位老乡便是李达的爱人、中共一大"卫士"，也是当年游船上唯一的会务工作人员——王会悟。

看到船模，刚年过花甲的王会悟心情十分激动，她用手左摸摸、右摸摸，一边仔细观察，一边用心回忆："这只船的模型，同当时一大代表开会的那艘船的样子倒是很像的。"但是王会悟也提出了一些异议，并提供了一些形象、可信的资料。

很快，嘉兴造船厂又做了一只单夹弄丝网船模型寄往北京，再次呈送党中央审定。

毛主席很快回复，大意是：我南征北战，记忆不清了，请董老过问此事、好好看看。董必武仔细察看了模型，回复道：船模式样是对的，只是大了些，新了些，漂亮了些；船模做得很精细，但不够逼真，复原工作应该"新工旧做，整旧如旧"。同时指出，当年开会的是一条极普通的游船，游船后边还带了一只小船。

根据董老的审定意见，嘉兴又从无锡造船厂请了工程师，召开南湖红船定型会。同时寻访到一名平湖渔民家中藏有从破旧丝网船上拆下的花格、花纹、门窗和匾额。几经反复，去伪存真，这艘游船的内外结构和形态模样终于搞清了。

三

1959年国庆节，整个嘉兴沸腾了。南湖革命纪念馆在这一天正式成立，纪念船也迎来了正式下水。南湖革命纪念船的建造是从1959年7月13日动工，8月25日竣工，历时仅仅43天。

一开始，红船在官方有一个名字，叫南湖革命纪念船。那么，南湖革命纪念船是什么时候改称为红船的呢？这至今还没有准确答案，但它的名字早已成为中国人心底最隽永、最深刻的记忆。

在中国共产党101年的光辉历史中，红色一直是一个独特的意象，比如红旗象征着革命，象征着希望，也象征着光荣和梦想。红船，亦如此。

红船之名，在其色，更在其意。

据《红船启航》一书记载，有受访者回忆，上世纪60年代的一个秋日,毛主席在乘专列到杭州的途中路过嘉兴南湖。他突然要求专列停车,没有让任何人陪同,独自走下火车,站在南湖东北侧,面向红船方向,深情凝望沉思良久。近半个小时后,才缓缓登上列车离去。

此时无声胜有声。毛主席遥望党起航出征的地方,没有留下一句话,但赤子深情表露无遗。

2005年6月21日,时任浙江省委书记的习近平在《光明日报》上发表了《弘扬红船精神,走在时代前列》的署名文章,将南湖红船称为"母亲船",并系统阐述了"红船精神"的内涵及意义,将"红船精神"概括为"开天辟地、敢为人先的首创精神;坚定理想、百折不挠的奋斗精神;立党为公、忠诚为民的奉献精神"。

2017年10月31日,党的十九大胜利闭幕一周之际,习近平总书记带领中共中央政治局常委,专程瞻仰上海中共一大会址和浙江嘉兴南湖红船。在红船旁,习近平总书记深情感慨:"小小红船承载千钧,播下了中国革命的火种,开启了中国共产党的跨世纪航程。"

现在,在嘉兴南湖畔,这艘长约16米、宽3米的木制画舫静静地停泊在烟雨楼前的堤岸旁。杨柳垂青、波光潋滟中,它在缓缓诉说着一个政党历经曲折和磨难,由小变大、从弱变强,并最终引领中华民族走向伟大复兴的不朽功业。

红船,这艘理想之船、信仰之船、初心之船昭示着我们:历史从不等待一切犹豫者、观望者、懈怠者、软弱者,唯有认准方向、坚定信心、扬帆远航,才能不负使命、不负梦想。

时时回首初心,讲述母亲船的故事,是为了更好地坚守初心、牢记使命。站在南湖畔、红船边,此时此刻,我们身后是雄浑的历史，面前是壮阔的征程。

档案资料

1959年10月1日，红船正式停泊在南湖之畔供人们瞻仰。

这艘红船是一艘中型的单夹弄丝网船，船长16米、宽3米，内设前舱、中舱、房舱和后舱。船身结构精巧，屏风气楼的雕刻图案融入雕刻技艺，花卉、戏剧人物都栩栩如生。红船后面系着一条拖梢船，是当年供船娘进城购货和接送客人所用。

中共一大南湖会议是在红船的中舱举行，舱内置一张方桌，桌上摆设茶具，周围放置椅凳，中舱的整个布局就是当年中共一大南湖会议时的场景。

孔越 张芬娟 吴梦诗 执笔

2022年12月8日

孩子"第一本书"不容马虎

> 儿童本位就是要以儿童为中心,有童心、说童声、画童趣,才能让孩子看明白、读进去、还想读。

为孩子挑选绘本,是件既简单又困难的事。

说简单,是因为各式各样的绘本琳琅满目、触手可得。说困难,是因为要想在眼花缭乱中甄别出真正适合孩子的绘本,还需"火眼金睛"。

前不久,某些儿童绘本或童书插图问题一再曝光在读者视野中。不少文章指出,国内市场有部分粗劣绘本包含"半裸按摩""画风暗黑"等少儿不宜的内容。不少网友留言,身为孩子的父母,这些"问题绘本"让他们苦恼不已。

绘本可以说是孩子人生中的"第一本书",在无形中影响着孩子人生观、是非观、审美观,容不下丝毫马虎。舆论喊出的是家长对儿童阅读安全的关切与忧虑,暴露的则是国内绘本存在的问题与疏漏。

一

纵观近年的童书出版，儿童绘本可谓是站在了风口浪尖。

数据显示，近年来我国每年出版童书4万余种，其中少儿绘本就有4000多种；少儿绘本出版码洋连续10年走高，在少儿图书市场中的占比，从2012年的3.32%跃升至当下的19.54%，与少儿科普百科、少儿文学呈"三足鼎立"之势。

绘本市场的火爆，为亲子阅读提供了充足粮食，但也带来不少隐忧。

比如，山寨绘本"占山为王"，违规用料危害儿童健康不说，还挤占了正版图书的生存空间，更别提那些夹带了少儿不宜内容的绘本，一次又一次挑动家长神经。

跟风出版"乱花迷人眼"，好的主题总是引得出版社"一哄而上"，导致市场上雷同的绘本一搜一箩筐，让家长看花眼、难下手。

引进绘本"霸榜"，市面上西餐多、中餐少，一些孩子对《皮特猫》《神奇校车》耳熟能详，对国内的原创优质绘本却知之甚少。

事实上，蒸蒸日上的绘本领域，并非没有好作品。比如，《荷花镇的早市》用静谧画笔描摹江南水乡，被誉为"中国绘本的优美开端"，《别让太阳掉下来》巧用民间玩具等传统元素，讲述天真烂漫的童年精神。

这些，都是孩子家长"通吃"的好故事。

只是当前，在鱼龙混杂的竞争中，筛选出真正的好故事，营造良好生态，去除阳光背后的"阴影"，尚需"沙里淘金"。

二

细盘产业链，绘本出版的问题有以下几个方面。

其一，绘本创作门槛低，部分创作者缺乏儿童读者意识。绘本的火爆，吸引了越来越多的人一头扎进绘本行业。但许多从业者并不具备专业能力，或是"自说自话"，一味迎合市场，或是拿腔作调"装小孩说话""讲冷笑话"等，也就难免让风格冷门、少儿不宜的读物流向市场。

绘本的读者年龄多集中在3至9岁，孩子天真懵懂，尚缺乏是非辨别能力。童书创作事关孩子的启蒙教育，切不可随心所欲。

其二，一些出版社把经济效益放在第一位，把关职能缺位。在直播视频中，常常能看到"9.9元包邮""20元任选4本绘本"的促销活动，吸引着家长们打包购买。但如此低价推销，绘本的质量能得到保证吗？

绘本作为图文合奏的作品，需要文字作者和插画者高度配合、打磨，原创绘本创作周期长，成本并不低，大多读者也都能理解。但一些商家"赔本赚吆喝"的行为，让儿童读物也卷进山寨产品、粗劣作品的低价竞争中。因此，有的出版社更愿多做引进产品，或是压缩原创绘本的打磨时间，疏忽了选题论证、三审三校等把关环节，快做快出，难免陷入"价格越做越低，质量越来越差"的怪圈。

其三，出版社与读者之间缺乏对话，让谁是好书成了扑朔迷离的"谜题"。每当绘本问题暴露时，有的家长觉得自己花了冤枉钱，怒斥出版无底线，而受到劣质出版物影响的正规出版物，同样是一肚子委屈。争议的根源，终究是双方互不理解，绘本推广工作没有扎实落地。

比如有的出版社营销时，动辄"专家联袂推荐""国际大奖"，放眼望去全是"好书"，忽视了以内容打动人心。部分家长缺乏选书主动性，多是被动接受大V、学校或是商品页的推荐，自身甄别能力比较薄弱。

说到底，绘本阅读的推进还需要专业声音来牵线搭桥，引导出版社出好书、家长选好书、孩子读好书。

三

如何让孩子们能读到真正优质的绘本？笔者以为，这需要监管部门、作者、出版社、家长多方合力，守好童书出版的"一方净土"。

不让读物变"毒物"，加强童书监管把关十分必要。

比如，监管部门要当好"守门员"，加强选题把关和内容审核；强化市场检查，及时下架不合格绘本；注重好作品的推荐宣传；严厉打击盗版、山寨等出版乱象，为图书质量保驾护航；等等。

面对包含负面信息、低俗内容的失格童书，面对良莠不齐的童书出版市场，一定要该点名时点名，该出手时就出手，为孩子们营造清朗的阅读环境和成长环境。

作为创作者，应多从儿童的视角出发，扎根现实生活。

好的绘本作家往往对儿童现实生活有着细致观察，深知孩子的爱好、烦恼、兴趣以及语言表达习惯等。比如朱成梁老师堪称是中国原创绘本界的领军人物，却说自己是个"画小画的人"！他曾在

《记事情》这本图画书中故意实实在在地画上100只羊,为的是"让孩子数一数时觉得有趣"。

简言之,儿童本位就是要以儿童为中心,有童心、说童声、画童趣,才能让孩子看明白、读进去、还想读。创作者只有以这些高标准要求自己,才能创作出受孩子欢迎的作品,为孩子绘出多彩童年。

站在出版社角度,则要摆脱急功近利心态,聚焦作品本身,把内容为王作为出版的核心标准。

比如浙江少年儿童出版社《太阳和蜉蝣》历时三年打磨,在语言文字、图像叙事、装帧设计方面细抠,最终为小读者们呈现了一个蜉蝣与太阳对话的温暖故事。正因为前期的精心付出,才让作品一出版就收获了热烈反响。可见,好内容是儿童绘本打开市场的核心竞争力。

出版社也应正视自身问题,平衡好经济效益和社会效益,多多请教儿童教育或心理学专家,从专业角度回应社会质疑,用实力说话。

而对家长来说,则要加强甄别能力,把好绘本遴选的最后一道关。此处推荐几个小妙招供家长参考。

"拿来主义"。挑选绘本时,不妨参考有知名度、有公信力的图书奖项和榜单,比如丰子恺儿童图画书奖、信谊图画书奖等国内优秀原创绘本奖项,以及"中国好书"等推荐书单。这些上榜读物,可以说都是经过层层筛选、大浪淘沙后所沉淀出的优质作品,经得起市场和读者的检验。

多倾听孩子的心声。市场上的绘本千千万万,主题、内容、形式各不相同。如何选中合适绘本,家长也应多了解孩子的阅读兴趣和心理走向，既要考虑书本的知识性、美观性，也要考虑孩子的年龄特征、知识背景、兴趣爱好等。

多读、广读，注重对话阅读。《文心雕龙》有言：操千曲而后晓声，观千剑而后识器。家长自己不事先阅读、广泛阅读，又如何能把握好优秀绘本的标准呢？别忘了，绘本还有个特点，就是注重亲子互动，由大人读给孩子听。家长孩子都喜欢，才能算是真正的好绘本。

正如有着"日本图画书之父"之称的松居直所说："图画书不应该被动地接受，它应该让孩子产生一种亲切感，不知不觉引领孩子走进一个奇妙的世界。"

虽然儿童绘本一路走来伴随不少争议，但不能否认，绘本为亲子互动、创造思考、审美塑造等带来了许多正面意义。希望越来越多的优秀绘本，讲出更多值得孩子们长久回味的好故事。

周琼华　执笔
2022 年 12 月 9 日

文博强省的雄心

> 这些历史拼图的碎片埋藏在地底下,却是撑起打造文博强省的丰厚家底。有了家底,还需努力。对浙江来说,文博强省怎么建,无非两句话:拉长长板,补足短板。

这个冬季的杭州,据说闹钟响起最密集的时间是凌晨三点,因为可以同时搞定两件事:看世界杯,预约德寿宫门票。

德寿宫的一票难求,以及杭州国家版本馆日日人头攒动等,共同指向一个趋势:"文博热",这在当下正在成为一种新时尚,愈加凸显出文物工作的重要性。

昨天(12月8日),浙江省文物工作会议召开。这是过去20年来,浙江文物考古领域规格最高、规模最大的一次会议。这次会议,也是对省第十五次党代会提出的"打造文博强省"做进一步的规划和延展。

会议干货颇多。国家文物局和浙江省人民政府签订了《关于加强浙江省文物保护利用战略合作协议》,浙江全面对照国家文物局已开展或拟开展的一系列重大项目，积极争取先行先试，争当探路者、试验田。《关于全面加强新时代文物工作、打造文博强省的意见》公开征求意见，《文博强省建设十大工程实施方案和世界一流文博机构创建计划》正式启动，"百城千馆"建设提升工程将开始实施……

加快建成文博强省，浙江既有雄心，也亮出了实招。

一

中国历史学界一直有种说法，"地上文物看山西，地下文物看陕西"。曾经的观点还认为，唐代之前的浙江是一片蛮荒之地。

浙江文博界过去几十载的努力，可以说就是在为浙江"正名"，也是给浙江历史做"拼图"。

浙江考古人一片片挖掘、一点点拼接，逐渐梳理出浙江的关键历史格局。有人用一句话概括浙江丰富的文物遗存：10000年看上山、7000年看河姆渡、5000年看良渚、1000年看南宋、100年看南湖。不仅如此，浙江还是世界稻作、蚕丝、茶叶、漆作、瓷器、酿酒的主要起源地。

如今的浙江已经拥有3处世界文化遗产，281处全国重点文物保护单位，10座国家级历史文化名城，71个中国历史文化名镇名村。根据第三次全国文物普查，浙江省内不可移动文物数量7.3万余处，位居全国前列。

站在历史的时间轴上，我们清晰地看见了浙江历史的纵深脉络。百万年人类史、一万年文化史、五千多年中华文明史得到实证，浙江文化根脉毫微毕现。这既让每个浙江人感到十分自豪，也让我们深感责任重大。

这些历史拼图的碎片埋藏在地底下，却是撑起打造文博强省的丰厚家底。有了家底，还需努力。对浙江来说，文博强省怎么建，无非两句话：拉长长板，补足短板。

二

先说长板，浙江在中国文物考古领域最大的优势或者说辨识度是什么？

中国社会科学院学部委员、中国考古学会理事长王巍曾说："浙江考古，始终与社会经济发展同频共振。"这句评价，或许能代表业界对浙江的共同认知。

所谓同频共振，就是文物保护不仅没有拖发展的后腿，还成为推动发展模式蝶变的"点金石"。但做到这四个字并不容易，核心问题是，如何做好文物保护、传承、活化工作，如何处理好文化遗产和发展之间的关系。

2003年，时任浙江省委书记习近平同志来到良渚遗址考察。当时的良渚遗址，山石裸露，满目疮痍，茫茫荒野上，尘埃漫天飞扬，几十家矿场的采石爆破声此起彼伏。大量的开山炸石，严重破坏了良渚遗址的生态环境。而影响遗址安全的湖州德清县6家石矿场，关停有困难。

"良渚遗址是实证中华5000年文明史的圣地，是不可多得的宝贵财富，我们必须把它保护好！"在良渚文化博物馆会议室里，习近平同志的这番话，重锤般敲在每个与会者心里。

"明天，就去湖州。"习近平同志当机立断，第二天就赶到湖州调研。很快,原来关停有困难的几家石矿场彻底关停。

时至今日,这里已成为大遗址保护利用的典范。良渚古城遗址不仅申遗成功,遗址公园周边,杭州国家版本馆、中法航空大学等次第落户。曾经的粗放型工业小镇,蝶变成为文化艺术和科技创新的高地。

除了文化遗产保护外,文物的活化利用也是浙江的一张名片。

杭州玉皇山路73号,中国丝绸博物馆静静隐匿在一片翠绿之中。可熟悉这里的人都知道,一根丝的故事,早已从位于西湖群山的此地,延伸向五湖四海。

几个月之前,这里刚刚举办了"2022丝绸之路周"。丝路周连续举办3年,共吸引22个国家的200多家文化机构、累计5000余万人次参与联动。浙江的丝绸文化远播海外的同时,也让来自全国乃至世界的文博目光投向浙江。

不仅如此,博物馆一年四季的活动令人目不暇接。与"丝"有关的展览,无论传统与时尚,每年数次。此外,扎染、编织、手绘、旗袍秀等活动,让市民游客倾听、感受、体验到"活"的丝绸文化。

再比如,在"文物+科技"方面的尝试。"中国历代绘画大系"运用数字技术对古代艺术品进行"复制",让更多人得以近距离、高清晰地观察文物的"真容"。开放不久的德寿宫,除了展示考古遗址,还通过光电技术、文艺表演为人们还原出"东风夜放花千树"的南宋生活场景,使得宋韵款款而来。

如何让优秀传统文化"活"下来,"活"在当代人生活中,还有不小的创造空间,浙江正在补齐。

三

再来说说短板。为什么从全国范围来看,浙江文博工作的"能见度"还不那么高?我们离文博强省到底还有多远?

先看文物的保护、传承和利用。

不可否认,在这根链条上,一些工作还是薄弱项。比如,有的地方对文物工作不够重视,还没能很好地处理经济发展、城市建设与文物保护的关系,甚至还存在文物火灾、违规拆除和建设、盗掘盗挖、非法文物交易的风险隐患;大量的文物还在库房里沉睡,有的文物不具备足够的展陈条件,不少观众走进博物馆后"看不懂、听不懂"甚至"不想看、不想听"。

再看群众需求。

过去在北京故宫,看的是建筑和文物等,现在还要去看看文创产品、影视拍摄打卡点,甚至还要延伸到移动端、手机屏逛故宫。从全国范围来看,河南一会儿让龙门猛金刚跳poping,一会儿让唐朝乐伎拗造型;三星堆的考古发掘,直播一次就收割一拨流量;南昌海昏侯直接"大力出奇迹",金饼、金板、马蹄金,赚足了眼球。

相比这些,浙江的文物IP、文博产品,还是有些缺乏想象力。

最后看体制机制。

有的群众因为身处文保单位而无法再建新房,也有因为落户遗址控制区而无法开厂创业,怎样对他们进行科学公平的补偿?一些文博机构在多重束缚下"带着锁链起舞",如何厘清公益性与经营性的矛盾?如何将现代管理体制引入国有博物馆?

这些工作目前都还在探索阶段,尚未形成领先全国的浙江方案。而做好这些工作，尤需各地各部门牢固树立"保护文物也是政绩"的理念，创新打法、真抓实干。

四

文博，是一个省份当之无愧的"金名片"。本着对历史负责、对人民负责、对未来负责的高度责任感，全面做好文物保护利用和文化遗产保护传承工作，加快建成文博强省，这是浙江的使命和追求。

如何树立一批具有鲜明浙江辨识度的文物新标识，如何创成一批世界一流和全国领先的文博机构，如何打造一批文物保护利用标志性成果，如何全面形成"大文物""大保护""大融合""大安全"的文物工作新格局，是当下以及未来一个时期浙江文物工作的"必答题"。

九层之台，起于累土。答好这些问题，最终要靠我们一点一滴的努力，积尺寸之功，累严实之效。

保证文物安全，是不可逾越的底线，从千里海塘的一块砖到万年上山的一抔土，都是老祖宗留给我们的宝贵财富，建立严密长效的文物安全防护体系，就要把人防、物防、技防统一起来，更好地让数字技术成为守护文物安全的"铜墙铁壁"。

擦亮文化标识，是文博事业的重要使命。北京的宫殿、西安的城墙、苏州的园林，都已经成为一座城市的独特封面。当良渚文化、宋韵文化、阳明文化、南孔文化找到更多文博载体，"诗画江南、活力浙江"的形象才能更加饱满鲜活。

走向普罗大众，又是一条"突围"之道。要敢于突破学术"小圈子"，推出更多像"中国历代绘画大系"那样的传世精品，浙江文化、中国历史才能真正走向大众、走向世界。让博物馆的大门再打开一点，让乡村博物馆再多一些，文博强省就有了更为强大的群众基础，也能更加持续地引领时代、泽被后世。

　　文旅深度融合，是文物"活起来"的天然舞台。"一部陶瓷史，半部在浙江"，这是历史、是山水、是工艺，但更应该是令人跃跃欲试、如沐春风的旅游吸引力。千年宋韵留下了严州的古城、黄岩的古道、徐谓礼的古书，我们又该如何打造出一个闻名中外的宋韵国际旅游目的地？

　　当一个文物大省有了成为文博强省的雄心，相信那些沉睡千年、万年的文物一定能重获新生，焕发出更加耀眼夺目的光彩。

谢滨同　执笔
2022年12月9日

绍兴师爷是怎样一群人

> 一壶黄酒,万卷诗书,绍兴师爷纵横封建官场数百年。属于师爷的时代已经远去,但走下历史舞台,他们的人格魅力依旧闪亮,为后人留下的精神遗产不曾被湮灭。

"无宁不成市,无绍不成衙。"这句俗语说的是,没有宁波商人成不了市面,而没有绍兴师爷也就成不了衙门。

绍兴师爷在明朝兴起,在清朝发展壮大。在我国古代历史长卷最后两个篇章,那光怪陆离的封建官场中,绍兴师爷起着举足轻重的作用。

然而,很多绍兴人,是不喜欢被人称作"师爷"的,包括鲁迅。他曾在自传中说:"我总不肯学做幕友或商人,——这是我乡衰落了的读书人家子弟所常走的两条路。"

不仅如此,很多人认为,"师爷"二字自带戏谑之意,多具贬义色彩,"师爷气""师爷笔法"自然也不是什么好的评价。

那么,绍兴师爷到底是群怎样的人?他们的真实"风评"又怎样？

一

我们先来看看部分文学作品如何描写绍兴师爷——头戴一顶瓜皮帽，鼻梁上架一副圆框眼镜，蓄着山羊胡，爱拿一柄折扇"指点江山"。怎么看都是一副老谋深算的形象。

在不少文艺作品中，"师爷"的形象也不断地被误读、被矮化。《让子弹飞》里的"假汤师爷"，游走于官府、土匪、豪绅之间，追名逐利，奸诈狡猾；《九品芝麻官》中的师爷包有为，唯唯诺诺，易被小恩小惠利诱。

师爷形象，总困于"刻板印象"。究其原因，主要还是晚清时期一批"劣幕"的出现，让绍兴师爷声名狼藉。而一些小说与戏曲中演绎的幕后弄权形象，更是相当直观地让人对师爷的形象少了好感。

真正的绍兴师爷当真如此？实则不然。

先从堪称"师爷鼻祖"的徐渭说起。按现在的话说，他可能缺点"考试运"。嘉靖年间，参加了8次"高考"的徐渭依旧是个秀才。但"八股取士"如何能困住徐文长？做官不成，不如换条赛道吧。

比起科举场上的曲折与坎坷，五年的师爷生涯，可能是徐渭一生中最风光的时刻。他满腔才华，有勇有谋，协助封疆大吏胡宗宪解决了不少难题。可以说，徐渭是"出道"最早的绍兴师爷。

到了清代，虽然各省籍的知识分子都有当师爷的，但绍兴师爷依旧牢牢占据其中半壁江山。张之洞的师爷马家鼎、曾国荃的师爷章士杰、左宗棠的师爷程埙，等等，都来自当时的绍兴。由此可见绍兴师爷群体之庞大。

实际上，真正的绍兴师爷，博学智慧、忠诚刚正、治事审慎且灵活，并善于言辞，具有作为智囊的多方面能力，无疑是绍兴成千上万"名士"的优秀代表。

二

越地自古文风炽盛。1996年版的《绍兴市志》记载，在科举时代，绍兴境内出过2238名文武进士，其中文科进士多达1965人。绍兴师爷正是在这片文化热土中成长起来的。

那么，师爷何以成为绍兴一地的"特产"？

"三山六水一分田"的地理布局，决定了绍兴地狭人稠。在"万般皆下品，惟有读书高"的传统社会中，通过科举求得功名是读书人的最佳选择。读书人越来越多，而官职数量有限，为了生计，不少绍兴籍人士只能另辟蹊径，先从师爷这样的"后备干部"做起。

当然，师爷这个职业，也是很有一番讲究的。

首先，他们得是有一定知识资本的读书人；其次，拜师入行至少要经过三年严格的训练才能出师；最后，还要靠自己的才学"游幕"四方。龚未斋记录道："千人学幕，成者不过百人；百人就幕，入幕者不过数十人。"

师爷常有，能被幕主赏识的师爷却不常有。比如，许思湄一生游幕五十余年，练就一身本领，却也在书信中流露出郁郁不得志的苦闷。他人以为师爷风光无限，但漂泊天涯、仰人鼻息的辛酸，宦海浮沉却又要保持本心的艰难，只有师爷们自己知道。

有人工于心计，名利只为自己；有人献谋设策，为家为国。如果要为"绍兴师爷"这个群体下个定义，他们的价值当然不能因为少数人就被一票否决。

民间自古有"绍兴师爷甲天下"的说法，真正的绍兴师爷中，不乏秉公办事、爱国爱民之人。

周恩来总理的祖父周攀龙，便是一位响当当的绍兴师爷，一生清廉、两袖清风。胆略过人的邬思道，虽布衣一生，却坚守底线，凭借聪明才智屡断奇案。相传，邬思道因替雍正帝除去权臣而名垂青史，以至雍正常在奏折上批语："朕安，邬先生安否？"

师爷们充当着"智囊团"的角色，兼具"文胆"与"剑气"，走南闯北，以刀笔直刺官场阴暗。

三

一壶黄酒，万卷诗书，绍兴师爷纵横封建官场数百年。属于师爷的时代已经远去，但走下历史舞台，他们的人格魅力依旧闪亮，为后人留下的精神遗产不曾被湮灭。

今天，走在被誉为"师爷故里"的绍兴安昌古镇，还能看到以师爷娄心田故居"斯干堂"改造而来的绍兴师爷博物馆，让人不禁回想起娄心田在东北抗击日军、维护民族独立过程中的点滴付出。此外，"师爷桥""师爷亭""师爷路"，在安昌随处可见。

一条条乌篷船，在纵横交错的水乡穿行，载着一位位读书人驶向天南地北，又带着"绍兴师爷"的响亮名号归来。古韵流淌间，绍兴师爷的历史面貌清晰可见。

而如何为绍兴师爷"正名"，重塑"绍兴师爷"形象，让这股静水流深的文化力量长存？

或许，仅建一座绍兴师爷博物馆，还救不活师爷文化。当下的师爷文化传承，需要有更多的活态演绎。

从文艺工作者的角度来说，笔者认为，可以从以下几个层面发力。

比如，作品的传唱度可以更广一些。目前为数不多以"师爷"为主题的文艺作品中，电视剧、动漫、绍剧占据主流。但文艺作品形式多样，越剧能不能演师爷？电影能不能演师爷？无论是王汝成的"哑巴作证伸妇冤"，还是骆照巧断赵州民妇案，每一位师爷都有精彩的人生。如何将这些故事真情演绎，让绍兴师爷尘封在历史中的真正面貌为更多人熟知？仍需创作者挖掘、探索。

比如，作品的感召力应该更强一些。民间的诸多调侃，将"绍兴师爷"拉入了社会认同感差的怪圈。在正视历史价值之余，如何让人们对"师爷文化"的认同感更足，也是需要思考的问题。

不少网友表示，动画片《少年师爷》是"00后"的童年回忆。"把我们的优秀传统文化用现代时尚的感觉表达出来，很有味道。"《少年师爷》不仅登陆了央视，版权更是远销海外。这也证明，文艺作品只有更具感召力，唤醒受众内心深处的认同感，才能描摹出"师爷文化"真正的"根"与"魂"。

另外，作品的思想内核还可以更深一些。很多绍兴师爷从不是历史上冷眼旁观的陌路人，而是主动参与变革的创新者。他们跳出个人利益的考量，自强不息，走出了一条创新之路；他们胸中有丘壑，虽入仕艰难，但以耕读传家的他们从未放弃造福百姓的理想。

如何让绍兴师爷的情怀与担当，跃然纸上与屏前？或许，今天我们不仅要为绍兴师爷正名，更要努力探寻他们的精神内核，向深处"闯关"。

"莫道师爷无美貌，却言幕友够才谋。"绍兴师爷能否在读者和观众心中成功"转型"？我们期待有更多沉下心、正视历史、踏实演绎的文艺作品，一同来打破那些刻板印象。

祝融融 徐霞 毛晓青 执笔

2022 年 12 月 10 日

文艺作品是城市的最好代言

> 一部优秀的文艺作品,就是城市最好的广告。它们像一个个有机细胞,支撑起一座城市的涵养和腔调。

最近,浙产剧《县委大院》播出,引发了关注热潮。首播收视率破2的同时,不少观众对剧中"光明县"的原型产生好奇。网友们甚至"拿着放大镜"追剧,试图寻找能和现实对上的"蛛丝马迹"。

事实上,"光明县"是多个地方"结合"的产物,该剧的拍摄取景辗转安徽、四川等不同省份。一些网友看了后表示,要去现场打卡。这一颇有意思的现象,牵引出一个值得探讨的话题:文艺创作与城市之间有什么关系?

这并不是文艺作品第一次与城市产生奇妙的"化学反应"。从年初《人世间》全方位展现东北风情,触发观众的"东北记忆",到暑期《梦华录》爆火,引发观众对江南钱塘和梦幻东京的追捧,再到现在的《县委大院》,"藏"在热播影视剧背后的故事发生地——城市,实实在在地"收割"了一波流量。

不禁要问，人们为什么会对文艺作品中的取景地如此感兴趣？文艺作品又能为城市带来怎样的影响？如何借助文艺作品讲好一个地方的故事？

一

老舍笔下的北平、沈从文笔下的湘西、孙犁笔下的白洋淀、路遥笔下的黄土地，这已经成为一代又一代中国人心中永恒的记忆。这实际上说明，文艺作品的传播对城市形象的塑造或者区域品牌的打造有着不可小觑的作用。

除了文学作品，借助影视作品传播城市形象的例子更是不在少数。笔者首先想到了《新白娘子传奇》，很多观众都是通过这部电视剧知道了杭州，"西湖美景三月天，春雨如酒柳如烟"在他们心中留下了不可磨灭的印象。

稍微梳理了一下，类似的例子还有很多。比如——

21世纪之初，电影《卧虎藏龙》将取景地选在碧波万顷的安吉大竹海，让观众见识到安吉竹海的靓丽风光，久久难以忘怀。

2008年大获成功的电影《非诚勿扰》，更是让当时建成开园不久的西溪湿地名声大噪，而这也成为借助电影实现城市营销的经典案例。

2019年上映的《银河补习班》，让很多外省人知道了金华有一个县城叫兰溪，对当地的那一碗牛肉面心生向往。

去年，随着电视剧《山海情》的成功出圈，宁夏永宁县闽宁镇靠近贺兰山的一段无人戈壁成为网红打卡地。

今年，浙产剧《运河边的人们》在央视热播，作为主要取景地的湖州，其小桥流水、古镇民居、茶馆酒肆走进了全国观众的视野。

放眼国外，从《海街日记》里的镰仓，到《爱乐之城》里的洛杉矶，再到《爱在黎明破晓前》里的维也纳，一部部影视作品为一座座城市"代言"，每个城市都有自己的"代表作"。

这些年，随着移动互联网的兴起和发展，小屏传播抢占眼球，城市品牌借助文艺作品的传播"飞入寻常百姓家"的效应变得更为明显。

比如，2014年以来，火遍网络的歌曲《成都》，把成都慢悠悠但又很有人情味和生活气息的特点，传递给每一位曾经去过成都或者是打算去成都的听众，已经成为这座城市的音乐名片。

每部文艺作品都有个故事发生地或者拍摄取景地。城市里的人文历史、语言习惯、名胜风景、道路建筑等等，都可能形诸笔端、进入镜头，引起人们的围观和思索。

不难发现，一座有文化有情怀的城市，总有一些经典的文艺作品让人回味无穷，吸引人们纷至沓来，而这些经典作品，为城市增添了独特记忆和文化软实力。文艺作品与城市，能够相互成就。

如果说城市是一个瓷器，文艺作品便是闪亮的釉彩；如果说城市是一条静静流淌的河流，文艺作品便是跳跃的朵朵浪花。

二

一部优秀的文艺作品，就是城市最好的广告。它们像一个个有机细胞，支撑起一座城市的涵养和腔调。不过，就浙江而言，我们以文艺作品宣传展示城市形象、以艺术之美撑起城市之美的能力还不足。

不少城市缺少点文艺细胞,缺乏堪担代表城市形象的作品。比如有的城市打造音乐之城数年,但成果显现度还不够;一些城市近年来拍摄了诸如《春江水暖》《云霄之上》等电影,但市场知晓度并不高。

笔者曾听过一句调侃:"杭州的年轻人,只能在酒吧唱着《成都》和《北京北京》,能代表杭州的歌在哪呢?"

不可否认,"文艺+城市"这篇大文章,我们答得还不够精彩。问题出在哪?笔者认为包括但不限于以下两点:

其一,缺乏以文艺来塑造城市形象的意识。有的地方,空守着金山饿肚子,深厚的文化底蕴挖掘不够,好的创作素材弃之不用;有的地方,随着经济发展,可选择的空间大了,可挑选的作品多了,对好作品甚至没有像以前那么全力以赴了;有的地方即使面对好项目,给不出政策也给不了资金,支持力度不够,导致文艺项目外溢,等别人火了后拍着大腿喊后悔。

讲到底,这其实就是对文艺、文化的力量还不够重视。一座城市,既需要发展经济,也需要文化软实力来彰显魅力。这在当下,在加快打造新时代文化高地的浙江,理应成为共识。

说到这,笔者想到一个故事。1983年,习近平同志任正定县委书记后,听说中央电视台要拍摄《红楼梦》连续剧,已经在北京选址建大观园,还有意在北京周边选址搭建荣国府和宁荣街。他敏锐地意识到,正定的机会来了!

经过与中央电视台的接触沟通,对方同意荣国府和宁荣街选址正定,搭建临时外景地,由正定无偿提供场地。习近平同志则提出,应该把荣国府建成永久性建筑,为正定留下一处永久性的旅游景点。

没承想，电视剧还在拍摄中，竣工不久的荣国府就火了，开放当年，吸引了130万人次前来参观，门票收入达221万元，旅游总收入1768万元。荣国府火了，正定这座县城也火了。

如何让艺术与城市擦出火花，以好作品来塑造城市形象、提升城市美誉度，考验着每一个城市管理者的智慧和能力。

其二，不善于用文艺作品和文艺手段来宣传城市。一方面，是对各种艺术门类、艺术形式的规律把握不到位，想做一些宣传，但创作能力有限，不知从何入手；另一方面，是对自己城市的特点、定位、品性把脉不够精准，创作不出足够接地气又能够引领时代的优秀作品。

土耳其作家奥尔罕·帕慕克说："小说要展现的不仅是作家的人生，还有他所生活的那个世界。"小说等文学作品如此，音乐、影视、戏剧等等，皆是如此。它们要展现的，是我们热气腾腾、充满烟火味的生活，是一个个人的故事和一座城市的灵魂、气质。

对浙江来说，全省各地都拥有差异化的资源禀赋，有各自的城市特质，既有现代化的大都市，也有绿水青山的好资源，还有深厚的历史文化积淀，有太多太多可以挖掘、可以宣传的地方。在城市发展的进程中，文艺作品不应该缺席。

三

因为一部剧、一本书，抑或是一首歌，而爱上一座城，这是今天很多年轻人的真实写照，也是一种富有浪漫气息的文化现象。城市与文艺，从来就不是割裂的，而是交织在一起、相促相成的。

创作塑造一部深入人心、将城市形象印刻进人们脑海中的文艺作品，是好多城市怀揣的美好期许，也是它们展现文化软实力的动人尝试。

对城市的解读维度是多元且丰富的。相较传统的城市介绍手册或宣传片，文艺作品在展现城市形象和文化方面具有独特优势。一方面，它通过着墨那些富有烟火气和人情味的小切面、小人物，于无声处感受城市的脉搏跳动，起到"不是广告却胜于广告"的效果；另一方面，文艺作品所产生的心理学"晕轮效应"，往往会让受众不自觉地将对某个片段、场景和人物的好感，移情于以之为背景的城市，隔着屏幕、捧着书籍便与未曾谋面的地点形成情感联系。

因此，在城市形象宣传过程中，每个城市都需要思考的是，如何利用文艺作品更好地塑造形象，为城市发展提供文化支撑力、驱动力和创新力。

笔者以为，最重要的是要扭转观念，放下身段。如果片面地认为抓经济就是要抓项目、抓项目才能促发展，那么必然就会错过优秀的文艺作品。要看到，一个地方发展既需要硬实力，也需要软实力，通过文艺作品宣传展示城市形象也是一种发展。

特别是，一些有一定经济基础和知名度的城市，不能简单地认为文艺作品特别是影视作品取材取景、宣传展示是无关紧要的。

优秀文艺作品尤其是影视剧，既能拉动尚不知名城市的知名度，更能提升已知名城市的美誉度。所以，每一座城市都不应放弃剧组来本城拍摄的机会。主动出击方能抢占先机，只有积极探索争取，拿出更有力的扶持奖励政策，更好创造机会上大戏，借新播影视剧再次传播本城市好形象，才能给城市创造更多"露脸"的机会。

当然,"爆火""出圈"并非易事。城市的管理者要有"猎人思维",接受不确定性。不是每个作品都能让城市"爆红",但一定要把眼力练好,遇到好作品就像发现猎物一样,不能让它"跑"了,要善于在合适的时机"猎"到优质的文艺作品,借机将城市的"好风景"亮出去、"好品牌"打出去,同时也要久久为功,尊重作品创作规律,付出时间和心血打造好作品。

每座城市都是独一无二的,都有不同于其他城市的特质和个性,有许多可歌可赞、可拍可写之处。这种差异性就是城市的魅力所在和卖点所在。因此,每个城市都需要审视自己的独特资源在哪里、品牌气质是什么,找准竞争优势和宣传卖点,把文艺作品的题材、人物、故事扎根到城市土壤之中,用作品的镜头、影像、音频展现城市鲜活形象,让文艺作品与城市紧密结合、融为一体,那时城市走红自会水到渠成。

我们期待,未来,能够有越来越多走在时代前列的文艺作品,留下浙江的"城市印记"、写下浙江的"城市故事"、展现浙江的"城市风采",开启更多艺术与城市的双向奔赴。

徐毅 李攀 郑梦莹 李戈辉 陈瑜 执笔

2022年12月10日

吴昌硕的梅花世界

> 如今,故乡终有了吴昌硕深爱的梅海,每年梅花绽放时,数万人踏春寻梅,怀想大师。而将梅花引作知己的吴昌硕,留给世人的身影,也如梅花般风骨俊傲,不趋荣利,于严寒中亦凌霜斗雪,自强不息。

杭州西湖小孤山,因林逋闻名。林逋,就是人称"梅妻鹤子"的那位北宋诗人,一生爱梅,写了不少咏梅诗。

1904年,"天下第一名社"西泠印社依孤山南麓建成。谁曾想,首任掌门人吴昌硕竟也是个爱梅成痴的人。他爱梅、画梅、咏梅,自称"苦铁道人梅知己"。而其以梅为题的传世作品,亦留下了不少气韵十足的艺术佳话。

如今,一代宗师已离开整整95个年头。品其诗书、观其画印,依然似有梅花暗香沁来。

一生嗜梅,引梅为知己。吴昌硕的梅花世界究竟是怎样的一番天地?

一

回顾吴昌硕的一生,梅花踪迹处处可寻。

1844年,吴昌硕生于安吉鄣吴村,村外十里处有一小溪名曰"梅溪",因两岸遍植梅花而得名。吴昌硕幼时常借钓鱼之名,步行十里到此赏梅。日久即生情,梅花出世之姿映其眼、入其心。

可好景不长,吴昌硕此番赏梅的闲情逸致因战乱而按下了暂停键。颠沛流离中,他在湖北、安徽等省流亡达五年之久,直到20多岁才回到家乡,与父亲在安吉安城开辟芜园。

芜园,可谓吴昌硕一生魂牵梦萦的精神家园。也正是在此处,他与梅花感情日益浓厚。

彼时,园内有一老梅倚于墙边,吴昌硕珍爱非常。为了不使这株老梅孤寂,他在耕读之余,花了数年时间,在乡间野岭中选了三十六株形态各异的野梅移植园中。从此,他精心呵护,与梅为伴,视若知己。

此后几十年,尽管拜师苏沪,游历湖海,但吴昌硕的生活中总留有梅花的印迹。

每年岁朝,他总爱以红梅、水仙、石头为题绘岁朝图。每逢生日,他也画梅。82岁寿辰那天,吴昌硕更是把自己比作梅花,画成梅花大障,气势磅礴,昂然傲世之态,溢于画表。

每当梅花盛开时,他都要到苏州邓尉、杭州孤山、余杭超山等地赏梅。尤其是暮年,吴昌硕对梅花的眷爱之情更增。80岁的某日,吴昌硕本已在杭州孤山与西泠印社社员们雅聚,听闻余杭超山梅花花事正好,便无论如何要乘舟探梅去。乘兴之时,他就在梅花丛中与家人饮宴，还为寺僧作宋梅图一幅赠以留念。

1927年春，为避兵乱，吴昌硕再度携儿孙来到超山。为了永远与十里梅花结伴，他亲选超山作长眠之所，叮嘱儿辈必得遵行。当年底，吴昌硕去世，后人将他葬在超山，以遂其"安得梅边结茅屋"之愿想。

一生植梅、爱梅，吴昌硕视梅为知己，而梅的品质与精神也如暗香浮动，让他的艺术生涯飘逸着独特气质。

二

吴昌硕的笔墨，毫不吝啬于梅花，更不遗余力地演绎着梅的特质。

"画气不画形。"在吴昌硕的创作立场里，"作画时须凭一股气"，追求的是"活泼泼地饶精神，古人为宾我为主"。而他的诗、书、印与他的画亦相得益彰，无不延续着这种如梅之劲骨的气势。

吴昌硕集"诗、书、画、印"四绝于一身，融金石书画为一炉，被誉为"石鼓篆书第一人""文人画最后的高峰"。他爱梅，眷眷之心溢于言表，便以梅寄情、托梅言志，将梅融入艺术创作中，任其在诗、书、画、印中绽放。

先看诗书。吴昌硕一生所写诗作，三分之一是咏梅。芜园梅树遭雪侵，他写下"击栏悲歌无以喻我怀也"的悲伤；和师友踏雪赏梅，他写下"铁骨冰肌历岁寒，一枝香倚海天宽"的豪迈；月下观梅，他写下"花瓣皆含月光，碎月横空，香沁肌骨"的感怀。

再看画。梅花也是吴昌硕绘画作品中出场最多的。他自创"扫梅"笔法，用大篆、草书的笔法画梅。树干大胆以篆籀之笔写出，遒枝劲节；梅瓣以顿笔点出，碎玉横空。任自己意兴，纵笔挥洒，一气呵成，画面生机勃勃，极富视觉张力。

因此，他所画墨梅，能传其心境，"此时点墨胸中无，但觉梅花助清气"；画红梅，彩霞流光，能感"无势利心，无机械心，形迹两忘，超然尘垢之外"之精神；画雪中绿梅，佳趣盈然，令人慨叹"不知是雪是梅花"。

最后看印。在日本，吴昌硕被称为印圣，与书圣王羲之、画圣吴道子、草圣张芝齐名。在篆刻圈，还流行着这样一句话：要刻印，遇到某个字在印中摆不妥当时，可以去翻翻吴昌硕的印谱，大致都能找到答案。

吴昌硕如何刻印抒怀？念故乡，他治"梅花手段"印，将记忆中盛载了喜怒哀乐的梅花倾尽融入。后又专门刻边款："故鄣后山有老梅树四五株，横斜疏密，时饶逸均，予尝于著花处貌其状，觉香风袭袭，从十指间出也。"这段款跋读来，使人仿佛置身梅林，微风徐来，枝影疏斜，香远溢清。字里行间，足见其爱梅之意，思故园之深情。

"诗文书画有真意，贵能深造求其通。"这是吴昌硕的创作心得，是他给自己的艺术生涯设立的标尺，也道出了艺术作品如何直抵人心最质朴的方法。

三

有人说，吴昌硕所挥毫的，是绽放在纸上的梅花，更是精神风骨的写照。

梅花，中国十大名花之首，与兰花、竹子、菊花并称为"四君子"，又与松、竹并称为"岁寒三友"。其性高洁、坚强、谦逊，给人以立志奋发的激励。

古往今来，画梅、写梅者无数。而吴昌硕为什么能将梅的姿态和气质诠释得如此淋漓尽致，向来为人们激赏？

再看吴昌硕的人生轨迹，或许能寻到答案。

14岁正式学习篆刻，之后从未放下。吴昌硕曾用的刻刀是大铁钉磨成，印石也是就地取材，有时还从河滩上捡石头，偶尔用破砖旧瓦代替。但他的作品却出人意料的刚劲老辣，酣畅淋漓。

有一次，由于刻印时间太长，天寒手僵，吴昌硕不小心被刻刀切伤左手无名指，指甲脱落，血流如注。但苦难并未击退他，反而成为了他人生的"磨刀石"，吴昌硕于金石道上终得大成。

1899年11月，吴昌硕当上了安东（今江苏涟水县）县令，却因不愿与世俗同流合污，不惯于逢迎长官、鞭挞百姓，到任只一月便愤然辞官而去。他刻印以明志："弃官先彭泽令五十日""一月安东令"。

此后他以卖画为生，生活不免穷困。但吴昌硕一生对艺事坚毅执着，即使生活困顿艰辛，也不改其"平生能事写梅花"之痴心。

1911年，68岁的吴昌硕定居上海。他全力投身绘画艺术创作，以传统士大夫诗画书合一的形式，并融通篆印，终于华丽转身，从艺术大家向海派艺坛旗帜性人物嬗变。

常有人说，吴昌硕有铁笔，每一笔都是有金石气的。他扫除了晚清时期画坛因循守旧、循规蹈矩的陋习，使得画坛出现了一股清新的繁荣景象。

大师远去，风骨烁今。

回想当年，吴昌硕在《芜园图自题》诗中写道："念我手植梅，及今应一丈。"

如今，故乡终有了吴昌硕深爱的梅海，每年梅花绽放时，数万人踏春寻梅，怀想大师。而将梅花引作知己的吴昌硕，留给世人的身影，也如梅花般风骨俊傲，不趋荣利，于严寒中亦凌霜斗雪，自强不息。

陈丽君　余雅佩　执笔
2022 年 12 月 11 日

数贸会是个什么会

> 开会是为了解决问题的,举办博览会亦然。从浙江望向世界,包括我国在内的全球多国都在争相发展数字贸易,有机遇,却也面临不容忽视的挑战。

今天(12月11日)下午,首届全球数字贸易博览会将在杭州国际博览中心开幕。说起这个博览会,来头真不小。

据了解,它是目前国内唯一经党中央、国务院批准的,以数字贸易为主题的国家级、全球性的专业博览会,由浙江省人民政府和商务部联合主办。"国内唯一""国家级、全球性",这些定语都意味着这个专业博览会的非同寻常。

当然,观察任何一场博览会,理解它的内容才是关键所在。于是,很多人可能会进出"三连问":数字贸易是什么?举办数字贸易博览会,有什么意义呢?这场博览会,凭什么把目光投向全球?

想知道这些问题的答案,最好的办法是去现场听一听、看一看。未来4天,围绕"数字贸易　商通全球"这一主题,世界各国的政要、学者、龙头企业将研讨、碰撞。8万平方米的展会中,将展示汽车机器人自动驾驶、数字人民币亚运场景、3D数字分身体验舱等新产品、新技术、新项目。大家有机会的话，可以去体验一番。

今天，笔者试图从实践和理论的角度，来聊一聊首届全球数字贸易博览会，解答"三连问"。

可以肯定的是，疫情仍然在，精心举办一场活动很不容易，目的肯定不是为了图一时之热闹。关心国际经贸的人可能知道，当前国际经贸规则之争、制度之争正逐渐超越市场之争，成为全球博弈的新角力点。有一种说法就认为，中国想站上国际经贸规则制定的高地，最有可能的就是在数字贸易领域。

一

先来说说，什么是数字贸易。

有人说，既知道数字，也知道贸易，却不了解何为"数字贸易"。其实，我们当前所说的数字贸易，主要包括跨境电商和数字服务贸易这两种形态，而且和我们每个人的生活密切相关。

打个比方，我们在国内通过购物软件下单一盒日本店铺的面膜，这是跨境电商；一个美国观众在网飞上付费观看中国电视剧，这是数字服务贸易。

与传统货物贸易相比，数字贸易的优势非常明显。数据信息能以接近于零的成本快速传输，帮助产品"穿越人海""跨过山海"，突破国家和地区的物理界限，在短期内达成供需对接。

比如，在找客环节，线上电子化订单正逐步替代线下磋商、线下展会，商家与异国买家"一拍即合"的效率更高了；

在交易环节,第三方跨境支付平台运用数字技术,建立银企之间的信息共享和核验机制,企业可随时线上操作,收付可在"秒级"实现;

在清关、物流等环节,传统海运的"港到港"模式升级为"门到门"一站式服务,大幅提升了国际交易效率。

近年来,特别是疫情发生后,在对外贸易发展过程中,数字贸易的"戏份"越来越多。

就说眼下吧,火热进行中的卡塔尔世界杯带火了"足球消费",有数据显示,约七成世界杯周边产品来自"中国制造"。在这其中,不少订单就是在线上达成的。比如义乌一家体育用品企业,就是通过短视频平台,获得了生产接近100万颗纪念品足球的授权。

所以说,对我们普通人而言,即使你不是数字贸易从业者,也一定会直接或间接地享受到数字贸易带来的便利。

而对中国这样的制造大国而言,在传统的出口商、代理商外,数字贸易正逐渐成为载着中国产品和服务出海的"坚船"。

有数据为证:今年9月,国务院发展研究中心与中国信息通信研究院联合发布的《数字贸易发展与合作报告2022》显示,2021年,全球跨境数字服务贸易规模达3.86万亿美元,同比增长14.3%。中国数字服务进出口总值达到3597亿美元,同比增长22.3%。

在当前全球复杂多变的"不确定"下,数字贸易因其快速发展,给世界经济带来了更多确定性。

二

浙江能举办首届全球数贸会,没有几把刷子是不行的。笔者以为,原因至少有以下三个。

首先,浙江贸易的家底厚。去年,浙江贡献了全国约13.9%的出口份额,进出口、出口总额位居全国第三;跨境电商进出口额总量约占全国的1/6;市场采购等制度创新均自浙江始。当下,海外仓、易货贸易、跨境直播等创新探索,更是层出不穷。

其次,浙江数字的基因强。早在2003年,习近平同志在浙江工作期间就作出建设"数字浙江"的重大决策。如今,置身于数字化改革大潮中的浙江,去年数字经济增加值占GDP比重达48.6%,高居全国省区第一。

两项优势叠加,奠定了浙江数字贸易的基础。2021年,浙江数字贸易总额达4810亿元,同比增长24.8%。

数据背后,在产业链的各个环节、数字服务的各种业态,浙江活跃着一批领军企业。

比如,蚂蚁集团通过技术实现"收、付、管、兑、贷"一站式服务,为跨境贸易卖家提供更安全、更快速的跨境金融服务;"连连数字"帮助中国跨境电商卖家或外贸企业,快速完成线上一键开店、货通全球、快捷收付款的全流程;华策影视出品的电视剧《外交风云》出口亚洲、欧洲、北美洲、非洲等国家和地区;等等。

这些企业就像"扫地僧"一般,为中国产品和服务赢得国际市场"扫"出了一条路。

最后,浙江政策红利不断释放。浙江出台全国首个省级数字贸易先行示范区建设方案,首个以省委、省政府名义印发的数字贸易政策,更提出加快打造"数字自贸区",等等。

中国已然汇入全球数字贸易发展的洪流。而走在前列的浙江,有条件、有底气为所有参加博览会的人搭建交流的平台、呈现最新的实践，触发大家的新思考。

三

那么，这场博览会，凭什么把目光投向全球？

开会是为了解决问题的，举办博览会亦然。从浙江望向世界，包括我国在内的全球多国都在争相发展数字贸易，有机遇，却也面临不容忽视的挑战。

比如，各国在数据流动和治理方面观点不一，甚至存在诸多纷争。全球经济下行压力大，数字贸易也受到一定影响。一些"逆全球化"倾向，也阻碍了数字贸易发展。

而这其中，尤为迫切的，是要制定数字贸易的全球性规则。什么是规则？说白了就是数字贸易这个"蛋糕"的切分方式。

有机构预测，全球数据流动量每增加10%，将带动GDP增长0.2%，预计到2025年，全球数据流动对经济增长的贡献将达到11万亿美元。这么庞大体量的数字贸易如何征税、征多少税；跨境数据的开放共享和个人信息的保护如何进行；数字平台的责任如何界定……诸多新兴规则空白亟待填补健全。

不少专家表示，当前数字贸易发展就困于一个很形象的词——"规则赤字"。

但换一个角度说，和传统贸易领域先入局者"赢者通吃"的既定格局不同，围绕数字经贸规则展开的全新利益分配博弈中，各国几乎都处在同一起跑线上。

在世贸组织（WTO）框架下，传统贸易或者说货物贸易已经形成了一整套打法，各国政府、市场主体都知道自己可以做什么、不能做什么、有矛盾了怎么解决。但是，和数字贸易蓬勃发展形成鲜明对比的是，全球数字贸易规则体系还远没有形成。

眼下，中国数字经济总量世界第二，电商交易额、移动支付交易规模位居全球第一，已成为数字贸易大国。如何绘制数字贸易中国方案，对于进一步推进我国高水平开放有着重要的现实意义。

这场全球层面的规则再造，势必是一种洗牌式的全新议程设置。而要实现这一设想，有必要搭建一个百花齐放、集聚全行业智慧的大平台。这也是举行首届全球数字贸易博览会的底层逻辑。

四

党的二十大报告中有一句话："推动货物贸易优化升级，创新服务贸易发展机制，发展数字贸易，加快建设贸易强国。"

这都离不开增强数字贸易的国际话语权。中国既有这个需要，也具备了这种能力。在参与规则制定的过程中，中国也没闲着，而是尝试着"多条腿走路"。

一方面，通过自主的制度型开放为参与国际经贸规则重塑解开束缚。近年来，我国积极构建面向全球的高标准自由贸易区网络，就是主动应对规则之争、积极参与国际经济治理的重大举措。

另一方面，也走向国际舞台。不久前，我国申请加入的《数字经济伙伴关系协定》（DEPA），是国际社会对数字经济领域作出的第一个重要制度安排；今年1月1日生效的《区域全面经济伙伴关系协定》（RCEP），也有关于电子商务和服务贸易的有关条款。

但也要看到，要形成广泛覆盖、公平透明、普遍接受的全球性规则，前路还很漫长。而即将举行的首届数贸会，或许是讨论和形成规则的绝佳平台。

正如发布会上介绍的，首届数贸会将围绕数字贸易产业、平台、生态、制度、监管五大体系，聚焦前沿议题，举办之江数字贸易论坛主论坛、DEPA与数字经济合作高峰论坛、世界直播电商大会等一系列高层次论坛会议，发布一批研究成果、标准、规则。

相信这将是掌握行业发展风向、见证前沿技术产品、对接投资贸易机会的重要平台，更将是一次从实践探索攀升到制度探索的重要尝试。

"数贸"是发展的抓手。如何在复杂的全球变化中，寻找到机会与方向？接下来的几天，让我们共同见证这场博览会。

郑思舒 陈佳莹 陈芳芳 崔建辉 执笔

2022年12月11日

剧本杀，正升级为剧本＋

> 不过，"剧本＋"虽包罗万象，也不一定适合每个地方。
>
> 同样的，剧本杀虽令人情不自禁，却永远无法取代生活。
>
> 游戏虽好，但不要入戏太深哦。

古镇探秘、荒村搜证、阵营恋爱、爱与大义抉择……你可曾设想过，以另一种角色，过另一种生活？

近几年，剧本杀成为年轻人的娱乐新宠。

数据显示，2019年1月，全国线下剧本杀门店仅有2400家，而到2020年底，这个数字已涨至3万多家，目前浙江省内也有千余家。2021年，全国剧本杀行业市场规模达170.2亿元，同比增长45.0%。在中国消费者偏好的线下娱乐方式中，剧本杀以36.1%的份额排名第三，仅次于观看电影和运动健身。

剧本杀到底是怎样在年轻人中刮起一阵阵旋风的？

一

剧本杀最初也叫谋杀之谜，是一种西方派对游戏，以剧本为核心进行角色扮演。

追溯其历史，世界最权威的桌游网站BGG收录最早的剧本杀类游戏出版于1933年。在中国，则可追溯至本世纪初风靡校园的"天黑请闭眼"等桌游。

这些年来，剧本杀可谓风靡一时。从电视屏幕、手机APP走入大街小巷，也从剧本杀、密室逃脱等线下游戏发展为各类剧本娱乐。推理、解谜、感动、惊悚……玩家宛若入梦，肾上腺素一次次飙升。

为什么年轻人心甘情愿为剧本杀埋单？

移动互联网时代，社交媒体让人们的联系更方便，同时也让人们感到更孤独。一场剧本杀，三四人到十余人不等，朋友组团或者与陌生人拼团，在四五个小时内，共同经历一场酣畅淋漓的爱恨情仇。年轻人暂时卸下生活压力，带上剧本中的"角色面具"，换个视野重新认识世界的多元性。剧本即人生。在剧本杀中，每个人都在扮演着生活之外的角色，这不失为一种奇特体验。从这个角度来说，剧本杀是一种没有负担的深度社交。

剧本杀的另一大魅力是满足了人们"烧脑"的渴望。每个剧本都设置了难题，团队成员要朝着共同目标展开"头脑风暴"，在平行时空努力抓住"真凶"。当真相层层揭开，这种成就感对都市里忙碌的"打工人"来说，有着别样的魅力。所以说，剧本杀还是一种"安全的探险"。

有资深玩家认为,"剧本杀最过瘾的不只是猜谁是凶手,也不只是抽丝剥茧的破案,而是由身份互换所带来的情感震撼,沉浸式地感受剧本人物的人生和故事"。

剧本杀、密室逃脱等剧本娱乐游戏真正"出圈",不乏综艺节目的推波助澜。

2016年,芒果TV《明星大侦探》热播,有扑朔迷离的剧情、烧脑跌宕的推理、怪诞幽默的段子。这档剧本杀综艺连播七年,将年轻人引入剧本杀的世界。

此后,各大平台相继加入推理赛道,推出《开始推理吧》《萌探探探案》等节目,而随着央视《风云剧会》的推出,一句"来央视网玩剧本杀",更是让"剧本杀"综艺又火上一层楼。

二

剧本杀"一夜成名"之后,行业的春天真的来了吗?

事实上,剧本娱乐行业频频因内容血腥暴力、产品服务良莠不齐、经营场所存在安全隐患等问题备受舆论质疑。在负面新闻与疫情的双重困扰下,行业前景变得扑朔迷离。

先说剧本本身存在的困境。剧本是剧本杀的灵魂,但目前市场上的剧本,存在内容良莠不齐、创作主体鱼龙混杂等问题。有业内公号发文称,目前创作一个3万字左右的剧本稿酬大约为1万—2万元,远低于同样字数的网络大电影剧本5万—10万元的稿费。稿费相对低廉,专业编剧和作者大多不愿参与剧本杀创作,导致该行业创作水准普遍较低,内容上偏好简单的感官刺激。

也正因此,一些剧本中充斥着暴力、血腥、色情等元素。比如不少剧本常常就以凶案为故事背景，天然带有暴力凶杀基因，剧本配套影音画面更是存在凶器、血泊、陈尸等元素。

从市场层面看，由于剧本杀市场火爆，监管缺失，导致盗版抄袭严重。有剧本创作者表示，"同质竞争太激烈，很多人不潜心创作，喜欢拼拼凑凑抄作业"。有玩家说，"有的剧本玩着玩着就感觉似曾相识，甚至连地名和对话内容都能'撞车'"。在某购物平台上，3000个剧本打包5—20元出售，而相应的正版售价超80万元。重重乱象，也就难免导致剧本良莠不齐。

而在经营管理层面，体验场所存在治安消防等风险隐患。笔者实地调查发现，有的剧本杀实体店以软装公司、商贸公司名义注册，提供游戏服务。一些剧本杀馆开设在居民楼中，空间狭小密闭，缺乏必要的消防设施。

纵使剧本杀已然站在风口之上，但也不能任其野蛮生长。

去年，一路狂飙猛进的剧本娱乐行业迎来监管元年。舆论剑锋也直指剧本杀，低门槛高收益、剧本差缺规范，有媒体发文批评剧本杀宣扬暴力、灵异，是"变了味"的游戏。

今年1月，上海首先出台暂行规定，将密室和剧本杀纳入监管。6月，文旅部等五部委发布新规，明确将剧本杀、密室类场所等作为"剧本娱乐活动"纳入监管。

三

新规落地，强监管态势叠加疫情影响，行业何去何从？不少业内人士认为，剧本娱乐行业或将进入冷静期，但也有人依然对行业前景持乐观态度。

笔者注意到，不少剧本娱乐从业者在左冲右突中不断破题，进行"剧场＋剧本杀""文旅＋剧本杀"等新尝试。"剧本＋"，以剧本为核心，与多元文化结合，正渐渐长成充满想象力的新兴文化产业。

古刹石佛寺，两棵老银杏，一袭古风，穿越三步两爿桥，探秘、推理、追踪，这就是为嘉兴梅花洲这座千年古镇量身定制的两天一夜全域沉浸剧本杀《石佛》。开发者是嘉兴最早的剧本杀从业者，拥有自己的编剧和开发团队。除门店外，他们与梅花洲深度合作，还为宁波、江西等地景区开发剧本杀，结合当地特色文化与场域量身打造。

直面剧本娱乐新态势，"剧本＋文旅"，既是很多剧本杀从业者杀出重围的利剑，也是疫情下不少景区开启的"另一种人生"。

而由中国网络作家村作家创作的剧本杀《华妃墓》，"穿越"回秦朝，还原秦始皇东巡过钱塘江"开山凿石"的真实故事，启发玩家在杭州白马湖景区探寻华妃墓所在地。

此外，红色剧本杀热潮蔓延。玩家化身革命志士、暗战英雄，穿越热血沸腾的年代，重温党史，致敬先烈，开启团建新模式。比如，广东共青团推出红色主题"剧本杀"《百年风华》，横店影视城以"一二·九"运动为背景推出红色主题"剧本杀"《自我觉醒》，以新颖、潮流的形式吸引大众探寻百年大党的红色密码。

普及知识、引导思维、输出价值观等，"剧本＋教育"不失为寓教于乐的创新形式。

不过，"剧本＋"虽包罗万象，也不一定适合每个地方。比如不少剧本杀团队曾向乌镇伸出过橄榄枝。尽管疫情下旅游市场下滑，而剧本杀有流量，但因为暂不符合自身文化理念，乌镇最终都拒绝了。"不一样的乌镇"选择打造自己的戏剧真人秀《戏剧新生活》。

同样的,剧本杀虽令人情不自禁,却永远无法取代生活。

游戏虽好,但不要入戏太深哦。

郑思舒 钱义 应钢 徐姣 陈苏 执笔
2022年12月12日

"数"大怎样招好风

> 要认识到，数字经济仍是一场影响广泛深远的新经济革命，在产业能级、模式创新等方面，还有极大空间值得探索，还有巨大能量可以撬动。

这两天，全球数字贸易博览会正火热进行中。首届数贸会为来自世界各地的企业搭建了一个数字领域国际交流合作的新平台，既促进数字贸易发展，也推动数字经济与实体经济深度融合。

看到这，也许有人会有点迷糊，数字贸易与数字经济都冠着"数字"二字，那它俩是一回事吗？其实，两者虽不是"同一人"，但胜似"亲兄弟"。

专业人士告诉笔者，数字经济是支撑数字贸易发展壮大的产业基础，而数字贸易又为促进数字经济的国际合作注入新动能，推动数字技术创新、产业数字化转型。两者你中有我、我中有你。就拿数贸会期间各大会议的议题来说，丝路电商合作、国际数字服务与数字产品交易、DEPA与数字经济合作等，数字经济都是议题中的核心所指。

习近平总书记强调，数字经济事关国家发展大局。他指出，发展数字经济意义重大，是把握新一轮科技革命和产业变革新机遇的战略选择。

放眼世界，美国等发达国家，已纷纷跨入这一赛道。中国也在加紧布局。党的二十大报告提到，加快发展数字经济，促进数字经济和实体经济深度融合，打造具有国际竞争力的数字产业集群。

昨天，我们为大家介绍了数字贸易。今天，我们就来谈谈数字贸易的产业基石——数字经济。

一

说起"数字经济"一词，可能很多人觉得这么"高大上"的概念离自己很遥远。但实际上，数字经济早已融入我们的生活，只不过是"日用而不知"。

过去十多年来，我们的生活，就因为它而肉眼可见地发生了很多变化。

比如说，在"速冻"的杭州，想买一件羽绒服，总共分几步？在数字经济时代，只要打开直播间，主播就能在线推荐款式、介绍产品细节、代替顾客上身试穿。顾客要做的，就是在手机上下单，坐等快递到家。

直播电商门槛低、效率高，近几年，不少工厂主、档口老板、新农人、小商家都开设了直播间，让实体经济找到了新的增长点。比如去年，湖州、海宁等十个产业带不到1年就新开了超6万个淘宝直播新账号；嘉兴桐乡的一家童装企业，开设直播仅半年时间，就带来1000多万元成交额。

凡此种种，都仰仗数字经济的革命性变革。

数字经济带来的不仅是生活巨变。它像一台马力十足的发动机，助力着国民经济的增长。

据工信部信息，从2012年至2021年，我国数字经济规模从11万亿元增长到超45万亿元，数字经济占国内生产总值比重由21.6%提升至39.8%，总体规模连续多年位居世界第二，对经济社会发展的引领支撑作用日益凸显。

正因如此，也就不难理解，为何"十四五"规划和2035年远景目标纲要中，要将"加快数字化发展　建设数字中国"单独成篇，并提出"激活数据要素潜能，推进网络强国建设，加快建设数字经济、数字社会、数字政府，以数字化转型整体驱动生产方式、生活方式和治理方式变革"。

对于国内各省市来说，这同样是一条不能错过的赛道。尤其今年年初，国务院印发了《"十四五"数字经济发展规划》后，各地也是"摩拳擦掌"铆足了劲，纷纷加快数字经济发展进程。

比如，北京提出，到2025年，数字经济增加值达到地区生产总值50%左右，进入国际先进数字经济城市行列；江苏提出，到2024年年底，全省规模以上工业企业全面实施智能化改造和数字化转型，劳动生产率年均增幅高于增加值增幅。

从各个层面、各种范围来看，数字经济都已成为日趋白热化的"兵家必争之地"。

二

在数字经济这条赛道上，浙江是"领跑者"。

两组数据足够硬核、足够有说服力：2021年，浙江省数字经济增加值达到3.57万亿元，居全国第四，较"十三五"初期实现翻番；占GDP比重达到48.6%，居全国各省（区）第一。

"领跑"的背后，离不开"先天的优势＋后天的努力"。

先天的优势，在于浙江数字经济领域起步早、起步实。习近平同志在浙江工作期间，就前瞻性布局建设"数字浙江"，并将其作为"八八战略"的重要内容来部署推进。要知道，2003年杭州每百户居民家用电脑拥有量才45.37台，联入互联网的只有不到2户，更别谈网购了。"数字浙江"的发令枪早早响起，让浙江早先一步冲向数字经济大潮，并在数字经济赛道上不断提速。

有了先天优势，更要有与之匹配的努力。

这些年来，浙江不断深化建设"数字浙江"，借力数字经济消除梗阻，打通新时代"双循环"发展的"任督二脉"。

比如，我们将数字经济"一号工程"作为省委、省政府一项重大决策来抓，对标国家要求、国际标杆、国内先进，深入谋划城市大脑等标志性的重大目标，加快打造数字科技创新中心，等等。

印象深刻的是，在疫情出现时，我们首创应用"健康码"并向全国推广，迭代建立"动态清零"精密智控"七大机制"，有力有效防控疫情。可以说，在抗疫物资生产、大数据流调、AI辅助诊断等方面，数字经济和数字技术起到了至关重要的作用。

毫不夸张地说，"数字"动能，已经注入浙江经济发展的方方面面，数字经济已经成为浙江经济高质量发展的一张名片。

话又说回来，尽管浙江走在前列，但依旧不可放松。向外看，是身处全球经济遭受疫情冲击的特殊境地，向内看，面对的则是激烈竞争，挑战仍不可忽视。

要认识到，数字经济仍是一场影响广泛深远的新经济革命，在产业能级、模式创新等方面，还有极大空间值得探索，还有巨大能量可以撬动。

三

在今年7月的全省数字经济高质量发展大会上，浙江亮出数字经济新目标：

实施数字经济"一号工程"升级版，全面建设数字经济强省，加快构建以数字经济为核心的现代化经济体系，奋力打造数字变革高地。

不仅如此，浙江还有个更宏大而具体的追求：到2027年，浙江数字经济增加值和核心产业增加值将分别突破7万亿元和1.6万亿元。

毫无疑问，我们要瞄准的目标是，将数字经济打造成为驱动支撑"两个先行"的"硬核"力量。

要跑出新的"加速度"，笔者认为，就是要升级四个"技能包"：

先说数字科创能力，它是数字经济发展的关键要求和核心驱动力。当今世界，最关键最核心的技术是买不来、换不来、求不来的，必须立足自主创新、自立自强，坚持"四个面向"，重构数字科技创新体系，打造国家级战略科技力量，高水平建设"互联网＋"科创高地和创新策源地，努力掌握数字经济发展主动权、主导权。

其次说数字产业实力，它是数字经济发展的重要引擎。随着5G技术、人工智能、大数据、云计算等新技术的发展，数字化技术正以新理念、新业态、新模式全面融入各行各业，给企业经营带来深刻的影响。

在这样的背景下，必须推动数字经济和实体经济融合发展，加快建设以"产业大脑＋未来工厂"为核心的数字经济系统，发挥数字技术对经济发展的放大、叠加、倍增作用，不断提高数字产业化、产业数字化水平。

再说数字改革活力，它是推动数字经济发展的重要支撑。从"最多跑一次"到数字化转型，再到数字化改革，互联网如江南烟雨般，浸入千家万户的日常生活和省域治理。实践证明，改革能激发活力、塑造变革，赋能数字经济高质量发展。

该怎么继续破除体制机制的瓶颈问题，撬动社会各领域体系重构、制度重塑、能力提升，以改革引领数字经济发展、完善数字经济治理体系，值得不断探索、久久为功。

还有一点不能落下：深挖数字创业潜力，这是数字经济发展的源动力。进一步释放数字经济潜力，充分发挥浙江数字基础设施完善、市场应用场景丰富等优势，加速各类新技术、新业态、新产业落地，以信息流带动技术流、资金流、人才流、物资流集聚浙江，是我们要持续努力的方向。

"数"大招风，无限可能。

面向未来，借着集全省之力打造的政策红利，借助全球数字贸易博览会、世界互联网大会等盛会的东风，把数字经济做得更大更强更优，在浩瀚的数字蓝海中破浪前行，我们有底子，更有自信。

王云长　陈培浩　洪敏　执笔
2022 年 12 月 12 日

持续生长的"大系"

> 17年时光荏苒。由画到书,到展览,到纪录片等,再到涉及各个学科的学术研究,"大系"及其生长出来的"果实"如此受欢迎,也反映出对"大系"成果的研究、阐释、应用和普及,还有广阔的探索空间。

岁末已来。每当此时,我们总会郑重地对这一年进行盘点。在文化领域,"中国历代绘画大系"是2022年毫无疑问的热门。

到2022年年底,历时17年的"中国历代绘画大系"文化工程即将结项,编纂出版60卷226册,收录海内外263家文博机构的中国绘画藏品12405件(套)。

这一年,由"大系"出发,更多可能开启——一连串大展巡回各地,诸多中华名画亮相网络平台,一部纪录片观看创下纪录,各个领域研究铺陈开来……

千年古画穿越时空,走进大众生活、学术空间。"大系"开启持续的生长模式,背后的动能是什么?

一

实现"大系"项目形态上的变革,一直是"大系"团队在思考并践行的方向。

2005年,"大系"由《宋画全集》为开端,试图解决文物的藏用两难问题。历经17年,那些难得一见的绘画珍品,因为"大系",面向公众迈出了史无前例的一步。

但众所周知,书籍装帧显然无法实现中国古代书画的最优欣赏状态。如何让更多人尽览凝萃着中国数千年历史文化的绘画珍品、散落在世界各地的传世瑰宝,感受其华美与神韵?

目前,"盛世修典——'中国历代绘画大系'成果展"正在中国国家博物馆展出。一拨拨观众,沉浸于由1700余件历代绘画精品的出版打样稿打造的6000平方米的文化空间;前几天,"大系"宋画英国特展和欧盟特展又先后在伦敦、布鲁塞尔亮相,让世界感受浙江"宋韵"。

对观者而言,《女史箴图》的古代女性如对面而坐,《千里江山图》的青绿气韵让人置身其中,更不用说由全球领先3D高保真数字测量与重建技术呈现的"石窟"长廊,8座石窟的10组龛像,跨越时空而至。

当"大系"成为一场展览,它制造出很多有趣的瞬间:年轻人身着汉服,组团观展;老师与家长带孩子就地临摹;在国博的巨大展区中徜徉,很多人笑言"腿都走废了"……

就拿项元汴与天籁阁来说说。天籁阁主项元汴,在中国美术史上堪称是私家收藏的第一人。《五牛图》《女史箴图》等传世名画、法帖，都曾经归藏天籁阁。项元汴收藏的"宝贝"，汇成了一部以晚明为节点的书画史总集，天籁阁也成了当时文人墨客的向往之地。事实上，这些在"大系"项目之前知晓关注的人并不多。如今，它得以通过展览展示给嘉兴市及各地游客。

"大系"以一场场展览，将审美培育置于普通的日常生活。由"大系"衍生的精彩展览，不只奔赴于当下生活，也让中华悠久文明跨越数千年的岁月与现代人实现了跨时空"对话"。

二

如何让大众由一张画，了解一段历史，触碰一种精神，进而生发更多体悟？"大系"仍在不断探索。

试想，当那些古代的生活场景跃然眼前——建筑、车马、服饰、器具、花草虫鱼，以及一个个早已消隐于历史中的人物，都鲜活了起来，会发生什么？

2020年9月起，"学习强国"推出由"大系"转化衍生的短视频专栏"每日中华名画"，"大系"迈出了普及与转化的重要一步。

在栏目中，无论是《千里江山图》《韩熙载夜宴图》这样的"名门闺秀"，还是那些以笔墨出彩的"小家碧玉"，每一件作品诞生的背景、隐藏的故事、画家的甘苦，都被从不同角度、不同侧重点得以呈现，不少作品是第一次被公开推介。目前，"每日中华名画"已连续播出820余期，累计获得2.27亿次的阅读量与1068万次的点赞量。

在今年10月，三集纪录片《盛世修典》创造的数据，也值得一说。10月17日至19日，它在浙江卫视首播，网络端实时直播累计观看人次突破3000万，微博相关总话题阅读量破亿。直到今天，这个数字仍在增长。

正是因为"大系"提供了一个宏大而独有的图像体系，才能让皮藏于世界各地的中国绘画名作，以及活跃于历代典籍中的"明星"画家，走到了公众面前，重新"活"起来，由此解读不同时代下的社会动态、思想变迁，进而在更深层次上呈现出我们鲜活生动的民族文化史。

"触摸当年的生活，感觉久违的温度。"这句话来自著名历史学者邓小南，她以此阐释书画作为古人留下的原始材料，对于学者贴近特定历史时期的特定情境的重要性。

"大系"正是将这种生活和温度，带到了这个时代。

三

如果细节难以触及，思考也将难以引发。

拿《宋画全集》来说，"大系"项目组在前人研究的基础上，充分依靠各方力量，历经17年努力，系统梳理、广泛搜集国内外公立文博机构收藏的1100件五代两宋辽金时期传世画作。在它面世前，无人能说清全球宋画遗存的总量到底有多少，分布于何处。

如今，这个问题已被梳理清晰：目前，宋画存世约1300件左右，其中约1100余件入编《宋画全集》，其来处也于书中历历在目。

当"大系"将高标准图像，置于学者的面前——从艺术的角度，可见其笔墨韵致；从文化研究角度，可探寻其隐含的历史细节。

基于"大系",浙江大学先后组建了中国古代书画研究中心、文化遗产研究院、艺术与考古学院等;"大系"成果将转化为课堂教学资料、学术研究成果、学校美育平台,建立了艺术人文教育的新高地。

当研究人员以科学的方法,在艺术中取样,"大系"在学术领域的生长就不限于中国绘画史的研究,还为相关学科如历史学、哲学、社会学、宗教学等提供了难得的宝贵资料。

笔者想到一个插曲。当"大系"传至海外,美国农业部一位昆虫学家在创作于一千多年前的《写生珍禽图》里,找到了现在已经绝迹的昆虫身影。这个细节,让艺术学与生物学有了更多的思想连接。

无独有偶,中科院昆明动物研究所有一位研究员是《宋画全集》的"粉丝",他从宋徽宗的《芙蓉锦鸡图》中发现了距今九百年的鸟类杂交最早记录,他的这一研究成果还登上了国际鸟类期刊《鹦》。

如今,随着"大系"影响力的增强,更多国之瑰宝走进科研论文、学术论坛,被更多专业领域的专家关注,由一家私藏变身众目可观。

四

2022年10月15日,在"中国历代绘画大系"项目即将结项之际,习近平总书记作出重要批示,勉励项目组"继续深入挖掘中华文明赓续传承的基因密码,为弘扬中华优秀传统文化作出积极贡献"。

17年时光荏苒。由画到书,到展览,到纪录片等,再到涉及各个学科的学术研究,"大系"及其生长出来的"果实"如此受欢迎,也反映出对"大系"成果的研究、阐释、应用和普及,还有广阔的探索空间。

"大系"之所以能持续生长,源自"大系"团队始终不变的初心:文物要"活"起来,要大众化,天下之公器应让天下共享。

这样的初心,决定了"大系"的高标准。我们再向前看,"大系"生长,未完待续。

孙雯 郑梦莹 季方 执笔

2022年12月13日

公祭日，我们想到什么

> 中国人是善良的，总是希望日本政客能够自我反省、自我救赎，但正如网友所说的，"做再多的谴责，发出再多的呼吁，都没法叫醒日本国内那群'装睡的人'"。
>
> 事实证明，在任何重大问题上，如果把希望和前途寄托在别人身上，往往是难有结果的。

今天，是南京大屠杀死难者国家公祭日，也是在国家层面立法之后的第九个公祭日。

85年前的今天，日军野蛮侵入南京，制造了惨绝人寰的南京大屠杀惨案。这是第二次世界大战史上"三大惨案"之一，人类历史上黑暗的一页。

在这个特殊日子里，我们深切悼念南京大屠杀死难者和所有在日本帝国主义侵华战争期间惨遭杀戮的死难同胞，牢记侵略战争给中国人民和世界人民造成的深重灾难。

铭记历史，从来不是为了延续仇恨，而是要从中汲取经验教训，更好走向未来。

每次国家公祭日到来之际，很多网友会追问一个问题："为什么这么多年过去，日本一些政客尤其是右翼势力仍极力否认和美化侵略历史，毫无悔罪感？"这个问题，似乎已成为我们在缅怀逝者、告慰先人时绕不过去的一个"心坎"。

"前事不忘，后事之师。"这个问题原本是不需要中国人来回答的，但它的存在，恰恰能够警醒我们每一个国人透过这场大屠杀在民族记忆里划下的深深伤痕，深度思考民族独立与自主、国家利益与安全、国民尊严与荣誉的大问题。

一

近代以来中国为什么会挨打？

有人说，太穷、太弱。英国学者麦迪森曾在《世界经济千年史》中这样描述："1820年清朝GDP占全世界的32.9%，比西欧和它们的附属国的总和还要高出30%。"而曾担任驻华美军指挥官的魏德迈提出，1927年至1937年是民国的"黄金十年"，"工业部门的平均增长率达到8%—9%"。可见，从清政府到民国政府，中国发展也并非一无是处。

之所以饱受欺凌，根本还在于整体性落后。一些历史学家在复盘甲午海战时十分感慨：这尽管是军事上的失败，但从当时的财政观、教育观、科技观、人才观上看，清政府已经完败。而所谓"黄金十年"的背后，只是"资本家、官僚和军阀的狂欢"。国民政府的"买买买"，非但买不回列强的"真欢心"，反而让中国民族工业雪上加霜。

思想认知上的落后以及制度体系、科学技术、社会文化上的落后，如同重疾并发，使得中华民族始终难以站立起来，面对外辱几乎没有反击之力。

南京大屠杀惨案的发生，在深层次上用血泪教训告诫后人：落后就要挨打，没有独立自主的发展依旧会挨打。

今天的中国，早已一扫民族落后的阴霾，但与世界上最发达的国家相比，我们在很多方面仍然存在差距。过去一段时间，有网络大V极力鼓吹"落后不一定挨打"，诡辩的背后无非是想"启蒙"中国"保持隐忍"或者"转向西方"。

这更加警示我们，必须在警钟长鸣中长久保持"唤醒"状态，既不"自我陶醉"，更不"自我迷失"，以坚定不移走好自己的特色之路，找回一个文明古国、东方大国应有的尊严和地位。

二

12月5日，日本参议院通过所谓涉华人权决议，中国政府表达了强烈不满和坚决反对。其实，这些年来，每每看到日本右翼势力在历史问题和中国内政问题上兴风作浪，国人都十分愤慨，"明明是他们历史上有错在先，为何不知悔改，反而变本加厉伤害中国人的感情呢？"

中国人是善良的，总是希望日本政客能够自我反省、自我救赎，但正如网友所说的，"做再多的谴责，发出再多的呼吁，都没法叫醒日本国内那群'装睡的人'"。

事实证明，在任何重大问题上，如果把希望和前途寄托在别人身上，往往是难有结果的。

抗战开始后,国民政府总是抱着边打边谈的念头,一再寻求媾和,希望西方大国能够从中调停。为何一直到1941年国民政府才正式对日宣战,一个重要原因就是珍珠港事件爆发。此时距离"九一八事变"已整整过去十年。

相比之下,中国共产党在百年奋斗中,一个鲜明特征就是从不把自己的前途命运寄托在别人身上,而是注重把握历史主动、寻求自强自立。毛泽东坚信:"我们中华民族有同自己的敌人血战到底的气概,有在自力更生的基础上光复旧物的决心,有自立于世界民族之林的能力。"

把反思历史一直寄托在别人身上,与把民族前途寄托在别人身上一样,都是不切实际的。今天,我们依然要收集更多的铁证,理直气壮地对日本右翼分子隔空喊话、表达愤怒。但同时,我们要看到,尽管十多年前中国的GDP就已经超过日本,如今已是日本的3倍多,但中国的综合实力还不足以打破整个西方的傲慢与偏见,要想真正赢得尊重,唯一的办法就是不断壮大自己。

"没有强大实力的愤怒,是无意义的。"未来,中国式现代化有望实现对西方现代化的超越。我们要更加笃定自己要做的事,坚定信心、集中精力,在把握好百年变局的"时"与"势"中,打好一切战略主动仗。

三

"历史不是任人打扮的小姑娘。"过去有段时间,质疑侵华历史、诋毁抗日英雄,打着文化旗号挑战民族情感的"精日"事件在国内频繁上演,粉墨登场的主角不乏公知大V、社会名人。面对这些事件，各种对立撕裂的声音也是此起彼伏、不绝于耳。

有的人说，我们应该选择宽恕，选择包容，选择放下，没必要揪住历史不放，一次次重揭战争伤疤。

事实上，不是我们不愿意宽恕，而是日本一些政客漠视、否认、歪曲历史的态度令人无法接受；不是我们不愿意包容，中国历来与邻为善，有接纳异域文化的大胸怀，但不得不警惕背后潜藏的思想煽动与价值侵蚀；不是我们不愿意放下，忘记历史的人注定会重蹈覆辙，残酷现实一次次警示我们，悲剧随时都可能重演。

面对民族大义，与其有太多的情绪化，不如作一些理性冷静的思考，保持清醒的头脑，而不是被外界的各种带节奏所分裂，陷入消解社会共识的"圈套"。

更加团结才能更好奋斗。党的二十大报告多次强调"团结奋斗"，指出"团结就是力量，团结才能胜利"。在内外部环境发生深刻变化，社会思想观念更加多样的当下，人们对一些历史和现实问题在认识上有分歧，都是正常的。

越是思想多元、认知多元，我们越要注重求同存异，做好价值引领的工作；越是面对关乎国家和民族尊严的大事，我们越要最大限度地画好全社会的思想同心圆，让人民群众真正团结成"一块坚硬的钢铁"。

草木待发，春山可望。今天的哀悼、祭奠，正是为了明天更好地远行！

王人骏　执笔

2022 年 12 月 13 日

落叶为何不扫

> 在杭州,有一种浪漫,叫作落叶不扫;有一种生活,是陪你一起看每一年的落叶飞舞。

落叶满庭阶,秋风吹复起。每年秋末冬初的杭州,一项跟秋叶相关的措施就会如约而来——"落叶不扫"。

今年,是杭州连续实施"落叶不扫"的第六年。年复一年的坚持,让这个季节的杭州人多了一些生活的仪式感,比如拍一张落叶照发到朋友圈,去美院门口的秋叶雕塑前打个卡,或者约一个谈得来的朋友慢悠悠地逛完北山街。

在杭州,有一种浪漫,叫作落叶不扫;有一种生活,是陪你一起看每一年的落叶飞舞。

一

"落叶不扫"看起来简单,但当年落地实施并不是简单的事。

早在2011年前后,就有人通过写信、电话、市长热线等途径提出建议,大家认为,当树叶落下来,铺在地上,唯美而浪漫,杭州为何不能把落叶保留下来,让市民游客欣赏到城市的另外一种美。

一边是美的需求,一边是清洁城市的需要,两者看似矛盾。在市民游客的建议之下,于是杭州在白堤、苏堤等景区道路做了点尝试,把路边草坪里的落叶保留下来,或者将落叶扫起来环绕树根,堆成一个"树叶圈"。

之所以没有大规模展开,当时的考虑集中在三个方面:

首先,虽然一些国外城市有"落叶不扫"的先例,但在国内,实施的城市极少,对于"落叶不扫"后道路该怎么清洁,没有什么经验可以借鉴。

其次,落叶留在地上,到了雨天,叶子碎了之后粘在路上,冬天时落叶在地面容易结冰,这些都会增加路面湿滑,影响交通安全。

最后,当时杭州的道路、管网等设施还不够完善,比如落叶冲入下水道,可能会形成堵塞。

对于尝试,市民游客并没有满足,每年仍然有人提出"落叶不扫"的建议。城市管理部门积累经验的同时,也迎来了契机,那就是G20杭州峰会的召开,升级了城市道路的硬件设施,在客观条件上为"落叶不扫"扫清了最后的阻碍。

2017年10月16日,杭州首次公布了"落叶不扫"的15条道路,湖滨路、南山路、北山街、满觉陇路、杨公堤、苏堤、白堤、龙井路、华园弄等入选。

从追求洁净的街道,到包容"落叶不扫"的道路,一方面是市民审美进步带来的精神生活更高需求,另一方面是城市管理能够适应变化进行调整。从"扫"到"少扫"再到"不扫",充分说明尊重科学、尊重自然、尊重民意,是一种正确的解题思路。

网络上一条又一条留言,反映着市民对"落叶不扫"的支持。

"一座城市的美丽,不是无缘无故的。秋叶不扫,为这么人性化的举措叫好!"

"环卫作业精细化,让老百姓感受不一样的风景,真心不错。"

"这样才有季节变化的美,带上孩子去感受一下:秋天,真实的大自然。"

互联网时代,互动是最主要的特征之一,城市管理中同样如此。正所谓知屋漏者在宇下,做好全过程与市民良性互动,在互动中完善措施,能让措施落地时更为精准,市民的知晓度和包容度也会更高。

二

国外城市里,有一些欣赏落叶的著名道路,如加拿大枫叶大道、日本东京银杏树隧道、德国菩提树下大街。当然,还有个地方不得不提,那就是法国香榭丽舍大街。要说全世界最著名的落叶,非属那里不可。

香榭丽舍大街被称为世界最美丽的街道,每年都有成千上万的人前往那里,就为了看一眼金黄色的落叶。而香榭丽舍大街的落叶也成了浪漫的代名词。连周杰伦都在歌中唱道:"礼物不需挑最贵,只要香榭的落叶,营造浪漫的约会。"

也因此,对于一些落叶美丽的街道,网友也会将之称呼为"XX的香榭丽舍大街",比如上海的衡山路、南京的颐和路。

如今在杭州，网友心目中能与之媲美的就是北山街了。同样是金黄色的落叶，同样有"讲述"历史故事的建筑，以及有代表人与自然融合的西湖加持，"落叶不扫"的北山街，是这个季节杭州最美的地方之一。

远处，可赏层林尽染；近处，可看残荷独立。踏着沙沙作响的落叶，望着飞舞在空中的树叶，说不定，还能偶遇几只出来闲逛的小鸳鸯，除了诗意浪漫，很难有其他词语可以形容了。

盘点6年来入选"落叶不扫"的道路，银杏、红枫、悬铃木的落叶是最受市民游客欢迎的。如年年入选的拱墅区华园弄，是位于朝晖公园的一条小道，从1988年起陆续种上了银杏树。当银杏树叶飘落，金黄色落叶遍地，这条小道也因此被称为杭州最美银杏林。

最近一段时间的微博上，西湖边的颜色轮流上了同城热搜，如"西湖杨公堤一片金黄""西湖边片片红叶惹人醉"。

笔者注意到，刚刚过去的周末，天气刚刚好，去杨公堤、龙井路等地打卡秋叶的人也多。尤其是杨公堤隐秀桥，更是冬季航拍爱好者不可错过的点位。空中俯瞰，秋叶共秋水一起，红黄绿融于一处，犹如一幅颜色饱满的油画。

赏景，主要是赏心。一位朋友在朋友圈写道："红黄绿交集，季节交换在瞬间；不辜负不错过，点点滴滴记载心头。"

哲学家海德格尔说："人，诗意地栖居在大地上。"对于美好生活的向往，人们的精神世界是相通的。国内，越来越多的城市加入了"落叶不扫"的行列，上海、南京、成都、西安等都选择将这份落叶的浪漫留下。

三

6年的实践中,杭州摸索出了成熟的"落叶不扫"方法:"白天不扫、晚上普扫、霜冻天气及时扫",既保留了城市的诗意,又保证了城市管理的安全。

"落叶不扫"已成为城市诗意生活的一部分,比如去看灵隐路的红色、杨公堤的橙色、梅岭南路的金黄色,风情不同,一起走的人不同,感觉也各不相同。循着每一张保留在手机和相机里的照片和视频,可以追忆似水年华。

落叶也催生了各种各样的衍生活动,因为人们希望将这份诗意保留得更加绵长。

每年12月,中国美术学院的学生都会举办秋叶艺术节,用落叶塑造有趣的雕塑,摆放在大门口供市民欣赏。2018年,改革开放40周年之际,中国美院学生用树叶塑造了"40"字样,引来众多市民打卡。

《之江新语》中一篇题为《虚功一定要实做》的文章提道:"精神文明建设特别是思想道德建设一定要通过看得见、摸得着的方式,创造实实在在的载体。"

一片片未扫的落叶,能够成为市民游客诗意栖居的载体,其实是一座城市管理的温度体现,是在用美浸润烟火生活,用心传递幸福理念。

在每一个奋斗的间隙,人们总会向往悠闲的生活。尤其是在钢筋水泥的城市森林里,看着片片飞舞的黄叶,念着"碧云天,黄叶地",满身疲惫在诗意中得以治愈。

当然,"落叶不扫"只是城市管理中的一件小事,但一座城市的IP,正是在一件件这样的小事中形成的。温情、诗意、浪漫,让杭州的城市文化辨识度更加凸显,吸引更多的人来到杭州,甚至留在了杭州。

歌德说:"人之幸福,全在于心之幸福。"有美丽的自然风光,以及温暖有爱的城市精神,自然也有了"心之幸福"。

"青山隐隐水迢迢,秋尽江南草未凋。"各位,趁现在,初冬的江南,还来得及去寻找这份诗意。

钱伟锋　执笔

2022年12月14日

《孤勇者》凭啥站上世界杯

> 《孤勇者》一路行来,所向披靡,看起来是偶然。但是正如有句解说词所说,"请不要相信,胜利就像山坡上的蒲公英一样,唾手可得。"偶然之中,也有着某种必然。

意料之外、情理之中。"小学生进行曲"唱响世界杯——北京时间12月14日凌晨,卡塔尔世界杯半决赛现场。根据早前网络投票结果,中国香港歌手陈奕迅演唱的《孤勇者》在球场如期响起。

面世仅1年零1个月的《孤勇者》,凭借世界级的"民意"成为卡塔尔世界杯的"战歌",让人又惊又叹又喜。

惊的是,它可以突破语言的界限,红遍世界;叹的是,小朋友的流行曲竟然可以刺破成人的审美藩篱;喜的是,一支歌所承载的奋勇精神,在这个被疫情击打过的时代,可以激励足球场内外,让世界的心脏一起跳动。

一曲如此,夫复何求!

一

"爆款""出圈"是当下很多产品的追求。我们再仔细打量不到2岁的《孤勇者》,它是不是典型案例?

还有多少人记得,《孤勇者》降生时只是一首配合电子游戏衍生动画而创作的歌曲。

2021年年末,《孤勇者》上线,几乎没有缓冲,一经面世,势如破竹,"一夜播放量破2亿"。

首先,歌曲成功俘获动画片的目标受众——小朋友们的心。来看一组来自全国各地的新闻报道:

河南安阳,4岁萌娃在船上与对岸的大人对唱《孤勇者》,瞬间开启山歌模式;云南昆明,小学生拔河比赛输给了隔壁班,全班同学痛哭合唱《孤勇者》。甚至连幼儿园的课间操和起床铃,都换成了《孤勇者》……

家长们仿佛是在"一夜之间"突然发现,上至小学六年级,下至幼儿园小班,无论南北东西、城市乡村,也甭管男孩女孩,《孤勇者》似乎无处不达、无孔不入、无娃不唱。

先是有小朋友的家庭,然后青年人也"中毒"了。

歌曲面世3个月,在国内各大音乐平台上,连续十几周位列"热歌榜"榜首;又过了两个月,在抖音平台上,歌曲被上百万用户进行二次创作,相关话题播放量超过60亿次,甚至超过原动画的热度。在登上世界杯之前,歌曲已是中国女足2022年女足亚洲杯冠军主教练水庆霞选择的战前打气歌。

"出圈"之后,开始"出国"。

在放歌世界杯之前,《孤勇者》的"粉丝"已经完成世界之旅。英语、俄语、印度语、韩语……它被国外网友改编成几十种语言,在YouTube等国外网络平台的播放量以亿次计算。

甚至,《孤勇者》还被输出到娱乐产业发达的日本。曾担任日本动画《进击的巨人》和《机动战士钢弹UC》主唱的歌手推出了日文版……

《孤勇者》一路行来,所向披靡,看起来是偶然。但是正如有句解说词所说,"请不要相信,胜利就像山坡上的蒲公英一样,唾手可得。"偶然之中,也有着某种必然。

二

它是神曲,也是金曲,更是战曲。

《孤勇者》的火爆有逻辑可循。大家都已经听过,它的传唱度高,有赖于词曲的通俗易懂、旋律朗朗。

专业人士是这么说的——上海音乐学院图书馆馆长余丹红教授认为,《孤勇者》从作曲与演唱的角度看,技术难度不大,尤其是大家喜欢的副歌部分,级进式旋律为主,且音域很窄,不需具备太高超的演唱技巧就能自如地演唱。

简单地说,就是好唱,谁都可以很快掌握,迅速学会哼唱。这难道不是一首脍炙人口的歌曲懂得人心的基本素养吗?

把歌写得好唱,其实是手艺活。

此前的公开报道说,《孤勇者》的词曲作者都是"80后"。曲作者钱雷9岁学习钢琴,曾在9年时间里,创作过1500多首电视广告音乐以及其他歌曲;词作者唐恬2004年起接触了整个唱片制作过程，累计写了上百首歌。

电影《万里归途》的《归途有风》、电影《大鱼海棠》的《大鱼》、电影《何以笙箫默》的《默》、电影《我和我的父辈》的《如愿》、电影《雄狮少年》的《无名的人》、电视剧《人世间》的同名主题曲……近年来，两人成为"黄金拍档"，佳作频出，似有"伯牙子期"的默契。

丰富的行业经验，显然磨炼了他们的技术。

但真正有生命力的歌曲，绝对不可能是"公式化""套路化"的流水线作品。

此次与《孤勇者》一起站上世界杯的《相信》，是一首2013年的老歌。它能在2022年被记起，足见在任何时候，优秀作品的美好和它背后的努力都不会被轻慢。

其实，《孤勇者》的背后的确"藏"着一位孤勇者，她就是这首歌的词作者唐恬。

歌曲火爆之后，唐恬的故事开始广为人知：年纪轻轻，事业一路高歌猛进时，被诊断为鼻咽癌中晚期；60天内，经历了2次化疗，33次放疗，8次靶向，体重严重下降，脱发，口腔溃烂，味觉丧失……

泰戈尔说："世界以痛吻我，我要报之以歌。"10年抗癌路，苦与难可想而知。然而，你从《孤勇者》的歌词中并没有读出绝望和悲伤，这是何等的宽阔与勇敢。

"他们说/要戒了你的狂/就像擦掉了污垢"

"他们说/要顺台阶而上/而代价是低头"

"爱你孤身走暗巷/爱你不跪的模样/爱你对峙过绝望/不肯哭一场"

"战吗？战啊！以最卑微的梦/致那黑夜中的呜咽与怒吼/谁说站在光里的才算英雄……"

勇敢、坚强、乐观、自信、向上，尊重生命并饱含热爱——字里行间闪烁的，是足球比赛张扬的拼搏与顽强，也是人类张扬的珍贵品质——有了它，你可以直面命运的起伏，笑对人生的悲欢。

这，是生活对艺术的启迪，也是艺术对生活的奖赏。

三

不仅仅是情感共鸣，《孤勇者》更触动了时代共鸣。

文艺最能代表一个时代的风貌，最能引领一个时代的风气。从某种意义上说，《孤勇者》唱出了这个时代"战者"的勇毅。

所以，你看到，它一而再、再而三地被作为抗击疫情短视频的背景音乐；网友们也喜欢对它进行剪辑，用它去致敬抗疫路上的逆行者，以及建筑工人、环卫工人、公安民警等这些平凡而伟大的身影。

此时，《孤勇者》唱出心声，唱出风尚。一句"谁说站在光里的才算英雄"告诉我们：平凡铸就伟大，英雄来自人民。

回顾历史，那些历久弥新的作品，无一不是在记录时代、激励人心。

尤记得，32年前，第十一届亚运会在北京举行，由刘欢、韦唯演唱的《亚洲雄风》，红遍大江南北。但是你知道吗？其实，当年的官方主题曲是《燃烧吧，火炬》，《亚洲雄风》只是22首宣传曲之一。

《亚洲雄风》为什么能成为当年的流行歌？因为彼时的中国，

正成为亚洲之星,处于崛起之时!

那是中华人民共和国成立以来第一次举办综合性国际体育大赛,也是改革开放以来我国经济和文化建设所取得成果向世界的一次展示。

中国为北京亚运会做了历时四年的准备,城市建设焕然一新,人民群众精神饱满。

那年,大熊猫"盼盼"成为北京亚运会吉祥物,并被官宣为雄性。这是国家相关机构第一次为吉祥物定"性"。从此,"盼盼"一跃而成世界级"团宠"。

"我们亚洲,山是高昂的头;我们亚洲,河像热血流……"《亚洲雄风》用相同或极近相似的旋律呈现四个排比句式的音调,唱尽江山俊秀、物产富有、人民勤劳、健儿风流,充满了自信与豪迈。

回到今天,我们知道,中国依然自信和豪迈。面对百年未有之大变局,中国共产党和中国人民面对时代之问,交出了一张让世界瞩目的答卷。

一首歌、一个文艺作品,自然要讲技巧、讲情感,但能触摸到时代的脉搏,才是一支"大歌"。它要求文艺创作者格局大、视野广,同时又有知民心述民意的情怀。如此看来,有了《孤勇者》《亚洲雄风》这些好作品还远远不够。

2023年9月,浙江即将举办第十九届亚运会,对"一支好歌"的期待就更加迫切了。"文变染乎世情",我们呼唤更多昂扬的旋律、自信的歌词,唱响属于这个新时代的声音。

严粒粒 陆遥 执笔
2022年12月14日

续写"纸寿千年"的传说

> 消逝,当然不是开化纸的宿命。它静静地等待时机,渴望着从典籍中复活,渴望着再度舒展长卷,继续承载辉煌的文明印记。

纸落云烟照青史。薄薄一张纸,承载的是人类文明史的璀璨与厚重。泱泱中华,纸类琳琅满目,若论其中的巅峰之作,哪"张"纸可堪此大任?

近代藏书家周叔弢先生认为,清乾隆朝的开化纸是中国古代造纸艺术的顶峰。且不说开化纸为"纸中之最",但"顶峰"二字一出,足见其江湖地位。

事实上,纸精墨妙、光彩夺目的开化纸本书籍,历来深受文人墨客追捧。藏书家陶湘最喜欢收藏开化纸印本,故人称之为"陶开化"。

1933年,来华访问的瑞典亲王卡尔对《申报》记者谈及中国印象时感慨:"瑞典纸在欧洲为第一,但工料之细尚不及中国之开化纸。其所印的五彩图画,历经数百年不褪色,鲜明如初绘……"

产自浙西的开化纸，究竟有何神奇魅力，能够驰名中外，立于中国传统手工纸的高峰？今天，它又将如何续写"纸寿千年"的传说？

一

北京，国家图书馆门禁森严的稽古厅内，典藏着中华文化的瑰宝。这里是文津阁《四库全书》的专藏书库。

"文津阁宝"的朱印，"纪昀复勘"的黄笺，端正的馆阁体楷书，历经时代变迁仍不褪色，散发出氤氲两百多年的书香。

要知道，以现代人的生活经验，纸张和书籍基本难逃泛黄脆化的命运，少则一年半载，最长的也不过几十年。究其根本，是因为现代机器制纸多为短纤维，且添加了漂白粉、烧碱等化学原料。

而文津阁《四库全书》，为何能够"故纸弥新"？这背后除了无数有识之士的传承保护外，更得益于专用缮写纸——开化纸的隽永魅力。

《中国古纸谱》记载，开化纸原产于衢州开化县，系用桑皮和楮皮或三桠皮混合为原料，经漂白后抄造而成。由于其白色纸面上常有一星半点微黄的晕点，如同桃红，又称"开花纸""桃花笺"。

开化纸的工艺可以追溯至唐宋，以其纸寿千年、细腻洁白、帘纹不显、温软柔润而风靡朝野，是明清两代最名贵的宫廷书籍用纸。

故宫博物院图书馆原馆长翁连溪考证，清代内府刻印中心武英殿在康雍乾三朝多用开化纸印书。

流传至今的开化纸善本，除了乾隆四十七年抄成的正本《四库全书》外，还包括扬州诗局《全唐诗》、清初《芥子园画传》、康熙刻本《御制避暑山庄诗》、雍正六年的《古今图书集成》等。此外，在许多精美殿版古籍的介绍资料中，也常能看到"开化纸精印"这样的描述。

因而，有这样一种说法，"开化纸，几乎代表了中国手工造纸工艺的高度"。

可风流总被雨打风吹去。盛极一时的开化纸，到了清代同治年间却逐渐没落。

1869年，紫禁城武英殿失火，所存多年的雕版、书籍、材料、印刷工具等化为灰烬，武英殿刻书业随即走向衰败。

唇亡齿寒，原先作为贡品的开化纸也在同一时期落入低谷。受制于太平军战乱，加之造纸核心原料枯竭、西洋机器制纸的冲击等，造纸技艺江河日下。

"金溪一夜捣成雪，玉版新添席上珍。"300多年前，开化县教谕姚夔曾作诗《藤纸》，描绘当地造纸盛况。

然而繁华荡尽后，"席上珍"早已不知所踪，留下的只有那些废弃在乡野的纸槽和造纸工具，以及残存的记忆。

二

消逝，当然不是开化纸的宿命。它静静地等待时机，渴望着从典籍中复活，渴望着再度舒展长卷，继续承载辉煌的文明印记。

早在1940年，著名出版家、商务印书馆董事长张元济就曾经呼唤复兴开化纸。他感慨："昔日开化纸精洁美好，无与伦比，今开化所造纸，皆粗劣用以糊雨伞矣。"

文运同国运相牵，当河山破碎、硝烟弥漫之时，张元济的理想显然无处安放。

当文化建设凝聚起复兴的磅礴之力，开化纸终于迎来了重光希望。

2009年，以开化纸为历史渊源衍生出的开化贡纸制作技艺，被列入浙江省非遗保护项目。消息传来，开化人悲喜交加，喜自不必说，悲的是，此时偌大的开化，却无人能制出风华绝代的开化纸。

其时，开化作家孙红旗也在着手挖掘开化纸史料，创作长篇小说《国楮》，讲述清乾隆年间开化纸行掌柜徐延誉历经艰辛、坚守祖业的跌宕命运。

一气读罢《国楮》后，有人掩卷长叹。

其中，有个试图改变开化纸命运的人叫黄宏健。想到今日开化纸之境遇，想起自己祖上也曾是造纸世家，一个朦胧但坚定的"造纸梦"逐渐生根发芽。

他下定决心转让自己生意红火的饭店，只身回老家潜心造纸。屡试屡败的至暗时刻，他写诗自勉："世闻后主名，未谙南唐笺。纸里见真义，欲辩已无言。"尽管他只是农民出身、半路出家的造纸匠人，但这一纸情缘、半生痴情，足以令人肃然动容。

很快，振兴开化纸从感动化为共识，当地相继成立开化纸传统技艺研究中心和开化纸研究院。

一纸牵动众人心。中国科学院院士杨玉良破例开启社会兼职，设立开化纸院士工作站，带领复旦大学中华古籍保护研究院的科研团队，合力进行技术攻关。

恢复失传百年的技艺绝非易事，古时开化纸的详尽技法从未现诸文献，寻回开化纸技艺，如同在迷雾中寻找迷宫出口。

是什么唤起开化人对一张薄纸深情如许？又是什么照亮实验室里的无数个不眠之夜、引来各路专家毫无保留贡献真知灼见？

或许原因正如杨玉良院士的心声所言："复原开化纸，不是常规的技艺传承，也不只是对历史的迷恋，更多时候，它是思考后的升华，是对中国文化的坚持和守望。"

三

对历史最好的致敬，就是创造新的辉煌。

历经6年寒来暑往的科研攻关，开化纸的复兴之路终于取得重大突破。

来自复旦大学的检测表明，新开化纸的理化数据已经接近古代开化纸的各项指标。不仅如此，新开化纸的纸张寿命可达2800年。开化纸，"纸寿千年"的优良特性再次被找到。

与此同时，新开化纸也在古籍修复、木版水印、铜版凹印领域的关键应用中，得到了国家图书馆、杭州国家版本馆等权威机构的高度认可。

透过这些弥足珍贵的跨越，开化纸的雄心壮志也更为清晰——立志做中国最好的传统手工纸。

有人问，现如今，我们为何还需要传统手工纸？或者说，花费如此之大的代价，追求复兴一张开化纸的意义究竟是什么？

答案，其实就隐藏在卷帙浩繁而又历经沧桑的中华古籍中。15年前，"中华古籍保护计划"正式启动。也大约是在同一个时间段，一项全国普查显示，中国古籍藏量达3000万册件以上，需要修复的古籍超过1000万册。卓越的传统手工纸,恰是最重要的修复材料之一,它攸关"如何赓续文脉,能否传以万世"。

作为中国优秀传统手工纸的杰出代表,搭乘科技与文化的深度融合之舟归来的开化纸,显然肩负了更紧迫的使命。

党的二十大报告指出:"坚守中华文化立场,提炼展示中华文明的精神标识和文化精髓","深化文明交流互鉴,推动中华文化更好走向世界。"

中国是造纸术的发明国,当前不少西方国家在修复中国古籍时,多选用日本的修复纸。何时才能让流浪在外的中国古籍,拥抱祖国的良纸?

开化纸,给予世人以憧憬和期待。

李啸 黄娟 执笔

2022年12月15日

网络谣言"七套路"

> 谣言止于智者,更止于"治者"。互联网不是法外之地。任谣言如何粉饰,终抵不过真相的澄澈,而造谣者终将会受到应有的"审判"。

一

近期,大家对疫情相关信息的关注度显著增加。然而,在社交网络平台上,一些谣言也在滋生、蔓延。

比如,有网帖称"接种新冠疫苗可在国家民政网站领取补偿",并附网址链接和收款通知,诱导人们关注转发。可事实上,网帖中所谓的"国家民政网站"根本不存在,"领取疫苗补偿款"的相关信息也不存在,网传消息纯属谣言。再比如,"吃橘子会导致抗原检测阳性""长期戴口罩会导致肺结节"等说法广为流传,专家解释称,一般日常饮食不会影响抗原检测结果,长期佩戴口罩和肺结节的发生没有直接关系,等等。

进入互联网时代,我国网民迅速增长到"10亿+"的超大规模。尤其是自媒体的兴起，人人皆可发声，网络空间俨然变成一个错综复杂的"信息合众国"，谣言也泛滥起来。

与以往相比，网络谣言已不再是单纯地传播虚假信息，有时还携带着造谣者的情感、态度或者私利，犹如一场场网络空间的"野火"，稍不留神就顺着网线迅速蔓延到每个角落，冲击着广大网民的"三观"，也对社会秩序造成了严重危害。

那么，网络谣言是怎样"炼"成的？又如何会在互联网时代甚嚣尘上？面对网络谣言，我们该怎么应对？

二

笔者梳理出近年来网络谣言比较常见的七种套路，让我们从中一探究竟、问寻答案。

第一，无中生有、捏造炮制。这类谣言用一句话概括，即为"开局一张图，内容全靠编"。造谣者没有任何事实依据，有的甚至只为"博出位""吸流量"，纯粹是空口说白话，深究之下没有真实性可言。

近日，网传"国务院联防联控小组正式摘牌"，并且有配图为证，引发"国家疫控政策重新调整""联防联控小组解散了，意味着疫情结束了"等种种臆测。可是，国务院从来没成立过"国务院联防联控小组"这一机构，网传图片不是联防联控小组摘牌场景，而是国家卫健委2020年将其新闻发布会背景改成国务院联防联控机制发布会背景的照片。

第二，夸大其词、添油加醋。这类谣言往往披着科普、说理的外衣，看似有一定的事实基础和分析，但对其中的数据、逻辑等内容进行了人为编造,迷惑性较强,容易让人被半真半假的现象蒙蔽双眼。

最近,"喝酒能防新冠""喝高度酒能杀灭病毒"等在网上流传,不少网友转发所谓的防疫中心提供的最新预防配方,每天该喝什么酒、该喝多少次以及每种酒的克数都清清楚楚,还表示在逻辑上说得通,因为酒精经口入可杀口腔咽部病毒,吸收入血可杀肺部病毒,等等。一些文章还引用典籍中有关酒的记载,证明酒的妙用,看上去煞有介事。

事实上,喝酒并不能预防新冠肺炎或杀灭新冠病毒。喝下去的酒会被胃酸等稀释,不能在体内起到杀灭病毒的效果。相反,喝酒会增加感染的风险。早在2020年,李兰娟院士在新型冠状病毒感染的肺炎疫情答问时,就已经针对"适量喝酒预防新冠"进行了解释辟谣。

第三,断章取义、误读政策。这类谣言多是从公开发布的政策、讲话等信息中碎片化摘取,抹去了特定的语境,加以个人臆断、主观猜测,使真实的含义失实扭曲,甚至造成完全不同乃至相反的解释。只要回归到原本的语境中,这类谣言就不难识别。

比如,2021年年底商务部印发通知中"鼓励存储一定数量生活必需品"的表述引起多方误读,甚至引发抢购,一些网民以此猜测两岸是否快要发生冲突。事实上,通知的本意是怕异常天气等因素让人措手不及,因此督促各地严格落实"菜篮子"市长负责制,指导商贸流通企业加强货源组织,提前采购耐储蔬菜。

第四,移花接木、深度伪造。这类谣言有的冒用不相干的图片或视频自证自话,有的依靠PS等拼接技术进行伪造,还有的利用人工智能和大数据生成仿真的音视频信息,目的都是为了呈现另一种"真相",颠覆"眼见为实"的大众认知。这类谣言要有较强的专业知识才能甄别,须引起高度警惕。

比如,BBC在所谓的新疆实施"强迫劳动"的报道中,将某省对口帮扶和田地区招聘维族工人的镜头,深度伪造扭曲为"强迫"维族青年到内地工作,抹黑我新疆政策和国家形象。

第五,恶意诋毁、暗藏私利。这类谣言往往有较强的诱导性和指向性,"吃瓜"网友看后自以为参透了不得了的"事实",脑补了更多子虚乌有的"细节"。实际上略加思索,就可以发现这是处心积虑的"靶向式造谣"。

比如,别有用心者曾将外媒报道的"美国疫情死亡人数突破100万"诬称"是中国留学生编造数据"。事实上,该数据援引自美国约翰·霍普金斯大学发布的新冠疫情统计数据。仅仅因有中国留学生参与统计,就被质疑真实性,这是典型的为美国抗疫洗白而捏造的借口和谣言,根本站不住脚。

第六,假借权威、洗脑话术。这类谣言是所谓的公知、大V、权威人士等的惯用伎俩,多采用"出口转内销""冒用他人名"等包装手法,以"被揭露""被证实"等话术增强可信度,但只需保持头脑清醒,紧跟官方权威信息,谣言自会不攻而破。

比如,之前不少自媒体发布消息称"联合国总部或将迁入中国",随后关于"如果联合国搬迁到哪里更合适"的讨论迅速升温,有的地方甚至晒出了"工程进展概况"。后经辟谣,联合国到现在为止从未讨论过搬迁总部问题。调查发现,假消息来源于路透社2015年的一则新闻,俄罗斯某议员在国家杜马上的一次发言时提出"联合国总部应该搬离美国"。

第七,借题发挥、煽风点火。这类谣言通常披着民主、自由、女权、环保等"马甲",夹枪带棒调转矛头指向,有意无意注入政治属性,使其"泛政治化""阴谋论化",超出正常讨论的范畴,造成搅动舆论思潮、分裂社会共识。

比如,2022年10月,微信群和微博曾流传一段视频,显示一女子衣衫不整坐在广场草地上,引发群众围观。一些网络推手犹如"嗅到血腥味的鲨鱼",罔顾事实散布各类谣言,借机发布引战、挑动群体对立等极端言论,甚至攻击政府社会治理能力、政府公信力。

而事实是,女子因情侣间琐事情绪激动、发生争执,在民警调解下,双方已达成谅解。经相关部门主动辟谣、果断查处,谣言迅速破灭。

三

习近平总书记曾指出,网络空间是亿万民众共同的精神家园。网络空间天朗气清、生态良好,符合人民利益。网络空间乌烟瘴气、生态恶化,不符合人民利益。

那么,该怎么治理网络谣言?总的来看,网络谣言大体逃脱不了造谣写手、流量黑手、网络推手的"三重加持"。要让真相大白天下、谣言无处遁形,就须斩断这"三只手"。笔者以为,可以从正确识谣的慧眼、主动辟谣的办法、有效治谣的规制等三个方面来努力。

先说正确识谣的慧眼。

对网民来说,首先需要有一定的甄别能力和法律意识。其实,许多谣言逻辑混乱,无须专业知识也能轻易辨别真伪,但仍有网民不假思索转发,更有甚者把造谣传谣混同于言论自由,不禁让人拍案怒道"你摊上大事了"。倘若无人关注、无人传播,谣言自然

"死无葬身之地"。

在面对纷繁信息时，要擦亮双眼，重要信息以官方权威信息为准，暂时搞不清时不妨"让子弹飞一会儿"，别轻易沦为谣言的免费"中转站"，要珍惜自己的声誉，更要守住道德底线和法律红线。

再说主动辟谣的办法。

面对谣言传播，不能假装视而不见；面对热点，不能坐等、观望，任由谣言滋生。唯有不断提升官方发布和辟谣平台的关注度，推动权威信息及时正本清源，最大限度挤压网络谣言生存空间，才能让谣言"现出原形、无处遁形"，打通谣言治理工作的"最后一公里"。

最后说有效治谣的规制。

虽然，目前网站、应用程序、论坛等互联网平台已采取不少措施，但总体上仍需完善"监测—识别—处置"闭环体系，快速发现谣言、遏制谣言，努力把谣言消灭在萌芽状态。同时，网络平台应该不断改良算法推荐技术，避免大数据杀熟等乱象，从源头上缩短网络谣言的发酵期和传播链。

对相关职能部门而言，要继续多跨协同营造清朗网络生态。持续深入推进"清朗·打击网络谣言和虚假信息"专项行动，构建闪电溯源机制，对首发谣言信息的平台和账号加大惩处力度，让"始作俑者"难逃法网。

谣言止于智者，更止于"治者"。互联网不是法外之地。任谣言如何粉饰，终抵不过真相的澄澈，而造谣者终将会受到应有的"审判"。

朱越岭　执笔

2022年12月15日

木心美术馆为何与众不同

> 的确,放眼全国,当下并不缺少精彩纷呈的馆、时尚前卫的馆,但尚缺少人文关怀的馆、内心相系的馆,孑然自若、不刻意、不着急的馆,让人能够真正走进艺术、走进内心。

当你来到乌镇,一定会为乌镇大剧院"并蒂莲"的现代感和艺术性所吸引。而在大剧院一旁,一座美术馆同样吸睛,三五方现代几何造型起伏衔接,一亮相就曾斩获3项国际建筑大奖。

哥伦比亚大学艺术史教授赛门·萨玛第一次来到乌镇,就直奔这个美术馆。沉浸其中的他,不时面露惊异,轻轻说:"这些画比我想象的还要神奇。"

这个诞生于2015年的美术馆,以乌镇人木心为名,不止陈列木心作品,还与大英图书馆、耶鲁大学美术馆、歌德与席勒档案馆、英国皇家莎士比亚剧团、上海中国画院等联手,推出了不少令许多大城市都艳羡的专题展览。

这个身处中国小镇的美术馆为何能吸引众多大咖和国际高规格

展览？今天，就让我们走进位于乌镇景区的木心美术馆，探寻它为何与众不同。

一

"从前的日色变得慢；车，马，邮件都慢；一生只够爱一个人……"2015年，一首名为《从前慢》的歌，令无数人听后感动落泪。当时很多人不知道，这首歌如此打动人心的词，其实改编自木心的诗作。

一时间，木心的很多作品被"挖掘"了出来。人们这才发现，这位于1927年出生在江南小镇的艺术家，早已名扬海外。比如，早在2001年，一场"木心的艺术"特展在美国四个重要美术馆巡展，多家艺术主流媒体报道，数位美国重要艺评人、策展人撰文评论，展览展出的33件风景画被耶鲁大学美术馆永久收藏。

在国内，木心就像一位"天外来客"，散发出无穷的吸引力。于是人们纷纷找到了他的故乡，来到了这座属于他的美术馆。

有人说，在纽约，木心以画家面世；在中国，木心以文学家面世。木心美术馆的落成，让文学的木心和绘画的木心终于得到了完整的呈现。

然而，木心的画并没有在一开始就获得理解和认可。

时间拨回1976年秋，50岁的木心将自己用"转印法"创作的50幅小画在上海示于友人，结果面对这些全新方式创作的作品，朋友们却沉默了。这一刻的木心是怎样的心情？他在一封写给友人陈巨源的手书中袒露了当时的心声：收拾而归，嗒然若丧，途中斜阳余晖，晚晴可爱，就饮小肆，不觉微醺，窃以为明月清风易共适，高山流水固难求也。

这封珍贵的手书，通篇看来宛如宋元名家手迹，木心友人如获至宝。木心美术馆建成后，这位友人慷慨将其赠出，如今就陈列在木心美术馆展厅中。同时展出的，就是这一批"小画"的高仿真件，原作则收藏在美国耶鲁大学。这些作品，是木心流传于世的最早期作品。

"我是一个在黑暗中大雪纷飞的人哪。"木心的画曾经不被人理解，木心的文字，也总带着一丝孤独与忧伤。但纵使命运如惊涛，木心内心的追求依然执着。正如这封书信中所言：璞本狷介，谪居年年，尘缘渐尽，祸福皆忘，其所以耿耿长夜，如病似醒者，方寸间豪情逸兴颉颃未已耳。

二

1995年元月的一天，乌镇的小巷里，一位风度翩翩的男子独自漫步，很多与之擦肩而过的乌镇人都不知道，他就是木心。

那天天空飘下了久违的故乡的雪，但对他来说，这却是一场凄寒的雪。那时乌镇尚未保护开发，眼看故园破败萧条，木心回纽约后写道："我再也不回来了。"没想到5年后，他听到了家乡的邀请：回来吧，安度晚年。这是家乡对这位游子深沉的关爱。

2006年，木心终于启程回国。飞机掠过山海，屏幕接连显示：白令海、西伯利亚、蒙古，直至飞入中国。木心一路未眠，说：真慢啊。

抵达乌镇，细雨绵绵。游子归来，白发满头。

木心曾这样概括自己一生：从中国出发，向世界流亡，千山万水，天涯海角，一直流浪到中国故乡。

2011年，已经定居在乌镇5年的木心听到了一个令他兴奋的消息,家乡要为他建造一座美术馆。他高兴得像个孩子,不仅亲自选定馆址,还设想着自己也要设计一个展厅。

"去弄吧,弄好了,吓我一跳。"这一年9月,木心在乌镇居所"晚晴小筑"里,"调皮"地与美术馆设计师这样说。

然而不久,木心病重。当见到美术馆设计稿时,他只能喃喃说道:"风啊,水啊,一顶桥。"

4年后,木心美术馆正式开馆,而木心终没能看到美术馆的落成。

狭长而简洁的美术馆,迎风临水而立,回应了木心临终前高度概括的话语。而"桥"的隐喻,为木心毕生融汇东西方文化与美学的艺术实践,做出了绝佳写照。

来自美国的评论家彼得·冉则在参观后说:这些作品完美地融合了东西方文化。文化就像风,风没有东、西,是内心自由的表现。

如今,走进美术馆入口大厅,正前方的天窗洒下阳光落于墙壁,随时间摆动,似一幅油画,适意、空灵、富有仪式感。美术馆五间专馆里,长期陈列木心的绘画和文学作品,纪念着木心的艺术,也纪念着艺术本身。

三

木心美术馆旁的湖岸蜿蜒曲折,湖面小岛间有小路丝缕相连。东面是乌镇大剧院,四周是乌镇的传统民居,背景是绵延数里的老街与纵横交错的河道,几座石桥点缀其上,俨然一幅江南水乡的古镇画卷。如今的木心美术馆,已经成为乌镇的重要文化地标之一。

很难想象,在一个中国的小镇上,可以同时看到尼采、莎士比亚、汤显祖、拜伦、王尔德、伍尔芙、巴尔扎克等世界级大师的实物展览。

这不得不归功于木心特别的艺术修养。

木心的一生，精通文学、绘画、音乐、历史、诗词等，悠游在莎士比亚、福楼拜、尼采和诗经、楚辞、唐宋诗词以及范宽、郭熙的山水间。

这样的特点，也成就了木心美术馆的与众不同。从2015年开馆至今，木心美术馆已做过"林风眠与木心""尼采与木心""莎士比亚与汤显祖""大英图书馆珍宝展"等众多展览。

不过，这里的展陈方式，可以用"最老实"来形容。挂画、布灯、摆手稿，没有语音导览，没有高科技手段，但所有展览的品质与规格，却可算是国内美术馆中的优秀案例：大到观展动线如何规划，展柜间的疏密关系，灯光与展品的关系，小到一盒颜料该如何放置，展签位置的高低。

沉浸其间，画面之上流淌着声音，文字当中闪烁着光芒，音乐遗稿等待演奏；在图书馆坐下来，有木心先生所有的书和他喜欢的世界文豪作品围绕着你；到咖啡吧，饮一杯"阿尔卑斯山的阳光"，再试一杯"歌剧"，或可尝出先生的诗意……

木心美术馆就这样娓娓道来，既说了小镇的古今，又道了木心的人生。

的确，放眼全国，当下并不缺少精彩纷呈的馆、时尚前卫的馆，但尚缺少人文关怀的馆、内心相系的馆，孑然自若、不刻意、不着急的馆，让人能够真正走进艺术、走进内心。

期待，更多的"木心美术馆"出现在我们的家门口。

孔越　执笔

2022年12月16日

浙江油画何以穿越百年

> 踏进"浙江百年油画大展"的展厅,一面面巨幅画作,气势如虹,勾勒出百年以来中国走过的史诗般的瞬间。这样的震撼,很难用语言形容。

前两天,西子湖畔,有一个大展开幕了。浙江美术馆的"浙江百年油画大展"正式对公众开放。这场展览,280余幅重磅作品,是中国油画百年的缩影。

遥想油画进入中国之初,就承载着以西方艺术形式,创建东方现代艺术新面貌的重任,打开了古老东方拥抱世界文明的一条通道。一代代浙江油画家投入其中,在时代责任与艺术追求之间反复琢磨,创作出凝聚集体记忆的恢宏大作,也让浙江成了中国油画的艺术重镇之一。

浙江油画如何度过风云百年?中国油画重镇的地位如何建立?未来会走向何方?今天,我们来讲讲浙江油画的故事。

一

浙江油画不乏伟大的先驱者。

李叔同最早把油画的魅力带到浙江。

在风云激荡的年代,于日本学习的李叔同回国,辗转多地。1912年秋,他来到杭州,担任浙江省立两级师范学校的音乐、图画课教师。两年后,17岁的丰子恺考入浙江省立第一师范学校。而整个中学时期,李叔同成为他最崇拜的人。

一晚,时任级长的丰子恺向李叔同汇报公事后,李叔同喊住他说:"你的图画进步很快,我在南京和杭州两处教课,没有见过像你这样进步快速的人。你以后可以……"几句话,决定了丰子恺的一生。他说:"这一晚一定是我一生中一个重要关口。因为从这晚起,我打定主意,专门学画,把一生奉献给艺术。"

开创浙江油画百年历史的另一位人物,是蔡元培先生。

二十世纪初,蔡元培数度出国,赴欧留学考察。康德的美学和当时欧洲众多的思想,成为他思考中国教育、弘扬社会美育的重要依照。

1924年,以林风眠为首的26位旅法中国艺术家在斯特拉斯堡策划了中国美术展览会,令法国人惊叹不已的同时,也让林风眠等人进入中国现代教育先驱蔡元培的视野。几年后,蔡元培计划在南方筹建"国立艺术大学",并亲撰"创办国立艺术大学提案",林风眠是筹备者之一。

青史为证,湖山纪叙。1928年,中国美术学院的原初机构——国立艺术院在杭州西子湖畔、孤山罗苑成立,林风眠出任院长。蔡元培亲赴杭州,在开学仪式上发表了《学校是为研究学术而设》的演讲,提出要用美的心改造人心。

从此,杭州和浙江的美育事业,尤其是油画的西学东渐、扎根传播,获得了全国性的积累和支持,建立起一个颇高的构筑。这所学校,贯彻中西融合的思想,成为未来油画人才的聚集之地。

二

如今的浙江,是中国油画的艺术重镇之一。尤其近几年,"产自"浙江的大量作品被中国美术馆、国家博物馆、中国共产党历史展览馆等收藏,在许多重磅国展中亮相。

究其原因,在于浙江油画重大题材创作的实力之强,乃至于形成了备受瞩目的"国家队"现象。

踏进"浙江百年油画大展"的展厅,一面面巨幅画作,气势如虹,勾勒出百年以来中国走过的史诗般的瞬间。这样的震撼,很难用语言形容。

五四青年们,手挽着手,像红潮一样汹涌而来。人群里有青年,有老知识分子,还有工人,他们群情激昂地游行,仿佛透过画面发出了震耳欲聋的声音。许江、孙景刚、邬大勇创作《红潮——五四运动》耗时半年,研读和还原"五四"游行的基本过程,为展现这场运动的历史分量数易其稿。

1927年,"四一二"反革命政变后,中国共产党人在"白色恐怖"下英勇战斗、顽强反抗。画面中有倒下的烈士,还有矗立在周围的革命"后来人",极富视觉冲击。全山石所创作的《英勇不屈》,代表了那个时代中国重大题材创作的高度,悲壮而不悲伤……

还有《英雄儿女》《冼星海》《义勇军进行曲》《开国大典》《共和国从这里走来》《飞夺泸定桥》……百年来，浙江油画界所产生的大师名作，占据了二十世纪中国历史图像记忆的半壁江山，数度出现在教材中。百年来，浙江大地上涌现了无数英雄人物，发生了众多永载史册的历史事件，为浙江的文艺创作提供了取之不尽、用之不竭的素材。

精彩创作背后，藏着一支"国家队"。队伍里老中青结合，梯次发展合理，既有肖峰、全山石这样的老一辈艺术家，也有中国油画学会会长许江等一批创作组织中坚力量，还有中国美院、浙江油画院的大量中青年创作者。这支经过多年努力打磨出的队伍，是浙江重大主题油画创作的主导之力。

史诗巨制，源于浙江油画家将艺术实践自觉融入民族发展进程的成果。而"国家队"现象，不仅与艺术家们精益求精的艺术追求息息相关，更与他们执守的创作理念紧密相连。

三

浙江百年油画史，还有更具活力的特质，就像历史的长河中从来不缺青年的力量。油画的发展亦如此。

回首往事，林风眠出任国立艺术院院长时，年方28岁；潘天寿担任国立艺术院中国画主任教授时，也不过31岁。曾经的中国，国势贫弱，艺术的兴学从教，无先例，无先师。作为中国艺术高等教育的开拓者，先辈们力行前无古人之事，因缘际会，顺势而为，成为一代巨匠。

而今，新成长起来的油画家们，有着另一番"个性"。这从近日正在展出的"浙江百年油画大展"及"灿漫天风——浙江省油画院院展暨浙江青年绘画展"等展览的参展艺术家来看，可以窥见一些风貌。

提中青年画家，不得不提到常青。他既能画革命场景、领袖风范，又喜欢描摹烟火气。走在路上看见的一棵树、一只鹦鹉，或者两三个小孩，都能成为他艺术创作的素材与灵感。比如在他的工作室里，以鸡为造型的摆件更是随处可见。他说："我特别喜欢鸡，不是喜欢它的脾气，在审美上，我喜欢它的形状。它们雄赳赳，五彩斑斓，还充满斗志。"

在年轻一代油画家的画里，有乌托邦、白日梦、碎片、天窗、翅膀；他们的作品中，水果盘里会荡漾开一片湖山，竹帘成为观看的入口……那种传统的观看和表现方式，正不断地被突破。

源源不断的后起之秀，在艺术创作的道路上，以最鲜活的笔态，记录着当下艺术形态的多样化。正如毛主席所言："世界是你们的，也是我们的，但归根结底是你们的。"

古道照颜色，一一垂丹青。

忆往昔，回望浙江油画大家们一路走来，由李叔同、林风眠、吴大羽等先驱始，经蔡威廉、方干民等民国先师们传承至关良、倪贻德、黎冰鸿、莫朴、肖峰、全山石、蔡亮、汪诚一、金一德等先生的起承转合，及至浙江"40后""50后"画家们薪火开拓，再到"60后""70后""80后"画家们锐意进取……几代人的艺术人生，其实有着共同点：

始终贯通东西的视野，诗性的烂漫气质，以及与历史同行的激情。

浙江具有厚实的艺术土壤。唯有扎根广袤肥沃的土壤，方有油画大树的叶茂参天未来，浙江油画还有多广阔的成长空间？相信，把握住时代的脉搏，让艺术观照现实，保持源源不断的创作活力，下一个百年，未来可期。

李娇俨 童颖骏 阙先婕 执笔

2022 年 12 月 16 日

蚂蚁小岛凭啥"赛"苏联

> 小小蚂蚁"赛"苏联,"赛"的不是"体量",而是发展建设的热情和拼劲,是艰苦创业的恒心、敢啃骨头的决心和勇争一流的英雄气魄。

舟山市普陀区蚂蚁岛创业纪念室内,珍藏着一份1958年的奖状——"全国农业社会主义建设先进单位",奖励对象是农业社会主义建设先进单位——浙江省普陀县蚂蚁人民公社。

泛黄的奖状,讲述着一段蚂蚁岛人意气风发、热火朝天投身社会主义建设的往事。

蚂蚁岛,位于舟山群岛东南部,离本岛沈家门约半小时船程。听名字就知道,这儿大不到哪儿去,事实也确实如此。在1958年之前,这个陆域面积仅2.6平方公里的悬水小岛,甚至都没有被标注在浙江的地图上。尤其是在新中国成立前,蚂蚁岛正是以穷出名。

小小"蚂蚁"为何能成为社会主义建设的"先锋"?对蚂蚁岛的一句评价可以作为答案——小小蚂蚁"赛"苏联!

赛苏联,"赛"的是什么？凭的是什么？

一

1960年3月，全国海洋渔业现场会召开，会议地址就选在蚂蚁岛。

此时的蚂蚁岛，已经拥有27艘机帆船，是全浙江第一个实现机帆化的海岛。岛上有机械配修厂、罐头厂、鱼粉厂，还办起了学校、食堂、医院。全国各地登岛参观学习的人络绎不绝。

这个小岛，完成了什么样的华丽转身？十年前，这里可是另一番场景。

1950年5月18日，蚂蚁岛解放。一位渔民声泪俱下地对解放军战士说："如果再迟一个月解放，整座岛的人都要饿死了！"

这位渔民的话一点也不夸张。由于旧社会渔霸的长期剥削和国民党军的盘踞破坏，本就资源匮乏的蚂蚁岛粮食绝收、渔业凋敝。有的报道中有数据统计，当时全岛60%的人家靠吃番薯干过日子，30%的人家靠吃野菜、杂粮或者讨饭度日，还有许多家庭被逼到卖儿卖女。

这样生如蝼蚁的日子甚至使老百姓对"蚂蚁"两字都有了阴影。当地老人回忆，当时就有人提出：不要再叫蚂蚁岛了，蚂蚁太卑贱，只会被欺凌。

怎么办？改变才能翻身！

在党的领导下，蚂蚁岛人积极摆脱贫困生活、不断建设美好家园。他们积极响应号召，纷纷入组、入社参与生产劳动，自力更生。岛上相继成立了舟山第一个渔业生产互助组、第一个渔业生产合作社，走上了集体化发展的道路。

但想完成由穷变富的转变，光靠小舢板在近海张网捕鱼虾是远远不够的。于是，在1953年的合作社成立大会上，时任乡总支书记李阿旺用一句话拉开了蚂蚁岛艰苦创业的序幕："我们要造大捕船！走到外海去！"

坚持"不要国家一分钱"，蚂蚁岛人民组织起来，开展生产自救，掀起了一股互帮互助的热潮。就这样，蚂蚁岛渐渐由"小"变"大"。

二

"蚂蚁"虽小，但很团结，集体性强。蚂蚁岛人艰苦创业的精神名扬全国。

铁杵能磨成针，草绳能搓成船吗？蚂蚁岛人说：能。

在党委、政府提出全岛要在五年内拥有五对机帆船的计划之后，乡妇女主任刘亚珠代表妇女们第一个响应了号召。"第一对大捕船，由妇女来买！我们搓草绳，卖了草绳来换钱！"

为了尽快凑齐买船的钱，妇女们搓起草绳来可谓夜以继日、不知疲倦。有人问搓草绳队伍中的妇女，为什么越搓越起劲，对方这样回答："从前搓草绳，是给地主搓。现在搓草绳，是为了自己搓，为了儿子能上机帆船生产搓，为了蚂蚁岛有个好发展搓。别说搓破手，搓断了手都愿意！"

在这样的艰苦奋斗之下，4个月里，妇女们搓出了12万斤草绳，用草绳换来的9600元，买回一对大捕船。据测算，这12万斤草绳铺展开来，足可从蚂蚁岛连到省城杭州。

继"草绳船"之后,蚂蚁岛继续发扬艰苦创业的精神,又通过搓草绳、捐物资等方式,先后打造了"火囱船""妇女号""青年号"等船只,大大提升了生产力水平。

此后的小小"蚂蚁",一刻也没有停下奋斗创业的脚步。

为了拓展发展空间,1972年腊月,蚂蚁岛公社党委提出新号召:"苦战三年,围塘造田!"男人们都出海捕鱼去了,这个重担谁来挑?蚂蚁岛妇女们再次揭榜:"我们能用双手'搓'出大船,也能再用这双手筑起海塘!"

但与搓草绳不同,这次她们要面对的不只是机械劳作,还要与大自然的力量"掰一掰手腕"。筑海塘的位置在长沙塘海涂,这里涨潮时白茫茫一片,退潮时就是个烂泥坑。筑塘工程没有任何现代化的施工机械,400斤的大石头用手抬上车,七八百斤的沙子靠腿拖着跑。

为了赶在退潮时抢筑,妇女们经常需要凌晨3点钟做饭,4点钟出工,直到晚上七八点才回家。54岁的任菊娣,脚底扎进了钉子,鲜血直流,简单包扎之后,又跳进了烂泥坑坚持工作。夏彩琴跷着被车碰伤的腿,赶去施工现场烧茶水。

赶潮水、冒严寒、顶烈日……一年零四个月后,"奇迹"在这群女人手中成型——一条长1300多米、宽12米、高5米的海塘筑起来了,比预计工期缩短一半,使蚂蚁岛增加陆域面积约0.4平方公里,围海造田近500亩。

来自东海的蚂蚁雄兵,凭借着开拓创新的创业精神、百折不挠的奋斗精神和敢为人先的首创精神,写就了一段社会主义建设的传奇。

三

如今再回味"小小蚂蚁'赛'苏联"的评价，人们的心中有了更多感触，也有了答案。

小小蚂蚁"赛"苏联，"赛"的不是"体量"，而是发展建设的热情和拼劲，是艰苦创业的恒心、敢啃骨头的决心和勇争一流的英雄气魄。

2005年6月13日，时任浙江省委书记的习近平同志乘船过海登上蚂蚁岛。在参观了蚂蚁岛创业纪念室等地，仔细倾听了蚂蚁岛的艰苦创业史后，他说，老一辈创造的"艰苦创业、敢啃骨头、勇争一流"的蚂蚁岛精神，不但没有过时，还要继续发扬光大。

至此，蚂蚁岛精神正式确立。

每一种精神都根植于伟大的实践，并回应时代的要求。2018年，蚂蚁岛精神红色教育基地正式启用。公社、港口、海塘，那些一代代蚂蚁岛人挥洒青春和汗水的地方，成为学习蚂蚁岛精神的最好教材。

蚂蚁岛精神与历史同脉、与时代同行。蚂蚁岛人民的艰苦创业史，实际上也是浙江人民艰苦创业的真实写照，生动展现了浙江人民敢为人先、敢闯敢试的气魄。

今天的蚂蚁岛人，依然展现着艰苦创业、敢啃骨头、勇争一流的精神风貌。

看，曾经在吕泗洋上战天斗海的船老大，洗脚上岸，当起了渔家乐的老板，招待着四方来宾。月下搓草绳、浪里筑堤坝的渔嫂，成了那段历史的宣讲者，向每一位来蚂蚁岛参观学习的人，讲述那段激情燃烧的岁月……

档案资料

普陀区蚂蚁岛创业纪念室内珍藏着一份珍贵的奖状——"全国农业社会主义建设先进单位"。奖状由国务院颁发，长76厘米、宽54厘米，奖励对象是农业社会主义建设先进单位——浙江省普陀县蚂蚁人民公社，落款时间是1958年12月。

注：本文相关资料由蚂蚁岛创业纪念室提供。

陈培浩 杨翼荣 执笔

2022年12月17日

图书盗版何时休

> 正因为一本万利，才让盗版无孔不入，生生不息；正因为低价盗版品给平台带来了巨大流量，让平台难以割爱，所以在监管上暧昧纵容。这是盗版书一直"野火烧不尽，春风吹又生"的重要缘由。

《笔墨当随时代》上市后，拼多多上出现了盗版。出版业内有一句自我安慰的话：当一本书被盗版，说明这本书火了。从这个角度想，我们是否应该欣慰？

图书盗版现象存在多年。比如，去年，某机构在某电商平台165家店铺里采购了267本图书，在鉴定的199本书中，只有18本为正版书籍。而今年，有媒体对1144名家长进行的一项调查显示，47.6%的受访家长都买到过盗版儿童图书。

图书盗版危害不容小觑。中国版权协会发布的《2021年中国网络文学版权保护与发展报告》显示，2021年中国网络文学盗版损失规模为62亿元，保守估计已侵占网络文学产业17.3%的市场份额。

对网上盗版乱象，读者、作者、出版者已苦之久矣。但这种乱象为何难以清除呢？

一

先讲盗版之害。

盗版图书纸张劣质、透色、重影、字迹模糊，对孩子的视力影响很大。盗版书易掉色、气味大，中国环境科学学会的检测报告显示，部分盗版书比同类正版书的铅含量高出100倍。

青少年要是边翻书边吃零食，知识不一定能入脑入心，倒是乙醇、丙醇、邻苯二甲酸酯等有毒有害物质可能被吃进了嘴里。

盗版书粗制滥造，没经三审三校，时常错误百出。当我们手捧缺字漏字的盗版书，阅读体验会大打折扣。尤其是涉世未深的青少年，面对错误引导，读得云里雾里，人生的第一颗纽扣被严重系歪了。

除给读者造成伤害外，盗版还会严重扰乱市场秩序，伤害正规出版社的积极性。因为盗版，打着书店清仓、搬迁、微瑕等幌子，用超低价吸引用户，真假掺卖，在市场中浑水摸鱼。最后的恶果，就是盗版如鱼得水，低价所向无敌，劣币驱逐良币。

广义的盗版还不只是翻拍影印，同一个选题反复抄是赚快钱的"好办法"。比如在"OpenBook开卷"系统上搜索《我们的身体》出现了上百个词条，各个版本看得人眼花缭乱。

不管是影视、音乐、游戏还是图书，原创都需要花相当大的精力和财力投入，从创作到成品再到发行，凝聚了全产业链的心血，到头来如果只能心痛地看着盗版商赚得盆满钵满，难免寒了心。

有创作者就表示:"盗版对作者影响最大的是经济利益,因为作者是靠订阅吃饭的,如果太多的人去看盗版,却没人支持正版付费,那么作者自身的创作热情就会消退。"

盗版不禁,危害甚大。从更深层次看,倘若图书盗版横行,只会削弱创作者做原创的动力,扼杀文化创造创新的活力,精品生产便难以为继,长此以往的话,文化百花园就会杂草丛生,危害的是我们的文化自信自强。如果天下作品都"唯盗不破",最后受伤的其实是所有读者。

二

盗版为祸如此,为何难以禁绝呢?

作家刘亮程曾无奈地说过:"这二十年来我走到哪都能遇到读者拿着盗版书让我签名。明知是盗版书,也要签,因为盗版书也是读者拿钱买的,读者是无辜的。我无力靠个人能力跟遍地的盗版商打官司维权,只有期待国家知识产权保护环境的改善。"

而网上对盗版的认知比较混沌。有的人认为,盗版只是薅了点羊毛,蹭了点福利,并无大碍。共识难以形成,让打击盗版举步维艰。

再看盗版产业链的发行端,从一些电商平台到短视频平台,在某个发展阶段,往往和盗版之间有着"剪不断,理还乱"的关系。一些大型电商的盗版现象甚至是在首页首屏堂而皇之上演。

比如,在某新型电商平台,充斥着大量低价盗版的浙江文艺出版社莫言系列作品,正品反而被雪藏在后。而浙江少年儿童出版社最新出版的沈石溪作品《海豚之歌》,上市一个月就出现了大量盗版，而《笔墨当随时代》更是半个月就已被盗上市。很多出版社对此却只能望洋兴叹。

电商平台打击盗版就像打地鼠，虽看似冒头就打，却没有实效。有的平台"只针对商品，不针对卖家"，链接下架后，过几天换个链接换张图，同样的盗版书又能重新上架，只有多次举报成功才会关停店铺。被举报关停的盗版店铺再用"一条龙"服务代办新的证件，换个马甲又开张，陷入新一轮循环。还有的平台用低价引流，在其他支付平台或线下进行交易，销售链路很长，让取证更加艰难。

以浙江文艺出版社操作流程为例，购买到货需要3—5天，出版社出具鉴定报告盖章回传，平台提示审核周期2—15个工作日，但通常需要1个月甚至更久。平台核实盗版后先下架链接，多次举报成功才关闭店铺。一场维权下来，出版社早已筋疲力尽。

一本书的成本，作者版税、出版管理费用，本是大头；而盗版者只要付出低廉的印刷成本，就可以造出盗版来，利润能达到成本的数倍。正因为一本万利，才让盗版无孔不入，生生不息；正因为低价盗版品给平台带来了巨大流量，让平台难以割爱，所以在监管上暧昧纵容。这是盗版书一直"野火烧不尽，春风吹又生"的重要缘由。

盗版书能有市场，还在于它们的价格确实诱人。浙江宣传在《纸质书为啥越来越贵？》一文中提到，由于图书"高定价、低折扣"等，如今市面上的新书，标价越来越贵，让人望而却步。部分读者一见价格极为低廉、质量尚可的盗版书，也就选购了。

还有一些出版商，未经著作权人或享有出版权的出版社许可就私自出版，在利益的驱使下放弃了出版行业的操守，也助长了盗版之风。

盗版成本之低、维权取证之苦、监管断根之难，让经历过的作者和出版社不堪回首。

三

笔者曾看过《天下无贼》的电影，认为纯粹是个乌托邦的寄托。而近几年，历史悠久的小偷一行，却在不知不觉中，慢慢濒临灭绝。那么在版权世界里如何能实现"天下无贼"呢？

国家版权局等四部门联合展开的"剑网专项行动"是我国打击网络侵权盗版的一大举措，近年来已重拳出击，成效明显。在法律层面上，有全国政协委员提出了打击电商平台盗版书的提案，呼吁在立法层面要加强网络平台监督、主体责任。这些提案一旦落地实施，盗版的空间将被无限挤压。

我们更期望，作为发行上最为关键的一环，平台能更多地担负起主体责任。平台若是当了甩手掌柜，唯利是图，过分重视流量，那盗版就肯定阴魂不散。如果平台能及时自查，重视举报，设立预警及熔断机制，打造清朗的交易环境，对盗版商家断根清理，去做正版原创的保护神，那么盗版商就会灰飞烟灭。

孔乙己窃书是偷，盗版也是偷，要提高贩卖盗版即是违法的意识。唯有版权意识不断深入人心，对盗版才能形成本能的抵触，盗版泛滥的盐碱地才会翻耕为鼓励原创的黑土地。

在电影《我不是药神》的结尾，本来价格高企的抗癌药"格列宁"被纳入了医保，成为平价药，变成癌症患者的福音。从这个角度来说，降低读者获得精品图书的成本也是打击盗版的一个方式。

比如，在全民阅读推广过程中，不妨想方设法让更多图书馆、城市书房、农家书屋等公益阵地遍地开花，做好宣传和推广，为尽可能多的读者提供可以借阅的书籍。再比如，图书能从市场的"价格博弈"中逐渐冷静下来，跳出价格虚高和"折扣大战"不断循环的怪圈，让更多平价的精品书涌现，就可以照顾到更多读者的需求。当然，对广大读者来说，也要积极支持正版、反对盗版。

打击盗版之役是场旷日持久的战争，任重而道远。假以时日，监管到位、共识提升，在版权保护的世界里，盗版商们将无处可遁，注定会实现"天下无贼"。让我们行动起来，推动这一天的早日到来！

赵波　俞姝辰　执笔

2022年12月17日

汤圆的滋味,宁波人都懂

> 一碗猪油芝麻甜汤团,是开启宁波人记忆大门的密钥。只舌尖那一触,往事便不由分说地汹涌而来,味蕾瞬间就能把你带回故乡。

岁至年末。对宁波人来说,那一碗不可缺席的团圆滋味,此刻或许已涌上心头。

匆匆穿过三江口的城墙,裹得圆滚滚的孩童互相甩着噼啪作响的鞭炮,老妪捧出一碗热气腾腾、温润如玉的"雪球"……

这是1843年的宁波市井风情,被英国人罗伯特·福钧记载在《和华人同居——内地、沿岸和海上》。福钧笔端的那碗"雪球",便是宁波人的那碗汤圆。这位孤身远游、被委以"重任"的"植物间谍",自是没有闲暇细品这一碗暖意融融的团圆滋味。

而对海内外宁波人而言,这一碗小小汤圆,却承载了太多的宝贵记忆和人间滋味。

一

　　味蕾，是紧紧粘连着土地的。

　　提到"狗不理包子""热干面"，人们唇齿生津的同时，脑海中必定会浮现出一座城。而要问什么小吃可以代表宁波，在许多人心中，汤圆定是不二之选。

　　"拜岁拜嘴巴，坐落瓜子茶，猪油汤团烫嘴巴。"汤圆在宁波被唤作"汤团"，没有被"猪油汤团"烫过嘴巴的宁波人，怕是要被打上双引号的。

　　而宁波汤圆为什么如此惹人馋？

　　从讲究的选料来看，传统正宗的宁波汤圆，由糯米粉、绵白糖、黑芝麻、猪板油组成，因此白如羊脂，咬开皮子，油香四溢，糯不黏牙，甜润可口。所食之人，往往前一粒汤圆还在嘴里匆忙咀嚼，另一粒便已在勺中忐忑"候场"。

　　从制作的工序来说，宁波籍老报人陈诏曾在《闲话宁波汤团》一文中，道出了美味的"秘方"："制作时，把糯米团搓成长条，分成一小段一小段，每段嵌入一块猪油馅，用手心搓成圆形，吃时放入沸水中，待汤团浮起水面，加少量冷水，让内馅煮熟，水再沸后即可盛入碗内……"

　　独特的工艺、精细的做法，步步都不得错。

　　如果你是煮食汤圆的新手，一定要熟记这两个要领：其一，煮汤圆时，切勿冒进。水温过高，汤圆容易破裂，稍不注意，馅料就纷纷漏了出来，宁波话谓之"撑船"。其二，吃汤圆时，莫要心急。汤圆看似洁白温润，若是囫囵吞咽，那黑亮猪油热馅定会烫破舌尖。

小心翼翼咬开口子，轻轻吮吸，蜜渍香泛，溅齿流甘。减肥等诸多要事，就随它抛至天涯海角吧。

二

方寸碗盏里，盛装的是人间滋味，也是悠久文化。

两宋时期，虽政权、军力日趋羸弱，但经济、文化发展却好似"开了挂"，中国的政治文化重心逐渐移至以米食为主的南方。南宋教育家、宁波人王应麟所著《三字经》写道："稻粱菽，麦黍稷。此六谷，人所食"，将稻米列为六谷之首，足见其地位。

而真正意义上的宁波汤圆，大概就起源于宋元时期。因煮制时在锅中浮沉翻滚，最早被称为"浮元子"。那时的汤圆颇为珍贵，姜夔就曾诗云："贵客钩帘看御街，市中珍品一时来。"

"咄嗟间，如撒下、真珠一串。火方然，汤初滚、尽浮锅面。"在南宋丞相、宁波人史浩的笔下，彼时的繁华市井仿佛都被裹进了这一碗热气腾腾的"真珠"当中。

坊间有一趣闻。当年卓别林来上海观光，本土笑星韩兰根陪同游玩城隍庙，请他吃了一碗宁波汤圆。卓别林一口咬下，又惊又喜：那美味的馅心，如何藏进汤圆之中？韩兰根故作神秘：这是我们中国人的独门秘技，恕不奉告。卓别林哈哈大笑。

据了解，自1982年起，宁波汤圆已是浙江省向海外出口的第一个点心品种，1997年更是入选中华名点小吃。现如今，外来游客更是要吃一碗汤圆、游一遍天一阁，方才觉得来过宁波。

宁波人似乎生来就会做生意，早年间将汤圆店开到了上海、杭州等全国各地。汤圆,为宁波这座城竖起了一块块响当当的招牌。而宁波,则让汤圆"滚"向了天南海北的温热桌案。

三

一碗汤圆,可解思乡之愁。

草草杯盘间,昏昏灯火中,在很多宁波人心里,汤圆这"土特产"是一份独家记忆。

童年时蹲坐在厚重石磨旁,托腮看外婆一勺一勺地往石磨里加带水糯米,看着乳白米浆缓缓溢出,嘴巴已经管不住地咂巴起来。

一碗猪油芝麻甜汤团,是开启宁波人记忆大门的密钥。只舌尖那一触,往事便不由分说地汹涌而来,味蕾瞬间就能把你带回故乡。

吃的是甜甜蜜蜜,求的是团团圆圆。从味觉到视觉、从外形到寓意的深刻内涵,让人暖胃又暖心。

这份沉甸甸的记挂,漂泊在外的宁波人,更是深有体味。

1926年,宁波水手江定法在厌倦了漂泊生活后,回老家开起了汤圆店。因小名叫阿狗,他取姓名的宁波话谐音"缸鸭狗"作为招牌,一家"老字号"从此诞生,如今家喻户晓。

1982年初,世界船王包玉刚应邀前往江南造船厂参观两万七千吨散装货船时,厂方特意为其准备了宁波汤圆,他边吃边称赞:"宁波汤团米道交关赞,等一歇的宴会我也不要再去吃了!"不管离乡多少年,家乡的味道总能让人发出满足的喟叹。(注:"米道""交关"系宁波方言,"米道"指"味道","交关"指"很"。)

宁波人与故土之间,像极了宁波汤圆那般黏性十足。中国近代历史上，有一个叱咤中国商界达半个多世纪的群体。他们走南闯北，在各自领域成就事业，但拥有着一个共同的名字——"宁波帮"。一粒小小的汤圆，是他们难以割舍的一份想念。

"天寒难锁新春意，炉暖宜烹白玉丸。"蓦然回首，千年前的热闹场景仿佛从未消散。今天，无论身处何地，只需端起碗盏，细细嚼咽，那跳动不息的思乡之心，便得到了莫大慰藉。

一碗落肚，便是团圆。

柴隆 王晓石　执笔
2022 年 12 月 18 日

卡塔尔世界杯并非只有足球

> 从卡塔尔世界杯来看,举办大型体育赛事,并非仅仅展现体育的竞技性,也是展现一座城市、一个国家的经济发展、历史文化、风土人情和未来可能的宝贵机遇。

2022卡塔尔世界杯已接近尾声。谁能最终捧起大力神杯?各国球迷们翘首以盼。

不过本次世界杯如此吸睛,不仅仅源于足球本身的魅力。作为第一次在疫情之下开赛、第一次在阿拉伯国家举办的世界杯,体育所迸发的激情与活力,唤起的青春与回忆,以及尽显"民间智慧"的网络爆梗,让人们如同缓行于沙漠中忽见绿洲,眼前一亮。

除了冠军球队,最大的赢家非卡塔尔莫属。这个国土面积相当于我国青岛的波斯湾半岛国家,这个在世人眼中"富得流油"的资源大国,靠着被中国网友称为"饺子皮"的吉祥物"拉伊卜"圈粉无数,靠着"肚大肚大大"的主题曲爆红网络,展现出不止"头顶一块布,全球我最富"的多元国家形象。

那么,卡塔尔究竟靠什么,让自己借世界杯之机火速"出圈"?

这对于正积极向世界展现"诗画江南、活力浙江"省域品牌,且即将迎来亚运会的浙江,有怎样的启发?

一

对卡塔尔来说,传统与现代、本土与世界的多元文化开放交融,是这次世界杯打破交流壁垒的重要法宝之一。

古老、遥远而神秘,这是很多人印象中的阿拉伯。但这次世界杯的成功举办,不仅实现了"让全世界每一个知道足球的人,都能拼出'卡塔尔'",更是让全世界看到了一个现代、时尚的阿拉伯世界。

先说时髦"顶流":吉祥物"拉伊卜"。在阿拉伯语中,"拉伊卜"意为足球小将,它的设计灵感来自卡塔尔人的传统服饰——黑色头箍和传统阿拉伯男性的白色头巾。

这样的设计遵循"相关性、在地性、时代性"的基本原则,既与足球运动相关,又彰显中东文化特色,还体现创新精神。

"拉伊卜"给受众留下极大的想象空间和创作余地,衍生出各种各样的表情包、动图和二创产品,成为网络社交货币和流行符号。

再说另一个"顶流":世界杯主题曲 *Tukoh Taka*。

这是历史上第一首包含英语、西班牙语和阿拉伯语歌词的世界杯歌曲。简单强烈的节奏、明快的曲风、高频次重复等方式的运用,让它成为一首"洗脑"歌曲。

乍一听很"魔性",但背后有内涵。据说"Tukoh Taka"在阿拉伯语中是模拟物体敲击发声的拟声词,也有人指出这蕴含着西班牙巴塞罗那俱乐部所推广的、濒临失传的"Tiki-Taka"足球战术。

除了这首歌外,国际足联更是为此次世界杯量身打造了多首主题曲。值得一提的是歌曲 Light The Sky,由4位阿拉伯国家女歌手同台献声,MV也特邀此次世界杯6位女性裁判员出镜。

吉祥物的"可爱到犯规",主题音乐的"勇敢叛逆",描绘出了大力神杯下多元文化汇聚的包容和开放,也凭着颇具个性的魅力为卡塔尔圈住了粉。

"出圈"之外,卡塔尔还酝酿着更大野心。

或许很多人不知,卡塔尔自二战后从未晋级世界杯决赛圈,是世界杯历史上面积最小举办国,还长期受到美西方舆论"人权"和"平权"质疑。

然而,12年前,世界杯举办权花落卡塔尔时,就注定了这将是一届不平凡的世界杯:卡塔尔以约2200亿美元打造"史上最贵的体育赛事",为球迷们在沙漠之中营建了一场看得见、摸得着的"海市蜃楼"。

从资源硬实力转向科技巧实力,世界杯提供了机遇。由中国团队承建的"大金碗"卢赛尔体育场,是世界上最复杂的索膜结构体系体育场。球场降温技术、芯片足球、半自动越位"裁判"、"感官观看室"等多项新技术的使用,向世人展现出卡塔尔科技创新、绿色发展的现代新城形象。

此外,世界杯还推动了卡塔尔向全球投资中心和绿色能源中心积极转型,并带动旅游业相关产业发展。据国际货币基金组织预计,未来几年,卡塔尔GDP增速将上升至4.4%,到2030年每年将会带来约600万名游客。

事实证明,举办世界杯不是卡塔尔简单"炫富",而是在投资未来。也许不久之后,世界杯可能带来的经济盈利、媒体覆盖和社会效益,都将慢慢兑现。

二

每一场盛事大赛,都是一次难得的契机。

从卡塔尔世界杯来看,举办大型体育赛事,并非仅仅展现体育的竞技性,也是展现一座城市、一个国家的经济发展、历史文化、风土人情和未来可能的宝贵机遇。

如何借大型国际活动,让城市品牌立得住、立得稳,让城市形象记得住、传得开?从卡塔尔及以往的国际赛事中,笔者窥见以下三点:

首先,找准定位。正如"定位之父"杰克·特劳特在《定位》一书中所说:"定位不是围绕产品进行的,而是围绕潜在顾客的心智进行的。"对标民众之需,契合时代之变,才能构建起个性化的城市记忆。

回望2008年,北京奥运会的"绿色、科技、人文"三大关键词围绕一个"新"字,将北京在后金融危机时代的顺势而为彰显得淋漓尽致。当下的卡塔尔,建第一座"可持续城市"是卡塔尔2030年国家愿景中的重要一环,为了摆脱高度依赖石油收入的"资源诅咒",一场顶级体育赛事的背后,是卡塔尔拥抱转型和加速现代化的未雨绸缪。

其次,积极塑造。提升城市形象、转变传统认知,要不放过任何一个表达自己的机会。

比如,在广大球迷的狂欢声中,美西方一些媒体还是拾起了

"体育赛事政治化"的惯用伎俩,以"罔顾人权""限制女性权利"等政治诘难,"抵制"世界杯,BBC更是史无前例地取消了对此次世界杯开幕式的转播。

但有意思的是,很多媒体却将本次世界杯称为史上最大胆的一届世界杯,尤其是首次出现了六名女性裁判,卡塔尔成为世界杯历史上唯一一个聘请女裁判的承办国,向世界展现了"尊重女性、维护人权"的主办国形象。

最后,传播创新。创新,永远是激发传播效果的源头活水。

2012年,伦敦奥运会举办之时恰逢欧债危机,奥运会筹备资金缩水、预算大幅下降。在这样的条件下,伦敦巧妙地借助了当时各类社交媒体兴起的东风,多方主体在社交平台上进行宣传,通过口碑裂变,取得了远超传统媒体的传播效果。

又比如"冰墩墩"之所以能在今年北京冬奥会上成为超级IP,原因也在于用奇招、妙招打破吉祥物宣传的传统窠臼。"冰墩墩"的形象,不再是高高在上的"国宝文化",而是通过"它摔倒了、它卡门了、它漏气了"等略显窘态的瞬间,引发人们参与讨论、二次创作和意义延伸。

三

中国之大,每座城市都有着和而不同的特色与优势,需要抓住机会、积极展现。

今年,浙江提出打响"诗画江南、活力浙江"省域品牌,明年即将举办杭州亚运会。如何借好亚运会的"东风",把亚运故事、浙江故事、中国故事讲得更生动?

笔者认为，在以下几个方面还能再发发力。

用智慧亚运的理念讲好浙江科技创新故事。杭州亚运会主场馆"大莲花"里黑科技满满，亚运会还未开，这些"赛前红利"已然"用之于民"。如何把握科技创新与城市历史、百姓生活、数字人文、未来发展等的关系，树立"体育助推可持续发展"的城市新典范，还值得思索。

若要提升亚运标识破圈的能力，还应搭上新媒体"顺风车"。2021年，一首为杭州亚运会创作的泰文歌曲 Let's Celebrate 引起海内外热烈反响，"亚运夺宝"数字藏品作为亚运会史上首次发行的数字特许商品在线上"秒空"。可见，话题足、受众广、共情深的网络迷因特质，还值得我们继续挖掘。

体育本身具有跨语言、跨地域、跨文化等特点，其中"和谐""合作""平等"等精神成为人类共同价值。所谓"万物皆媒"，比赛之外，有许多细节都可以是展示城市形象和共同价值的好机会。

比如卡塔尔世界杯中，比赛结束后，球员的孩子们在场上玩球的场景格外让人动容。我们要想向世界展示拥有深厚文化积淀、包容开放、致力于同其他国家一起构建美好未来的浙江和中国形象，运动员、教练、志愿者、体育爱好者的故事都是载体，主题口号、吉祥物、主题曲、场馆建筑等都是机会。

如同贝克汉姆的黄金右脚和梅西的神奇左脚单骑闯关一般，抓住亚运契机，踢好展现浙江风采的临门一脚，期待你我共同参与。

郭璇　执笔

2022年12月18日

中国茶的四种味道

> 好茶不怕晚,一道好茶需要给它时间。期待在不久的将来,我们以茶文化这一人类共通的语言,把温良醇厚的茶文化种子播进更多人的心田,推动中国茶、浙江茶走进千家、飘香世界。

前不久,"中国传统制茶技艺及其相关习俗"被列入人类非物质文化遗产代表作名录,小小"东方神叶"再次站上了世界舞台,向全世界展示了"平等、包容、互鉴、分享"的中国茶文化。

浙江作为牵头申报省份,当仁不让地成为传播中国茶文化的使者。今天,"中国传统制茶技艺及其相关习俗"入选人类非遗庆典仪式在杭州举行,此次主场还包括学术论坛、专题展览和文化体验等一系列活动。参会嘉宾以茶为媒、以茶会友、以茶论道,共享中国茶文化之美,共商人类非遗传承大计,共同探讨如何写好"申遗"的后半篇文章。

如果将千年茶文化比作泡茶品茶的过程,或醇香,或回甘,或生津,每一口都有独特的滋味。细细品尝,中国茶有四种滋味让人难以忘怀。

一

五千多年中华文明史，始终浸润着茶香。中国茶的第一种味道，是悠久绵长的历史文脉。

陆羽《茶经》记载，"茶之为饮，发乎神农氏，闻于鲁周公"。而在余姚田螺山遗址发现的茶树根遗存，更将我国人工种植茶树的历史向前推至6000年前。

"茶"字拆开看，就是"人在草木间"。这种诗意解读，无疑是对茶的最高礼赞。不论老百姓的开门七件事"柴米油盐酱醋茶"，还是文人雅士的"琴棋书画诗酒茶"，茶不只是一种饮品，也早已成为中国人嵌入日常的生活方式。

在中国茶入选人类非遗的小项目中，包含了绿茶、红茶、黑茶、白茶、乌龙茶、黄茶以及花茶等多种制作技艺，涵盖了浙江、福建、安徽、云南、贵州等产茶大省。其中，不少制茶技艺已经绵延几千年而不绝，如紫笋茶在唐代就成为"贡茶"，湖州长兴县设立的贡茶院，是有史可查的中国历史上首座茶叶加工工场。

唐之煎茶，宋之点茶，明清以来之泡茶，缤纷多彩的中国饮茶史，亦可窥见各个历史阶段的时代气象。

盛唐文化极尽奢华，饮茶第一次上升成了仪式。唐人先将制好的茶饼放在火上烘烤，碾成茶末、用筛子筛过后放在茶盒中备用。再用釜煎茶，一沸"如鱼目微有声"，二沸"如涌泉连珠"，三沸"腾波鼓浪"，最后把舀出来的水倒回去，称之为"止沸育华"。

宋代文化登峰造极，文人追求雅致，发展出高技术含量的点茶法。宋人用银瓶或瓷瓶来煮水，茶放在黑釉盏中，水煮好后，通过瓶子点到盏中，同时另一只手用茶筅不停地进行搅拌。宋徽宗《大观茶论》记载，点茶注水的次数要达到六至七次，每一次注水的量、角度、方向都有不同要求。

明清文人遁世，茶也返璞归真，追求本味。厉行节俭的朱元璋下诏废团茶，改散茶，"唐煎宋点"的饮法，随之变成了以沸水冲泡散茶的饮法。由此，茶饮广泛地深入到民间，转变为整个社会文化生活的重要方面。

二

有茶之处，便亦有道。中国茶的第二种味道，是坚韧高洁的君子品格。

陆羽在《茶经》中提出了"精行俭德"的茶道精神。"精行"是指行为精严完美，"俭德"是指道德俭朴高尚。它反映了一种淡泊明志、宁静致远的心态，更彰显出儒家"修齐治平"的理想追求。

中国人以茶立德、以茶养性，通过制茶、泡茶、品茶，培育了兼容并包的心态、淬炼了谦和内敛的品格，养成了高洁傲岸的情操。

在小说《望江南》中有这样一段话："在茶能掐出水的时节里，芽就被摘下来了，然后被手揉捻，在火锅里炒，倒进罐里封存，暗无天日，有一天开封，被沸水冲泡，够狠了吧，但当它被制成世上最美的甘露，然后被喜欢的人一口口地品尝，化为人身体的一部分，灵魂的一部分，最软的、最柔的那部分，是不是说明，最极端的东西都是会转化的呢?"

我们从中读懂,为什么中国人能从茶中找到人生的映照,为什么中国人哪怕在最为失意、落魄的人生境遇里,都要坐下来慢慢地饮一杯茶。

汪曾祺先生回忆,在西南联大时,有"泡茶馆"一说:"泡"者,长时间沉溺其中也,联大学生在茶馆里往往一泡就是半天。干什么的都有,聊天、看书、写文章,有位教授在茶馆里读梵文,还有人连洗漱用具都放在一家茶馆里,一起来就到茶馆里洗脸刷牙。

苦涩的茶却有清甜的回味,正如人在挫折面前,一次又一次地坦然相对。就这样,从茶格到人格,茶文化支撑起中国人丰沛达观的精神世界。

三

在浙江许多地方,"一片叶子,成就了一个产业,富裕了一方百姓"。中国茶的第三种味道,是润泽民生的产业品牌。

茶产业一头连着千万茶农,一头连着亿万消费者,为百姓谋利、为饮者造福。目前,我国就有1085个县、3000多万名茶农靠"一片叶子"生活富足,茶产业已经成为拉动民生的重要产业。就在前些天,新一批捐赠给四川省青川县的安吉白茶的茶苗从浙江安吉出发了。过去四年多,安吉已经向中西部三省五县陆续捐赠2990万株茶苗。

说茶是世界上最重要的经济作物之一,一点也不为过。据有关统计,当今世界160多个国家和地区有喝茶习惯,30多亿人每天饮用茶叶,全世界一天饮用的茶超过30亿杯。试想一下,如果每杯茶的价钱算作10元的话,全世界每天在饮茶上就要消费300亿元。

然而,作为与咖啡、可可齐名的全球三大饮品,茶叶应有的价值没有充分体现,茶产业发展的步伐还比较滞后。据有关数据显示,2018年全球咖啡消费市场规模约为12万亿元人民币,而同年茶类全球销售额还不足咖啡的十分之一。

我国作为全球最大的茶叶生产国和消费国,理应在做强千年茶产业、提振全球茶市场上扮演更加重要的角色。

比如,能否做出一批市场认可的好茶。"生态好,茶才好"已成为越来越多茶人的共识。像开化全县共有茶园12.5万亩,其中高标准生态茶园5.43万亩,2021年,全县茶叶产量3221吨,产值13.02亿元,同比分别增长34.4%和27.9%。浙江还有不少地方像这样,靠着种茶产茶,将"绿水青山"变成了"金山银山"。

比如,能否打造一批具有世界影响力的茶企。一个公开的秘密是,有不少从中国出口的干毛茶,经过欧美等国家工业流程化的拼配加工,又贴着亮丽新标签重回中国市场,但身价陡增。推动茶产业实现由大到强,企业品牌集群至关重要。必须大力发展历史经典产业,在提升"老字号"品牌基础上,建立中国独有的茶叶品牌,真正实现从"茶叶大国"向"茶叶强国"的转变。

还比如,能否吸引更多年轻人爱上茶、消费茶。从"秋天的第一杯奶茶""围炉煮茶"引爆社交圈,到新式茶饮、无糖茶饮料、混搭风味茶等新产品的热卖,让人们看到了茶叶这一传统产品吸引年轻一代的更大可能性。茶的回归,体现出"国潮"等新消费观正在兴起。事实上,要想抓住年轻人的味蕾和眼球,"茶+健康"

"茶＋社交""茶＋文旅"等方面大有文章可做，也是茶品牌最需发力的方向。

四

通过丝绸之路、茶马古道、万里茶道，中国茶穿越历史、跨越国界，已经成为人类文明共同的财富。中国茶的第四种味道，是扬名天下的中国故事。

习近平总书记曾多次在外交场合谈论茶文化：在俄罗斯谈及"万里茶道"，借古喻今来增进双方友谊；在比利时以"茶酒论"来阐述文明多元论，倡导求同存异；在巴西论述"茶之友谊"，加深了中巴人民对茶文化交往的热情；在斯里兰卡赞誉香飘四溢的红茶令人神往；在印度提及两国以茶为媒互联互通……

作为和平使者，茶已经成为东西方文化交流的重要载体，传递着千年古国"以茶导和"的价值诉求。讲好茶故事，塑好茶形象，对中国来说尤为重要。

像在唐宋时期，日本僧人曾来到余杭的径山寺参学，不仅把径山的禅法、宋代的文化带到日本，同时把径山的茶叶、饮茶制茶的工艺、禅院茶礼的仪轨带到了日本，将带回茶籽在静冈地区种植后，茶被逐渐推广，成为静冈茶的茶祖。

诸如此类的茶故事，承载着文明古国的厚重底蕴，诉说着交流互鉴的历史记忆，阐释着赓续千年的价值观念，是讲好中国故事、构建人类命运共同体的最好载体。中国自古以来就以开放包容的姿态融入全球体系，以宽广博大的胸襟迎接不同文明，茶文化正是千百年来中国与世界命运与共的生动缩影。

好茶不怕晚，一道好茶需要给它时间。期待在不久的将来，我们以茶文化这一人类共通的语言，把温良醇厚的茶文化种子播进更多人的心田，推动中国茶、浙江茶走进千家、飘香世界。

谢滨同　洪敏　陈云　执笔

2022 年 12 月 18 日

世界杯如人生

> 人生有几十个年头,一场比赛只有90分钟,但球场上开场时的掌声雷鸣,中场时的跌宕起伏和百转千回,最后一刻的绝处逢生,像极了很多人浓缩的一生。

今日凌晨,世界杯终于落幕,阿根廷队笑到了最后。这一次,梅西梦想成真。五次世界杯征途,梅西迎来了最完美的告别。

这场决赛跌宕起伏、扣人心弦。上半场,阿根廷队迪马利亚制造一个点球和一个进球,帮助阿根廷上半场领先。下半场,法国队姆巴佩2分钟不到连入两球,扳平比分。加时赛中,梅西补射破门,而姆巴佩再获点球。比赛来到残酷的点球大战。最终,阿根廷队在点球大战中击败卫冕冠军法国队,捧得阿根廷队史上第三座大力神杯。

有人说,这可能是令很多球迷彻夜难眠、终生难忘的一届世界杯。29天,32支队伍逐鹿赛场,64场比赛,各有各的精彩。决赛之后,根据统计,本届世界杯共计打入了172粒进球,为历届世界杯总进球数最高。

不过，你若问，哪个进球最精彩。那最好的答案只能学球王贝利：下一个。

下一个，总是未知的。如果，下一个进球迟迟不来，下一个对手不可战胜，下一场胜利遥不可及，作为球员，或身为球迷，该何去何从？是等待还是放弃，是血战还是投降，是绝望还是守望？

其实，我们每个人的人生，也会面临各种挑战和选择。我们该怎么办？每一届世界杯，似乎都在告诉我们，不懈拼搏的每一个个体，成就了每个人人生的梦想，成就了这个世界的精彩。

一

世界杯是强者的世界。在绝对的实力面前，努力有时多少会显得无力。世界杯的冠军名单，总是巴西、德国、法国、意大利、阿根廷等欧洲、南美常客。但是弱小者就该放弃吗？

当面对不可战胜的对手时，面对难以攻破的球门时，有些队伍却以弱抗强，从不畏惧。

这届世界杯小组赛上，沙特队迎战阿根廷队时，就是这样的局面。沙特被视为鱼腩之队，人见人欺，常只在小组赛就戛然而止。上届俄罗斯世界杯的揭幕战，东道主俄罗斯队就拿沙特队来祭旗，最后比分为5比0。

迎战沙特队前，阿根廷队已经36场不败了。开场不久，阿根廷队就获得了点球，1比0领先，场面也全部占优。当所有人都等着沙特队被按在地上摩擦时，沙特队却顽强地打入两球，将比分反超，让潘帕斯雄鹰黯然折翅。这是此届世界杯上最大的冷门，并将一直被球迷们津津乐道。

经典的冷门,还有1954年西德队在瑞士世界杯上创造的"伯尔尼奇迹"。

在那个遥远的年代,西德队还不是超级强队,那时普斯卡什(国际足联的年度最佳进球奖就以普斯卡什命名)带领的匈牙利队才是足球世界的王者。在世界杯遭遇西德队之前,匈牙利队已经连续30余场不败。

那届世界杯上,西德队和匈牙利队交手两次,小组赛西德队干净利落地输了个3比8。决赛中,两队再次遭遇,舆论和球迷一边倒地看好匈牙利队。决赛开始仅仅8分钟,匈牙利队就快速打进两球。面对超级强大的对手和落后两球的局面,西德队几乎被宣判了死刑。

剩下的82分钟里,西德队却意外地迸发出强大的精神力量,一球一球地往回追,最终以弱胜强,以3比2的奇迹把雷米特金杯带回了德国。

在足球世界中,类似于"伯尔尼奇迹"的故事还有很多。比如1998年,不被关注,却绽放异彩,在世界杯决赛中大胜巴西队的法国人;前不久,驻扎西北,草根出身,却在足协杯中淘汰北京国安的业余球队甘肃泾川文汇……

尊重实力,但更要敬重努力。唯有努力,才可能创造以弱胜强的奇迹,这就是足球场上的魅力。但奇迹不会光顾坐以待毙的静坐者,它只会垂青咬牙坚持的前行者,除了奔跑,别无选择。

二

除了以弱胜强的"冷门",最后时刻的"绝杀"同样是世界杯和足球场上最让人兴奋的时刻。

上届俄罗斯世界杯中,一路打进决赛的克罗地亚队无疑是最让人惊讶的球队。惊讶的不是它意外打进决赛,而是它一路走来的韧性。也正是这种精神特质,克罗地亚队在淘汰赛中三次"绝杀"对手,让对手和命运都低下了头颅。

在小组出线后,克罗地亚队先后在淘汰赛中遭遇了丹麦队、俄罗斯队以及英格兰队。和丹麦、俄罗斯的比赛,克罗地亚都踢满了120分钟,最后才在点球大战中惊险取胜。在和英格兰的半决赛中,克罗地亚还是踢得异常艰苦,双方再次进入加时赛。面对对手,克罗地亚再次用坚韧的意志笑到了最后——曼朱基奇在第108分钟的准"绝杀",让英格兰人哭着回家。

这一届的世界杯,克罗地亚队实力虽已不如以前,但它的韧性依旧,战胜了巴西队这样的强大对手。日本和巴西果然都吃到了加时赛的苦头,在点球大战中被克罗地亚队击溃。克罗地亚人用他们的坚韧再次杀进了四强,夺得季军。

有人说,足球就是和平时期的"战争"。这支克罗地亚队中有很多球员的童年是在战争中度过的。无情的战火和恶劣的生存环境,磨砺了这群年轻人在球场上无坚不摧的意志力和忍耐力。

英国作家塞缪尔·约翰逊曾总结自己的写作心得:"伟大的作品不是靠力量,而是靠坚持来完成的。"而克罗地亚,这个只有400万人口的小国,用这两届世界杯的奇迹告诉我们,世界杯和真实的生活并无二样,让人狂喜的"绝杀",往往来源于日复一日的守望和坚持。

没到终场哨声响起的最后一刻,谁都不知道结果,唯有紧紧扼住命运的喉咙,才会成为球场上的胜者。

人生有几十个年头，一场比赛只有90分钟，但球场上开场时的掌声雷鸣，中场时的跌宕起伏和百转千回，最后一刻的绝处逢生，像极了很多人浓缩的一生。

你确实不知道下一刻会发生什么，但你必须知道下一刻要去做什么，球场如此，人生亦如此。

三

这一届世界杯，被认为是诸神的黄昏——很多仿佛永远无所不能的球星，突然就走到了职业生涯的最后时光。

35岁的梅西和37岁的C罗是暮色中最耀眼的两位。

参赛前，梅西和C罗几乎拿到了所有足球世界的荣誉，但两个人都有一个共同的遗憾，那就是从来没有拿过世界杯冠军。

参赛球队有32支，但世界杯冠军只有一个。梅西五闯世界杯，终于如愿以偿捧起了大力神杯，守望终成正果。而葡萄牙队止步八强，C罗哭泣的身影成了球场上最让人伤心的一幕。

像C罗这样悲情的场面在世界杯上其实并不是第一次出现。如雷贯耳但又无缘冠军、遗憾而去的背影比比皆是——克鲁伊夫、尤西比奥、马尔蒂尼、贝克汉姆……

当你追求的结果可能永远不会到来时，当你的人生注定无法圆满时，你会如何面对这一切？其实回望梅西和C罗的过去，他们的成长经历已经对这个问题做出了回答。

梅西在10多岁时曾被确诊为"先天性侏儒症"，如果不花费巨资治疗，身高将永远定格在一米四；而C罗最深爱的父亲在2005年猝然离世，给了他无比沉重的打击。

面对沉重巨大打击,梅西靠着对足球的热爱,坚持到了最后——巴萨愿意支付巨额的治疗费用,让其走出了困境;而C罗也从此前的父爱中得到了力量,逐渐从打击中走了出来,职业生涯走出了一条时间长久的陡峭上升曲线。

世界杯就和人生一样,有缺憾、不完美才是绝大部分人的真实生活。就如同中国队,虽然中国球迷一直在支持它,但不知道在世界杯上,它的下一次现身在何时,它的下一个进球在哪里,下一场胜利在何方。

人生的很多事情,看似无望,常常缺憾,却为何愿意坚守和等待?就是源自单纯的热爱。强大如梅西、C罗如此,平凡如广大球迷亦如此。

当面对不可战胜的对手,当面对被提前宣判的结局,当面对不可逆转的时运,人总是会迷茫无助。

而这29天,我们和全世界的球迷一起隔空狂欢,在深夜中呐喊助威,在黑夜中守候黎明,看他们驰骋奔跑,看他们绝处逢生。

隔着屏幕,我们已找到答案:因为球赛亦是人生,球场上那个气喘吁吁的他,便是生活中努力前行的自己,不到告别离场,我们永不言弃。

赵波 唐延松 执笔
2022年12月19日

如何看待舆情风波"过江龙"

> 互联网日益成为各类风险的策源地、放大器,成为意识形态斗争的主阵地、最前沿,这更需要我们了解网络舆情新特点,掌握传播规律和应对方法,树立斗争精神,加强斗争本领,过好互联网这一关。

近年来,网络舆情出现一种新现象,就是一地燃爆,各地燎原。某地一起热点事件发生后,会迅速跨地域、跨系统"落地"发酵,如"过江龙"般搅动风波,给各地舆论引导和舆情处置带来极大挑战。

舆情风险也是一种政治风险。热点舆情的"过江龙"效应有哪些表现形式?为何频频发生?又该如何应对?值得我们研究思考。

一

笔者梳理发现,一起局部热点舆情主要通过"借势""躺枪""关联"等方式发酵蔓延、燃爆全网。

"借势"：热点事件发生后，部分网民"蹭热度"维护自身权益，有的趁机"搭车"借势，表达无理诉求。比如某地出现重大刑事案件或者官员下马，网上就会密集出现多位"当事人"手持身份证举报，其中一些是有价值信息，但不少是非理性言论。

"躺枪"：一起热点事件中，有的地方本来并非舆论"靶心"，但因网络谣言、不实信息等因素，导致舆论矛头中途转向。比如某银行陷入风波，其在省外的一家分行辖内个别网点门前出现人员短暂聚集，网上出现该行"爆雷""取不了款"等谣言，让这家银行无辜"躺枪"，被卷入舆论漩涡。

"关联"：部分网民结合热点事件，刻意关联引申，夸大事件定性，肆意歪曲解读，借机"扯大旗"表达个人观点诉求。有些明明是个案，一些别有用心的人故意带节奏、蹭流量、关联炒作，挑拨对立，推动舆情热度持续走高，造成社会对立、群体撕裂。

二

局部热点舆情为何"剪不断理还乱"，一点就燃，一燃就爆？这与当下网络传播生态息息相关。

如今的互联网上，很多信息传播扩散，往往靠的不是讲道理，而是情绪宣泄和共鸣。一则热点新闻引发争议，评论区充斥的不是理性讨论，而是各方对骂，甚至人身攻击。

眼下，网上评论区动辄沦为"混战现场"。不论是重大公共事件，还是最近有关汪小菲、大S的娱乐圈事件，总有人吵得天昏地暗。网友们发言前先"站队"，表态后找"友军"，情绪一旦失控便出口成"脏"，进一步推动舆论走向极化。

很多网络热词也与情绪密切相关,像"内卷"和"躺平",就是近年来网络中产生的流行语。在某知识平台上,检索相关话题就能得到众多词条,而不少回答下面,网友留言各说各的,其中不乏"非理性探讨",有人一言不合就"怼",观点相左就"撕"。

互联网已成为当下各类社会思潮、社会情绪的集散地。加班文化、性别歧视、教育公平、民族主义等话题,已经积累了一定的社会情绪。这些情绪在线下没有具体抓手,不容易表现出来,但在网上却实实在在影响着每一个人。

因此,当某个危机事件发生后,个体负面情绪会被集体"唤醒",以至于有的时候,事实本身如何都不那么重要。很多网民"只站队不问对错",只关注它是不是挑动了情绪,引发了共鸣,而不去弄清楚事情的来龙去脉。

2022年9月,一篇题为《我的县长父亲》文章在网络上引起争议。这篇文章情真意切,讲述的是家人眼中"无情"的父亲,受百姓爱戴的"好官",只因有些人看到题目就联想到某部电影里"我的区长父亲"的梗,文章还没仔细看就"站队"调侃。有网友直言"文章和标题都没问题,有问题的是一些杠精在这玩梗"。

一旦这种情绪形成澎湃之势,疏解引导的难度将非常之大。它不像征地拆迁、信访举报等,案子结了,危险往往也就了了,而是不断累积,在下一个事件中叠加、反复出现。

三

如果说网络情绪让舆情"一点就燃",那么传播技术发展就是"火上浇油",导致舆情"一燃就爆"。

互联网传播环境下，商业平台具有"流量至上"的天然动机，算法推送产生"奶嘴效应""信息茧房"。在相同声音的鼓动下，个体容易被偏激的群体意识裹挟，产生极端情绪。

特别是短视频的快速发展，导致网络舆情酝酿周期大大缩短，热点生成、发酵大大提速。和文字相比，短视频不那么费脑，也更容易上手，人人都可以随时随地上传分享。

2022年6月初，一则视频在网上疯传。视频显示，某市一小区地下停车场内，女子因车位被占与人发生争执，称"家里有50辆宾利"。内容发布后没等多久，"宾利女车主车位纠纷事件"相关话题早已登上热搜榜，全网疯传。

此类例子不胜枚举。视频传播作为新技术，其直观性是文字无法比拟的，给人"眼见为实"的在场感。无疑，公众关切的话题有了新技术的加持，更容易唤起共鸣，但也更容易点燃情绪。

四

如何才能从"过江龙"式的舆情风波中平安"脱险"？笔者认为，主要要避免以下4种错误心态。

隔岸观火的"路人"心态。面对别处出现的热点舆情，有人觉得风险离自己很遥远，"事不关己，高高挂起"，对风险苗头熟视无睹。互联网时代，没有一个舆情事件是孤立的。事件发生在一时一地，但网上舆论焦点却不会原地踏步。这需要我们树立全局观念、系统思维，从最坏处着眼，做最充分准备。

一味封堵的"灭火"心态。有的地方和部门，一出事就千方百计网上"封堵删"，对于实际问题则"推磨式"处理，头痛医头，脚痛医脚。很多舆情是历史问题的积压，是系统性矛盾的爆发。这需要我们平时就加强正能量建设，提高社会治理水平，及时疏导各种负面情绪，让网络环境清朗起来。

装聋作哑的"鸵鸟"心态。有的地方和部门，掩耳盗铃，装聋作哑，觉得事情"挺一挺就过去了"，反正热点自会降温。

比如去年某城市地铁内，一名女性乘客被安保人员强制拖离车厢事件，一度引发全网热议。当地地铁公告轻描淡写，将问题一笔带过，官方政务微博甚至关闭评论来应对，舆情处置方式使得本身事件或许能够通过一个诚恳的公告解决，但在一天内舆情发展到难以控制的程度，导致小事拖大、大事拖炸。

临时抱佛脚的"怠慢"心态。有的领导干部特别是基层干部，比较擅长处理拆迁、信访之类的传统风险，对网络舆情风险怠慢、轻视，习惯"临时抱佛脚"。这需要我们转换思维模式，多研究互联网，多琢磨网络传播规律，增强舆情分析研判能力。尤其要"别人生病自己吃药"，对照别处的"反面教材"，自检自查，吸取教训，以案为鉴。

党的二十大报告指出，"建设具有强大凝聚力和引领力的社会主义意识形态"，"健全网络综合治理体系，推动形成良好网络生态"。

互联网日益成为各类风险的策源地、放大器，成为意识形态斗争的主阵地、最前沿，这更需要我们了解网络舆情新特点，掌握传播规律和应对方法，树立斗争精神，加强斗争本领，过好互联网这一关。

张诗好　执笔

2022年12月19日

县级宝藏博物馆怎样炼成

> 当前,越来越多人愿意走进博物馆,在古今辉映中寻找属于当下的认同感。但换个角度看,群众的喜爱,也在倒逼博物馆创新理念,更加深入挖掘、提炼和活化文物价值,讲好文物背后的故事。

"天青色等烟雨,而我在等你。炊烟袅袅升起,隔江千万里……"

天青色是什么色?日前,在浙江省博物馆开幕的"过渡·转变——黄岩沙埠窑考古成果展"上,那些珍贵的瓷器或许能告诉你答案。

沙埠窑,听起来名不见经传,但考古界对其评价不低:改写了浙江陶瓷史。考古工作者在这里发现了具有多种瓷窑风格的瓷器残件,为宋代青瓷业的一次重要变迁找到实证。

随着展览的深入,沙埠青瓷的"娘家"——黄岩博物馆也走入了大众的视野。有网友列出了黄岩博物馆"必看国宝清单",琳琅满目、种类繁多。这让不少人惊讶:一座县级博物馆,居然藏了超过百件国家一级文物，这些"宝藏"背后又有哪些不为人知的故事？

一

文物是历史的"记忆石"、时空的"穿梭机"，是博物馆最核心的家底。

拥有重量级的藏品，依然是博物馆最吸睛处所在。黄岩博物馆现有藏品总量近万件，涵盖新石器时代到20世纪各个历史时期，其中，国家一级文物101件。

101，这个数字代表着怎样的分量？对比来看：馆藏文物达10万余件的浙江省博物馆，目前拥有国家一级文物158件；国家一级博物馆杭州博物馆，则是81件。作为县级博物馆，能够拥有超过10件国家一级文物已相当难得。因而也就不难理解，为什么有人说黄岩博物馆是一座被低估的宝藏博物馆。

央视《国家宝藏》故宫篇中，汇总了当时瓷器施釉技法的"瓷母"，播出后一度爆火。在黄岩博物馆内也有一件可称为"瓷母"的文物——东汉青瓷五联罐。

类似的五联罐在西汉以前多有发现，但基本上都是陶器。这件五联罐胎骨致密坚硬，烧成温度在1280摄氏度以上，已达到了瓷器的烧造温度，是原始瓷向瓷器过渡的早期产物，算得上是最早的瓷器之一。1989年，这件东汉青瓷五联罐参加了中国文物精华展，并多次选赴国内外，代表中国最早瓷器参加重大文物交流展览活动。

另一件出土于灵石寺塔的青瓷香炉，在中国陶瓷界也是声名显赫。浙江一向以生产青瓷著称于世，越窑和龙泉窑更是中国瓷业发展史上的两座高峰，而沙埠青瓷窑被证明是这两大瓷业技术衔接和过渡的重要地带，填补了青瓷发展史的缺环。这件青瓷香炉品相堪称完美，出土时炉内还放置着珍贵的释迦牟尼舍利。

事实上，目前黄岩博物馆馆藏有以沙埠青瓷为主的黄岩窑青瓷珍品30多件，其中6件为国家一级文物。

除了瓷器，丝绸也是黄岩博物馆的一大看点。

独门重宝南宋赵伯澐墓丝绸服饰，足以配得上"全国唯一、天下仅存"的赞誉。这是继钱山漾绢片之后，在丝织文物方面最为重要的发现，是浙江从丝绸之源走向丝绸之府、南宋海上丝绸之路的重要物证。

有观众惊叹，唯有在黄岩博物馆，才能欣赏到服饰形制如此丰富、织物品种如此齐全、纹饰题材如此多样、纺织工艺如此精湛的南宋丝绸服饰。

不只是陈列展品的载体，黄岩博物馆建筑本身，也是一件宏伟的艺术品。

它由中国工程院院士程泰宁先生主笔设计，以黄岩石的石文化为设计灵感，犹如五块巨石屹立于金带河畔。馆内藏品与建筑结构巧妙融合，自成一体的理念与博物馆这一器物巧妙呼应，产生"集物以成器，而器以载道"之意韵。

看似默默无闻，实则"深藏功与名"。此身安处，古人若闻，也该欢喜不尽。

二

参天之木,必有其根;怀山之水,必有其源。

众所周知,出土文物是博物馆藏品的重要来源。黄岩有四次重大的考古发现,分别是灵石寺塔、沙埠青瓷窑、路桥小人尖西周遗址的考古发现,以及南宋赵匡胤七世孙赵伯澐墓的抢救性发掘。其中,当属南宋赵匡胤七世孙赵伯澐墓的抢救性发掘最为惊心动魄。

墓葬一旦开启,文物的朽坏就进入倒计时。丝绸属于蛋白质,是最难保存的文物之一。色彩褪尽、丝光湮灭,绝大部分丝织品历经千年掩埋,都会出现不同程度的"糟朽",甚至一触就碎。因此,这次抢救堪称争分夺秒、险象环生。

赵伯澐墓出土的丝织品,不仅品相完整,且依旧丝光闪动、精美绝伦。这离不开当地文保部门当机立断的果敢决策、全国权威丝织品保护专家殚精竭虑的付出,以及天眼实验室、X线电子计算机断层扫描等高端技术的支持。

除了考古发现,也有不少国宝级文物散落在民间或者是被群众无意发现。在当地,就有一桩"一张自行车票换来镇馆之宝"的美谈。

1981年,一场大雨后,黄岩北城马鞍山电厂附近山坡出现塌方,有老百姓捡到了这件东汉青瓷五联罐,众人知晓后建议将文物捐给文化馆(黄岩博物馆的前身)。这件珍宝被捐出后,当时的文保工作人员赠予捐赠者一张自行车票,以感谢他对文物的保护。

要知道在那个年代,自行车是稀罕物件,被当成结婚的"四大件"之一,价格是普通人半年的工资所得,且很难获得购买资格。

这在当时成了十里八乡广为流传的佳话。文物是不可再生的。"保护文物、传承文明",是一场官方、民间合力进行的精神财富保卫战。

除了不遗余力地守护和征集文物,黄岩博物馆还极为重视文物库房的建设。不管是当年蜗居小巷子里的毛坯房,还是如今大气的新馆,在建造库房这件事上,人们都不曾马虎。黄岩博物馆馆长罗永华回忆:"当时,我们只要有点资金,都拿来投资库房了,也幸亏如此,很多重要的藏品才得以安全保存下来。"

正是这种执着和坚定,才让文物背后的故事得以在历史的洪流中不断续写。

三

文物无言,历史有声。发挥文物细润无声的柔软作用,是时代赋予博物馆的新使命。

2017年开馆至今,黄岩博物馆共接待观众120万余人次。这座县级博物馆也迎来了"博物馆热",收获了越来越多人的喜爱。

不能忽视,当前,很多人将博物馆作为旅游的一站,但面对珍贵藏品却表示"看不懂";不少博物馆虽然采用数字化方式吸引观众,但存在内容同质化、缺少个性化展示。

接下来,博物馆还有很大的潜力有待挖掘。比如,除了配全博物馆内部的"硬件"设施,如何让橱窗里"冷冰冰"的文物有"温度"?

所谓"酒香也怕巷子深",想让文物焕发新生机,博物馆还需用好创意策划、技术包装,让文物不再仅仅是陈列品,而能成为百姓可欣赏、可收藏的"潮玩"。

黄岩博物馆近几年亦在思考突围之道，尝试打造"没有围墙的博物馆"，通过推进馆校、馆社共建，不断延伸博物馆的社会教育功能，更好融入城市文化生态。

为破局"同质化"，黄岩博物馆设置了投壶、打千千、击壤、捶丸、踢毽球等宋朝运动项目，游客可以过一把"宋代人"的瘾；宋代士大夫卡通形象会跟你打招呼，"沙埠青瓷香炉"等"藏品"可以带回家；宋服折纸、手绘皮影等宋韵主题手工体验系列活动精彩纷呈……

当前，越来越多人愿意走进博物馆，在古今辉映中寻找属于当下的认同感。但换个角度看，群众的喜爱，也在倒逼博物馆创新理念，更加深入挖掘、提炼和活化文物价值，讲好文物背后的故事。

黄岩博物馆正在探索一条"小而美"的发展路子，也希望为众多的县级博物馆提供借鉴。

拼起文明的记忆碎片，就拼成了博物馆。博物馆的未来，没有一定之规，如何重塑与激活，还有漫长的一段路要走，但博物馆的光芒，不会被遮盖，终将在文明深处开辟出一片又一片浪漫的星空。

施佳丽　执笔

2022年12月20日

文艺"高峰"成于永不止步

> "登高使人心旷,临流使人意远。"艺术创造向着亿万人民的伟大奋斗敞开,向着丰富多彩的社会生活敞开,就会有更丰盈的生命力和感染力。

近日,中宣部第十六届"五个一工程"入选名单正式公布,浙江有7部作品"上榜"——图书"足迹"系列、《望道:〈共产党宣言〉首部中文全译本的前世今生》入选特别奖;电视剧《外交风云》《问天》,歌剧《红船》,电影《送你一朵小红花》《峰爆》入选优秀作品奖。此外,浙江省委宣传部获组织工作奖。

对浙江来说,这份"成绩单"期盼已久、来之不易。与前两届相比,在这次重要的阶段性"大考"和集中性"检阅"中,浙江扎扎实实向前"迈了一大步",综合实力跻身全国第一方阵。

值得一提的是,作为中宣部鼓励表彰精神文化建设成果的最高荣誉,"五个一工程"是我国最权威、最顶级的综合性文艺评选项目,其分量不言而喻。

年初以来,浙江文艺界喜报频传:鲁迅文学奖勇创新高,越剧重揽"文华大奖",木雕、灯彩捧回"山花",群舞摘得"群星",电视剧接连"飞天",纪录片"星光"璀璨……每一笔都浓墨重彩。

成绩令人欣喜,同时也促使我们思考:文艺创作如何保持这种向上的"沸腾"态势,攀登新时代文艺"高峰"?

一

首先,还是回到"五个一工程"。

有的人可能会问,所谓"五个一",究竟是指哪五个"一"?

最初的"五个一工程",指的是"一部好的戏剧作品,一部好的电视剧作品,一部好的电影作品,一部好的图书,一部好的理论文章"。随着时代发展,"一首好歌"和"一部好的广播剧"也加入评选行列,理论文章则不再参评。但"五个一工程"的名称不变,延续至今。

每一部入选"五个一工程"的作品,都要和来自全国各地的优秀作品同台竞技,能在激烈竞争中突围成功,真心不容易。

尤其是2015年底文艺评选制度改革,"五个一工程"的名额数量大幅压缩,想要入选更是"难上加难"。

那么,什么样的作品才能入选?笔者认为,最核心的一点是,既要有时代的风采,也得符合百姓的口味。

还记得2012年底,《温州一家人》登陆央视播出,随即火遍大江南北,甚至让海峡对岸的台湾同胞都看得津津有味。剧中周万顺一家的创业故事,浓缩了改革开放初期那一代"前浪"们摸着石头过河的创业历程和精神风貌。也因为这部剧,人们改变了对温州这座城市以及温州人这一群体的印象。这部剧顺理成章入选了第十三届"五个一工程"。

再往前细数,历届"五个一工程"榜单中还有很多这样的经典之作。

"一九七九年/那是一个春天/有一位老人在中国的南海边画了一个圈……"1994年,一首诞生于南海之滨的歌曲《春天的故事》走进了人们的视野,迅速在大街小巷唱响。1997年,又一首《走进新时代》横空出世,再度叩响国人的心灵。这两首歌曲都曾出现在"五个一工程"的名单中。

可以说,能入选"五个一工程"的作品,都经过了市场的淘洗和群众的选择,它们不仅不会因为时间的流逝而蒙尘,反而会随着岁月的积淀常看常新、熠熠生辉。

套用当下流行的话,你可以永远相信"五个一工程"。

二

文艺是时代前进的号角,最能代表一个时代的风貌,最能引领一个时代的风气。

综观入选本届"五个一工程"的7部浙江作品,虽然题材不同、形式各异,分布在电影、电视剧、图书和戏剧四个大类,却都鲜明地展现出中国气派和浙江辨识度。

浙江大地每天都在上演精彩生动的故事,每天都在发生可喜的变化,是文艺创作得天独厚的题材"富矿"和资源"宝库"。

本次浙江入选特别奖的图书"足迹"系列之一《干在实处 勇立潮头——习近平浙江足迹》,就是立足浙江写浙江的典型代表。为了尽可能全面生动地展现习近平同志带领浙江干部群众干在实处、走在前列、勇立潮头的1600多个日日夜夜，编写组成员认真回顾了上百场会议、研读了无数份文件，极尽所能地寻找采访事件亲历者，还原一个个原汁原味的感人故事，再现一段段至真至情的回忆。

为庆祝建党百年而创作的图书《望道：〈共产党宣言〉首部中文全译本的前世今生》、歌剧《红船》，通过在百年党史中截取陈望道"真理的味道有点甜"和南湖红船启航两个刻有浙江印记的片段，不断擦亮"红色根脉"这一党在浙江百年奋斗最鲜明的底色。

文艺创作除了立足本地，也需要有更宽广的"大视野"和"大格局"。本次入选"五个一工程"的两部浙产电视剧，都"跳出"了浙江"一地一域"的局限，将视线投向更遥远广袤的地方。

电视剧《外交风云》在立项之初，就敏锐地将主题定位到重大题材创作的空白——外交领域。剧中还原了大量不为人知的外交故事和细节。比如在1964年以前，我国没有自己的航线和航班，每次领导人出访都需要租借他国飞机。当年，中国民航第一次飞出国境，周总理和飞行员一起冒着巨大的风险跨越万里，最终顺利落地坦桑尼亚首都。许多这样的历史片段，共同支撑起新中国波澜壮阔的外交风云。

《问天》，则聚焦载人航天、北斗导航、嫦娥工程、空间站研制等国家航天事业所取得的重大历史性突破，带领观众"仰望星空"。

"人"是文艺表现和服务的核心对象。那些打动人心的文艺创作，往往着眼普通人的喜怒哀乐、悲欢离合，塑造出一个个真实而立体的"人"。这次浙江入选的两部电影《送你一朵小红花》和《峰爆》，都算不上宏大叙事，以小人物、小故事为切入口，讲述平凡人的不平凡故事。

比如根据真实事件改编的电影《峰爆》,刻画了一场生死营救,爆破研究室主任、退伍老铁道兵、工程师……一个个普通人在灾难面前挺身而出,成为平民英雄,印证了贯穿影片的那句话——"西方的传说是诺亚方舟,而我们祖先的故事是精卫填海、愚公移山"。

"登高使人心旷,临流使人意远。"艺术创造向着亿万人民的伟大奋斗敞开,向着丰富多彩的社会生活敞开,就会有更丰盈的生命力和感染力。

三

诚然,评奖绝不是文艺创作的唯一目标。

以"五个一工程"为代表的一系列荣誉和奖项,在肯定浙江文艺创作前一阶段努力和付出的同时,也帮助我们更加清晰地看到自身的不足和问题。

比如,文艺创作发展不平衡不充分仍是一大"痛点",广播剧、歌曲等艺术门类的创作还没有真正"破题"。此前,《代表浙江的好歌在哪里》一文也提及,浙江已经长时间没有让人耳熟能详的好歌。

又比如,我们曾经引以为傲的"电视剧强省"的传统优势,在风云变幻、异军突起的行业大环境大背景下变得不再明显。这些年虽然陆续推出了一批优秀剧作,但像《鸡毛飞上天》《人世间》这样叫好又叫座、产生现象级影响力的"标杆之作"并不多见。

说到底,还是回到一个老生常谈的话题:步入新时代,文艺如何在"高原"之上勇攀新的"高峰"。

习近平总书记指出,衡量一个时代的文艺成就最终要看作品。

党的二十大报告强调，"坚持以人民为中心的创作导向，推出更多增强人民精神力量的优秀作品"。

文艺"高峰"，归根结底是靠一部部经典作品、一个个传世之作垒铸而成的。文化强省之强，在于生产与时代相匹配的大作力作。因此，攀登文艺"高峰"，本质上就是不断创作输出高质量内容的过程。

接下来，我们还有很多想做、要做的事正在推进：比如，启动"之江潮"杯文化奖评选，进行省域文艺评奖机制改革；更好发挥艺术基金引导和撬动作用；加快浙江文学馆、之江编剧村、中国网络作家村等平台建设，吸引更多人才涌入浙江、书写浙江；完善精品创作全生命周期服务机制，探索数字化助力艺术创作的可能……每一步，都将是通往"高峰"的关键一步。

文艺创作永无止境，勇攀"高峰"的追求和胆识已经深深印刻在浙江人的基因之中，浙江文艺理应朝着更高的山峰迈进，去领略更美的风景。

李戈辉　周爽　陆遥　孟非凡　执笔
2022年12月20日

十年修一典，温州在修什么

> 修一部大典，也是在修一座城的文化气质。
>
> 从"温州典籍"中寻找历史印记，从"温州文化"中挖掘鲜活资源，从"温州历史"中感悟发展脉络，或许就是《温州大典》的精髓要义和当代价值。

"大典犹看永乐传，搜罗颇见费心坚。"

提起大典，很多人可能会想到久负盛名的《永乐大典》。这是大明永乐年间，一部中国古典集大成的旷世大典。历时多年，数千人共编，其耗费精力之深，搜罗难度之大，让古今无数人叹为观止。

而一说起修典这项巨大工程，也常常让人望而却步。

但就在去年年底，温州开启了《温州大典》研究编纂工作，预计花十年时间，修纂这部堪称书籍界的"巨无霸"。

一座城，修一部浩大典籍。不少人疑惑：在信息大爆炸的时代，温州为何要费力修一部地方文献集成？它真正在修什么？

一

翻开历史的长卷,一部大典意义深重。

盛世修典,是中国历来的传统。诸如唐朝《北堂书钞》《艺文类聚》,宋朝《太平御览》《册府元龟》《文苑英华》等都是其中杰作,为后世留下了宝贵的文化史料。

而在近些年,修典更是许多地方一项意在惠及古今与未来的重要工程。

据不完全统计,最近这十多年,至少有40个地方文献整理项目陆续启动。比如广州的《广州大典》、南京的《金陵全书》、杭州的《杭州全书》等。

对温州来说也是如此。温州的这次修典,可以说是站在了前辈的肩膀上,也有自己的独特内涵。

温州拥有2200多年的建城史。山海斗城的地理格局,形成了独树一帜的瓯越文化。国家历史文化名城、中国山水诗的发源地、中国戏曲的发祥地之一……说起这些"头衔",个个都很有分量。

这里更是人才辈出,无论是哪个年代的名人,名字报出来,都是当时响当当的大咖。尤其是宋代形成了"以经制言事功"的永嘉学派,与朱熹理学、陆九渊心学鼎足而立,穿越千年绵延至今。以至于有人说,浙学之盛,始于这里。

思想的沉淀,转换为文字在文献典籍中流传下来。至今存世的《东岩周礼订义》《太平经国之书》等,都为传世珍本,见证着永嘉学派经世致用的文化内核。

而这,或许还只是冰山一角。

温州南戏被誉为"百戏之祖",宋元民间艺人创作南戏剧本238种,明初125种。走南闯北的温州人记录下的海外风俗与异事,更是为后人留下了珍贵的佳作,比如周去非《岭外代答》、徐霆《黑鞑事略》和周达观《真腊风土记》,每一部都带有独特的历史记忆。

温州的古籍善本就像一颗颗散落的珍珠,丰富且珍贵,亟须系统整理和综合保护。只有让这些珍珠串成独一无二的项链,才能向世人闪耀出它独有的光芒。

二

翻遍千百本的"不完整",不如阅一部"集大成"。而一部"集大成",要想真正汇聚千百本的精华,并不容易。

《温州大典》搭起了串联各类文献史籍的"骨架":基本确定了"历代古籍编""晚近书刊编""文物图像编""档案史料编""民间遗存编"等七大编。

"骨架"有了,怎样才能"有血有肉"?难处自然不会少:

第一难的,是底本的搜罗与征集。

它们散落在官方或民间、国内或国外,有的长期藏在深闺难得一见。要把这些姓"温"的古籍尽可能全地找出来,并非易事。

目前,温州已经全面启动文献征集工作,梳理调查首批20342册(件)各类文献资料。这次"摸底",或许会让一批重量级珍贵古籍浮出水面,"重获新生"。

而对于海外遗珠,遍布全球的温州人,此刻又能"派上用场"了。文化记忆能唤醒乡愁,更多带有"温州记忆"的"宝贝"或许在不久的将来，会被一批批海外温州人"打包"回家。

第二难的，是甄选。

既然以"大典"命名，文献内容究竟是"包打天下"，还是"有所侧重"？

像《广州大典》追求的是"齐全"二字和文献的原汁原味，其特色是不编、不选、不点、不校。但温州有学者提出不同意见：入"典"的不管是前人文献，还是今人的研究著作，都要有所选择，代表性强、温州特色显著、有分量者优先安排。

究竟是要"全"还是"专"？这是摆在《温州大典》面前需要慎重斟酌的重要课题。

第三难的，当属如何让古籍"活"过来，还要"活"起来。

经历史长河冲刷，有些古籍难免"垂垂老矣"。比如被虫蛀、鼠啃、霉蚀，纸张酸化、老化、磨损等问题。

《齐民要术》里写明，古籍修复的要求，"微相入，殆无际会，自非向明举之，略不觉补"。就是说，修书要做到修旧如旧。

在古代，匠人们光修书的手法就有托、裱、补、镶、装等十几种方式。有时候想要"修旧如旧"，简直是在"蝉翼"上绣花。现在，修书依旧是个技术活：建档、剪线、拆纸捻、编码、配纸、修补、敲平、垛齐……毫厘之间，大有千秋。

关于"活"起来，需要适应新时代的土壤。

这一点，温州已经动了一些脑筋：让《温州大典》"上网入云"。利用先进数字技术，对温州古籍文献"原样数字化"，同步加大古籍数字资源的征集、整合与发布力度。

同时，通过搭建"瓯越记忆"云端文化体验空间，线上展现温州的优秀传统文化以及重要历史人物；通过短视频、微动画、云直播等方式，让"典籍里的温州""文献里的温州"走近青少年、走向海内外。

以后你即便是在异国他乡，只要上网就能查阅各种温州古籍善本图像，甚至有可能"一键"就能完成海量古籍资料的提取和整合。

可见，《温州大典》背后，藏着的不仅仅是传承使命，更有不可小觑的文化自信。

三

修一部大典，也是在修一座城的文化气质。

从"温州典籍"中寻找历史印记，从"温州文化"中挖掘鲜活资源，从"温州历史"中感悟发展脉络，或许就是《温州大典》的精髓要义和当代价值。

回顾历史，通过文化载体，让更多人读懂这座城，温州曾多次"探路"。

《永嘉丛书》由晚清大儒孙衣言倾尽半生心血编校刊刻，校刊15种253卷，其中宋人著作10种。如果要研究颇具温州特色的永嘉学派，这部宝典被视作是最佳"参考书"之一。

《温州经籍志》是清代经学大师孙诒让的巨作，记载了温州旧属六县自唐迄清道光年间温州人或有关温州的著述，共收1300余家，1759部。它著录翔实，考证精到，尽显地域风物特色，被后世学界称为地方艺文志之冠，有"一郡文献之帜志"的美誉。今天探寻温州文脉和地域风情，这是一部绕不开的珍贵史料。

据介绍，晚清民国以来，温州曾先后进行过五次较大规模的文献整理工作。而《温州大典》，可以说是近百年来，温州的第六次大型文献整理研究行动，是一种传承，更是一种延续。

正如有人说的，存史可以启智，以文可以化人。近年来，"重文"的精神土壤，也让温州的"文气"越发浓厚。

温州城市书房遍布，这是耕读文化的缩影，也让今人明白教育地位在温州从古至今举足轻重；温州朔门古港遗址的发现，印证了温州是海上丝绸之路的重要节点城市；而古色古香的历史文化街区，重现了老城的历史记忆，也让其文化价值在今时今日得到绵延。

历史与文脉的延续，在于源远流长。

修一部《温州大典》，虽"路漫漫其修远兮"，但功在当代，利在千秋。

生于斯长于斯的温州人，能从典籍中了解温州的"前世今生"，知晓"根"和"魂"，也能从中了解温州的"未来走向"，知晓"发展路"。而来自五湖四海的友人，也能从中更为深入地了解这座城市的前世今生。

十年就像是一个约定。未来，《温州大典》将为我们展现怎样的历史文化魅力，兑现这个诺言？

我们一同期待。

项丹妮　执笔
2022年12月21日

买药难题如何解

> 看似"抢药潮"是一个医疗问题,但背后考验的是政府、企业、社会的协同能力。健康人群如何做好心理疏导,重点人群如何做好基本保障,抗疫物资如何做好精准调配,这些都是决定药物供应的关键。

疫情防控"新十条"实施后,身边逐渐有人开始变"阳",还没"阳"的也在自我发问。市场上出现了抢药潮、囤药潮,消炎的、退烧的、感冒的、止咳的,林林总总,都成了抢手货。

朋友圈里很多人都在问哪里有药买,有人跑遍全城药店就为了买一盒退烧药;有人在各大平台下单的药品一直不发货,药没送到人却先"阳"了;有人"阳"了本就难受,再加上没药可吃,心里充满怨气。争抢带来的结果是,药品不是买不到就是送不到,要么就是买不起。

群众的焦虑、恐慌乃至责骂,还有对当前乱象的吐槽,提醒着我们如何加快治理破解,加强药物的供应保障,以最快速度满足群众最急迫的需求。

一

疫情防控进入新阶段，一切都在转型。人们适当购买防疫类药物，有的是以备不时之需，有的则是刚需，都是必要的抗疫手段。

很多买不到药的人质疑，为什么到现在药还是那么难买？是生产不过来，还是生产出来了没人送？药到底被谁买走了？

不可否认，首先，"囤货潮"是药物短期紧缺的重要因素。

抢购—囤货—卖爆—缺货—断货—涨价，这一幕幕是如此似曾相识。从口罩到酒精，再到现在的连花清瘟、布洛芬、抗原试剂等，三年疫情以来，"囤货潮"已经经历了多轮。有人戏称，以前是"囤菜等封控"，现在则是"囤药等发烧"。

病毒在蔓延，"抢药"的情绪也会蔓延。有的人对病毒不够了解，认为药越多越好，有的甚至一个人疯狂囤了数十箱；还有一些人看到身边人都在抢药，于是也加入抢药大潮，总感觉不买点药心里就不安。最终结果是，没生病的人把药抢完了，一些真正需要药物的患者只能干着急。

其次，需求暴增导致药物生产短期供应不上。

尽管我国是世界第一制药大国，但短期内大量居民去买药，必然会对药物供应链带来巨大冲击。无论是上游的原料药供应商，还是中游的药企生产商，以及下游的药物批发零售商，哪个环节掉链子了，都会导致"一药难求"。

第三，药物供应的末梢还没有打通。

以往，曾经发生大批防疫物资囤积在仓库而无人发放配送的情况，在当前物流体系、卫生体系等受疫情严重影响的情况下，有的地方没有足够力量打通药物供应的"最后一公里",导致群众购买不到药物。

所以,看似"抢药潮"是一个医疗问题,但背后考验的是政府、企业、社会的协同能力。健康人群如何做好心理疏导,重点人群如何做好基本保障,抗疫物资如何做好精准调配,这些都是决定药物供应的关键。

二

其实,囤药大可不必,供需不平衡只是暂时的。回顾三年抗疫历程,绝大部分时候物资都是充足的,应该相信中国强大的生产能力。

比如,针对《新型冠状病毒肺炎诊疗方案(第九版)》中提到的相关药物,我们已发挥新型举国体制的优势,进一步加大了对相关药企的生产要素保障,推动扩能扩产。

据了解,目前备受关注的布洛芬和对乙酰氨基酚两种药物,在产制剂企业都在逐步释放产能,且原料药产能都比较充足。例如,山东安丘鲁安药业对乙酰氨基酚原料药年产能接近3万吨,大约是往年国内市场总需求的两倍;近期被抢购的连花清瘟,据网络报道,疫情早期2020年,以岭药业满产产能就达到每天生产胶囊剂约5000万粒、颗粒剂约200万袋,按照每人用1盒24粒装胶囊或10袋颗粒来算,每日能满足228万人需求;而作为浙江布洛芬颗粒主要生产药企,浙江康恩贝制药股份有限公司近日把部分药物的生产线全部"让"给布洛芬,全力保证市场上药品正常供应。目前,该企业布洛芬日产量为3.4万盒,正在逐步增至6万盒,预计到一月中下旬将达到12万盒的日产量。

在抗原检测试剂方面，我国是检测试剂生产大国，国家药监局已经批准42个新冠病毒抗原检测试剂产品；新冠病毒疫苗方面，年产能超过70亿剂，已经提供55亿剂，完全能够满足当前疫情防控形势需要；口罩等防护用品方面，三年来的抗疫已经形成完备的生产链、供应链，特别是针对N95口罩需求上升，工信部已加强生产调度，能够满足基本防控需求。

所以，假如你还健康，那么大可不必焦虑。只要考虑常规需求，有针对性、适当、适量的备药即可，还可以翻一翻家里有没有剩余的药，以免买多了造成浪费。

假如不幸"阳"了，也不必过度焦虑。如果高烧不退，去附近的医院就诊也都能获取药物。需要注意的是，对于网上漫天飞舞的药方、药单，吃什么药、怎么吃要十分注意，不能"病急乱投医"，退烧药、感冒药一起上，特别要警惕重复用药、超剂量或超次数使用药物。

三

买药难折射出群众的焦虑和无助。现在手机屏背后的每一个买药人都很不容易，如何解决"买药难"已经成为摆在各地政府面前的一道民生必答题。

笔者认为，只有从痛点难点堵点入手，一个一个环节地破解，才能让"买药难"切实得到解决，让老百姓手中有药、心中不慌。

在供给侧，关键是要解决产能不足的问题。现在的制药厂虽然已经开足马力生产，但也面临短时需求一旦过去，货可能砸在手里的风险。加之有的药厂员工陆续新冠阳性，也在一定程度上影响了生产。有关部门应正视这些问题，消除制药企业的顾虑，有序组织药品生产，让这批"战略物资"快快进入市场。

在需求端，关键是要解决囤积造成的资源错配。其实，要消除"囤货症"，最好的办法就是让人们看到货源的充足。针对群众的焦虑不安，政府主管部门可以承诺发热门诊一定备有退烧药，确保真正的患者有药治疗，借此减少不必要的恐慌性囤货。药物到底有多少储备，能满足多少人的需求，有关部门必须心中有数，更要公开透明地实时发布，这才能让老百姓心里有个底。

对于政府来说，关键是要兜牢民生之底，决不能让重症患者和脆弱人群求医无门、缺医少药。近期，各地推出"互联网医院""发热诊疗站"等做法，获得了群众的广泛点赞，值得推广借鉴。从各地发布的信息来看，很多地方政府发放药品也已经进入日程安排。当然，对于平台渠道上一些商家的恶意囤货、虚假宣传、假冒伪劣要严厉打击，让老百姓从权威渠道买到安心药、放心药。

对于我们每个人来说，抱怨无济于事，只有齐心协力才能共渡难关，这是三年疫情反复证明的道理。笔者注意到，多个地方最近发出了"邻里互助　余药共享"倡议。比如台州发起志愿服务行动倡议，倡导把多余的感冒、退烧等防疫物资共享给真正需要的人，避免长期不用造成过期浪费和叠加用药风险，鼓励在微信群、网格群等遇到高龄老人、孕妇、儿童等特殊群体感染急需抗原试剂、退烧药等求助信息时，在满足自身用药需求前提下，为他们提供力所能及的帮助，让有限的药品资源发挥最大作用。这不失为一个文明社会的暖心之举，更是务实之策，体现了从最小单元、最基本的行动做起，缓解"买药难"的现实问题。

有人说，健康的心情也是一味良药。如果因为当前"买药难"过度焦虑甚至得上"幻阳症"，恐怕不利于个人抵抗疫情。应该看到，药厂的生产线已经加速启动，供需的底数已经逐步摸清，便民服务的渠道也正在搭建，相信"买药难"的问题将很快得到解决。

徐毅 谢滨同　执笔

2022 年 12 月 21 日

冬至的"正事"与"吃事"

> 千年前的古人和千年后的我们,共同感慨于节气与岁月的变迁,颇有"今人不见古时月,今月曾经照古人"之感。

今天是冬至,是一年二十四节气中的第22个节气。这一天夜最长、昼最短,也被称为日南至、冬节、亚岁等。

英国诗人雪莱有句著名的诗句:冬天来了,春天还会远吗?这个意思,咱们的老祖宗早在《汉书》中就表达过了:"冬至阳气起,君道长,故贺。"中国古人认为,冬至是阳气渐强的起点,是新年、岁首,因此在民间,有着"冬至大如年"的说法。

相传过冬至的习俗自汉代起源,盛行于唐宋,一直延续至今。古时这一天,朝廷放假、军队待命、边塞闭关、商旅停业,亲朋以美食馈赠。

到了今天,人们怎么过冬至,各地又有哪些不同的习俗?

一

中国人过节,最鲜明的特点,大多体现在吃上,冬至这天也不例外。

在浙江,冬至要吃年糕,寓意着"年年高"。讲究一点的"老杭州",这一天要吃三顿年糕,早上吃芝麻粉拌白糖年糕;中午是油墩儿菜、冬笋、肉丝炒年糕;晚餐是雪里蕻、肉丝、笋丝汤年糕。宁波人喜爱"大头菜烤年糕",冬至前一天,家家烤大头菜,大灶的火烧得旺旺的,冬至日一早全家人一起吃大头菜烤年糕,成了颇具宁波风味的冬至习俗。

浙南地区素有吃"冬至圆"的习俗,流传着"家家捣米做米团,定是明日冬至节"的说法。"冬至圆"也分甜、咸口,除了芝麻、花生馅的甜圆,还有包着猪肉、冬笋、香菇等食材的咸圆。但无论甜与咸,热腾腾的冬至圆,都象征着一家人团圆、美满、幸福的热切期盼。

除此之外,绍兴人要吃馄饨、嘉兴人要吃"桂圆烧蛋",还有不少地方,要在冬至这天晒腊肉、酱鸭、香肠等酱货,做冬腌菜、晒冬至萝卜,等等。

冬至也是"数九寒天"的起始,代表着接下来,将迎来一年中最冷的一段时光。因此冬至这天的食物,有不少是围绕着驱寒衍生而出的。

比如在喜欢面食的北方,饺子必定是冬至的"标配"。相传,东汉"医圣"张仲景曾将胡椒、羊肉等驱寒的食材用面皮包住,做成"祛寒娇耳汤"为百姓医治冻疮。为了纪念他的医者仁心,北方素有"冬至不端饺子碗,冻掉耳朵没人管"的说法。在祖国的西南地区,流传着冬至喝羊肉汤的风俗,用以驱寒保暖,以保一年健康无恙。

所谓"三里不同风、十里不同俗",冬至日还有喝冬酿酒,吃麻糍、冬至面、糯米饭等习俗。当然,无论餐桌上摆的是什么,在这一天家人齐聚、灯火可亲、亲情融融,平凡的温情就是冬至夜的基调。

二

除了饮食的讲究,要说冬至的正事,还是祭天与祭祖。

"国之大事,在祀与戎。"冬至祭天,自古以来就作为国家大礼而被历代帝王所遵循。春秋时期《公羊传》曾有记载:"天子祭天,诸侯祭土。"公元前112年,汉武帝开启皇帝冬至祭天仪式。唐宋时期,祭天大典也于冬至日举行。到了明清时期,历代皇帝都要去天坛祭天。历代帝王通过隆重庄严的冬至祭天仪式,祈佑风调雨顺、国泰民安。

而在民间,祭天与祭祖同样是百姓的一件大事。

在浙江,最具代表性的要数台州三门县的"三门祭冬"。祭冬仪式讲究先祭天、后拜祖,随着一声高亢的喊声,鸣炮、击鼓、奏乐、整冠束带、撩衣进步、三叩三进香等仪程一一举行,而家庙内八仙大桌上,则早已备好丰盛的祭品。这庄重肃穆的仪式,700多年来从没中断过。

三门一带海陆共生,百姓耕海牧渔聚居,敬畏自然、崇尚祖德,一直是当地凝聚人心的情感纽带。每到冬至,三门县附近20

多个村的杨氏族人不管多忙,一定会放下手中的活计,从四面八方赶回亭旁镇杨家村。曾有年轻人不远万里从国外飞回来,只为准点参加那场从凌晨4时40分开始的祭冬仪式。

2014年12月,"三门祭冬"被列入国家非物质文化遗产代表性项目名录。

除了"三门祭冬",兰溪南阳赵氏合族大祭、杭州西溪洪氏冬至祭祖等也常见诸报端,许多普通人家也要一家人一起吃冬至夜饭。

拜天祭祖、上坟培土、缅怀先人,无论是大姓氏族还是寻常人家,"做冬至"都是人们阖家团圆、追思故人的重要方式。

三

"井底微阳回未回,萧萧寒雨湿枯荄。何人更似苏夫子,不是花时肯独来。"大诗人苏轼曾在冬至这天独自出游,盼望着天气回暖、泉水流动,待到来年再赏满园牡丹。唐朝诗人白居易也在冬至这天,将思乡之愁和怀亲之想诉至笔端,写下"邯郸驿里逢冬至,抱膝灯前影伴身"。

千年前的古人和千年后的我们,共同感慨于节气与岁月的变迁,颇有"今人不见古时月,月曾经照古人"之感。

翻开历史的卷轴,二十四节气是我国悠久农耕文化的代表,自西周时,民间就有了"两至""两分"概念,到西汉《淮南子》则有了完整的"二十四节气"记载。

古人顺应农时,观察天象,通过一年中时令、气候、物候的变化规律,来理解农业生产并确定耕作原则,形成了天人合一、敬畏自然、取之有道的农耕文明理念，是中国智慧对世界文明的重要贡献。二十四节气因此也被称作"中国第五大发明"。

2016年11月30日，二十四节气入选联合国教科文组织人类非物质文化遗产代表作名录，台州市三门县"三门祭冬"、衢州市柯城区"九华立春祭"、丽水市遂昌县"班春劝农"、杭州市拱墅区"半山立夏节"都是其中的重要组成部分。

"春雨惊春清谷天，夏满芒夏暑相连……"这首流传至今的二十四节气歌，唱出的是华夏大地共同的记忆。

随着时代发展，二十四节气的内涵不断得到延伸。今天，除了对农业活动具有参考意义之外，二十四节气还被更广泛地融入到饮食、养生、医疗、特色旅游等领域。

许多人或许还记忆犹新，北京冬奥会开启于立春之日，开幕式也以二十四节气为序曲，从"雨水"一路倒数至"立春"，同时也将二十四节气推向世界。

冬至已至。今天，你怎么过冬至？

吴艳梅 刘从进 孙磊　执笔
2022年12月22日

看朋友圈里北京人"抗阳"

> 北京人朋友圈的段子带来的是对抗病痛的精神力量,更让整个社会逐渐消除对新冠肺炎的"病耻感",取而代之的是一种度过艰难时刻的底气。通过一个个网络热梗,我们不再"谈阳色变",把生活过成一场大型"狼人杀",而是坦然面对当下的局面。

12月,阳势汹汹,空气里弥漫着奥密克戎的味道。

全国各地陆续迎来感染高峰,越来越多人"阳"了。不同城市在应对疫情时表现也各不相同,有的选择"安静地阳",有的认为"阳不阳是我的隐私",有的则是"焦虑地等阳"。

朋友圈里,当属北京人"阳态"逗人。"阳"了之后的很多北京人纷纷化身段子手,打招呼从"核了吗,您内?"无缝切换到"阳了吗,您内?"各种"抗阳"段子铺天盖地,吸引了一大波关注。

对此,有网友称"北京人都是什么文案鬼才,被这些抗阳段子笑死""也从中看到了苦中作乐的勇气,学习了!"

面对疫情,发些段子,玩些梗,开些玩笑,言语间只要是善意的,都挺好,这种积极乐观的心态,是热爱生活的表现,也会给别人带来正能量。最忌讳的是一些人恶意传递不实信息,让人产生误读,甚至为了博人眼球、赚取流量而瞎编段子。

那些诙谐幽默的朋友圈,展示的正是北京人积极乐观的心态。

一

北京人能说会道善侃,那是出了名的。他们的嘴皮子不光利索,还自带幽默感,这种幽默感是与生俱来的、从骨子里散发出来的。

例如,关于感染症状,北京人开玩笑"各地阳了的症状不太一样,不过北京地区的都差不多,都是先发朋友圈";关于身边朋友感染,他们戏笑"我怀疑他们背着我偷偷聚会了,感觉心中无比失落";对于感染高峰的到来,他们调侃"北京是座有温度的城市,特别是这段时间,平均温度38.8摄氏度";关于病毒对比,北京人总结"上海的阳终究跟北京有些区别,上海的口感虽然层次感强,但缺少北京那种扑面而来的真实,而且少了那么点老灰的醇厚"。

面对陆续到来的感染高峰,北京人的插科打诨看似有点玩世不恭,其实"阳"气十足的朋友圈在秀出幽默的同时,更传递出面对生活的勇气。话里话外显露的,是他们在困难面前修炼出的豁达开朗的心态,更在某种程度上说明了他们的阳光大气,能扛得住事。

北京人的朋友圈,折射出的是北京的地域文化特点。正所谓一方水土养一方人,每个地方都有着自己独特的地域风格和文化气质，山东人好客豪爽，上海人精明能干，而自信大气则是属于北京人的性格底色。

经历了辽、金、元、明、清五朝岁月的磨砺与洗礼，沉淀出一份独属于北京的人文气场。身居首都的北京人，身上传承下来的那股子乐活劲儿，让他们能够微笑着看待一切，包括在苦难与挫折中迅速重塑了对生活的希望。

这种乐观的心态，就是平和。只有心平气和，坦然面对人生，才会产生幽默，也才幽默得起来。对很多人来说，当下头等大事就是如何顺利度过新冠这一劫。焦虑恐慌是一种选择，抱怨吐槽是一种选择，乐观开朗更是一种选择。

同样要面对冲击，何不让我们像北京人那样幽默地迎接挑战？笔者以为，这种精神状态，或许与连花清瘟、布洛芬一样，也是一剂良药。这是一种积极向上的精神状态，也是冬日里驱散疫情阴霾的一股暖风。

二

看北京人乐观"抗阳"，看的更是他们在与病毒斗争过程中的精神。这种难能可贵的心态，决定我们看待外部世界的眼光，而乐观的心态更能影响这个世界。

想必大家都听过半杯水的故事。同样半杯水，摆在不同人面前，有人因为"怎么只有半杯水"而失落，有人看到的则是"居然还有半杯"的惊喜。乐观者在每次危难中都看到了机会，悲观者则在每个机会中看到的是危难。

或许，不少在朋友圈"晒阳"的朋友，真实的状态未必有段子体现出来的这么轻松愉悦。高烧、咳嗽、呕吐、全身酸痛……阳了之后的痛苦难耐，很多人深有体会。

但在乐观者看来，好的心态也有助于抵御病毒。"生活以痛吻我，我却报之以歌。"记录自己的体温和症状，分享自己的"抗阳"日记，哪怕浑身乏力，也要用尽全力幽默一把，让症状与折磨都转化为令人会心一笑的力量。

不少"阳过"的网友纷纷表示，虽然很难受，但看了朋友圈的"病友"症状分享之后没那么恐慌了。正如网络段子所言，这种分享就像是考过试的人给他人分享自己的考卷。即使我们并不知道接下来会面对什么样的毒株，但个人真实的经历分享总能消除焦虑，也让我们更为淡定坦然地面对当下尚显严峻复杂的抗疫形势。

作家张丰在个人公众号中这样写道："在朋友圈讲出自己病情，或者跑步几公里给朋友送上退烧药，都是一种'重建社会'的行动。"

在笔者看来，积极乐观的心态对当下最大的意义之一，是一种精气神的感染，让信心在人与人之间不断传递。北京人朋友圈的段子带来的是对抗病痛的精神力量，更让整个社会逐渐消除对新冠肺炎的"病耻感"，取而代之的是一种度过艰难时刻的底气。通过一个个网络热梗，我们不再"谈阳色变"，把生活过成一场大型"狼人杀"，而是坦然面对当下的局面。

乐观的心态是会互相传递的，发出声音与伸出双手同样重要，假如我们终究难逃一"阳"，不如以更为轻松愉悦的心态迎接它的到来，为自己，也为他人。

三

乐观坦然的心态，说到底是心底的一份信任。假如人们不相信家里老人孩子会在疫情中被保护得好，不相信所在的城市在疫情面前能保持良好运转，不相信绝大多数人都能战胜致病性已经大为减弱的病毒，一切的乐观乃至自我调侃也就无从谈起。

信任不会从天而降，而是点滴积累而成，最为深层的是我们每个人对生命兜底能力的信任。

这份相信，源于信息渠道的畅通。让真相跑在谣言之前、信息跑在人之前，公众就不会焦虑、就不会人云亦云。阳了之后会有什么症状？是否会再次感染？生活用品需要更换吗？网友们的疑问大多能在权威渠道得到回应和解答，甚至"上班阳了算工伤吗？"也成为热搜话题。在一次次发布会和一个个公开数据中，公信力自然产生，"段子手"也就不再是恶意嘲讽，而是充满善意和正能量了。

这份相信，源于对可能出现不确定性的那种确定性预期，这是我们乐观自信的最大底气。抗疫是个系统工程，对药物保供、医疗救治、物流配送、社会治理等能力的要求都很高。北京的疫情高峰中，不少人都感到病毒带来的病痛，有的还经历过购买药物的不便，但全社会经受住了疫情冲击波，这在无形当中给人注入了精神力量的"抗体"。

这份相信，还源于三年疫情以来的共同经历。三年，变的是具体的防控策略，不变的是人民至上、生命至上的理念。在一次次众志成城的疫情阻击战中感受到，每个生命都被重视。从近期政策放宽感染人数大面积扩散，实际上也反映出这三年，党和政府为了保护大家度过病毒最凶险的时期，应对了多少不可能，有多么的不容易。

信任来自确定性，怀疑源于漂泊感。一切都在转段期的当下，信心比黄金还珍贵。

今天已是冬至，春天不再遥远。在等待春暖花开的这段日子中，就让我们点燃乐观的火把温暖彼此，共同穿越眼前的迷雾。

徐毅 谢滨同 桑隽漾 郑梦莹 执笔

2022年12月22日

连环画大师和他的"人世间"

> 低调、朴素又通透。有人说,贺友直就像他的连环画,简单快乐,真实直白,但又大智若愚。也正因此,他总能画到老百姓的心坎上。

稀疏的头发,乌黑的眉毛,睿智的眼睛,鼻梁上架着一副大大的眼镜……寥寥数笔,一个睿智又活泼的"小老头"形象,跃然纸上。

今年是著名连环画家贺友直先生诞辰一百周年。上海、宁波两地都办起了贺老的作品展,纪念这位可敬可爱的老先生。

作为中国连环画的一代宗师,贺友直被誉为"故事圣手""白描泰斗"。在60多年艺术生涯中,他创作了近百部连环画,作品过万幅。而他笔下的市井百态、风土人情,是那样的鲜活灵动,让人印象深刻。

人间万象,尽是烟火气。贺友直的画,陪伴了无数人的闲暇时光,带来了欢声笑语、温暖深情,也留下了难以抹去的岁月记忆。而回头再看,老人家的画又藏着怎样的深意?

今天，我们来讲讲贺友直和他画中的"人世间"。

一

时间回到近百年前。

1925年，上海世界书局率先出版系列"连环图画"。幽默、风趣的作品，瞄准大众文化这一定位，迅速占领了市场，风头一时无两。

生于1922年的贺友直，正是见证了连环画创作从起步、发展、繁荣、转型，乃至退出历史舞台的全过程。

这位小学文化程度的连环画大师，当过小工、学徒、画工，却被邀请到我国绘画界的最高学府——中央美术学院，教授连环画创作长达7年，传奇经历常常为人称道。

5岁那年，母亲去世，父亲忙于工作，贺友直被寄养在宁波的姑妈家。宁波北仑新碶老街上的店铺、酒肆饭馆、街坊邻居的婚丧嫁娶、祭祖拜供、吃喝拉撒，都像春风一样吹进他记忆的深处。

姑妈家床上的雕花，他百看不厌。老建筑的梁坊上画有《三国演义》的刀马人物，他常常一看就是大半天。渐渐地，他对画画产生了兴趣，偶尔也会临摹一番。

后来，贺友直回上海做工，接触连环画。最初只为谋生，但儿时记忆烙印深刻，没想到为他的创作提供了丰富灵感。

他创作的《山乡巨变》获全国第一届连环画创作评比一等奖，被称为"中国连环画史上里程碑式的杰作"。《白光》《李双双》《朝阳沟》《小二黑结婚》《贺友直画自己》等作品，在业界也具有响当当的名气。

2009年，贺友直获首届"中国美术奖·终身成就奖"。但无论多么成就斐然、声名远播，他始终把自己的姿态放得很低，即使在公开场合，也毫不掩饰自己的草根出身。

有人尊称他为"连环画界泰斗"，他总是纠正，称自己"来自民间"，只是"画画的"。

他说："我这个人出身不是书香门第，从社会底层来，看的都是社会底层的东西。我不可能成为一个国画家，更不可能成为一个油画家，我成为一个连环画家适得其所。"

低调、朴素又通透。有人说，贺友直就像他的连环画，简单快乐，真实直白，但又大智若愚。也正因此，他总能画到老百姓的心坎上。

二

心里装着大千世界，画笔处处描摹着生活的炙热。

今天，我们总说创作要共情。但什么是真正的共情？细看贺友直的作品，我们会发现，或许他是最懂的那个人。

贺友直对底层民众有着天然共情，社会百态对他来说，更是"烂熟于心"。关于自己的创作，他这样总结："从生活中捕捉感觉，从传统中寻找艺术语言，在创作实践中发现自己。"

道理看似简单，落笔却不轻松。

先看贺友直最满意的作品之一《朝阳沟》。这部作品描写了城市姑娘银环高中毕业后，到未婚夫拴保的家乡朝阳沟参加农业生产，最终扎根农村的故事。画中有个细节，是用扁担挑水。读者一看，直呼内行。有些人扁担不是扛在肩膀上，而是压在背心上。而常常跑到农村"沉浸式"体验的贺友直，这个"小技巧"自然懂。

再看《山乡巨变》，讲述的是湖南山村风景和当地特有的风情民俗。为了创作这部作品，水乡出身的贺友直曾两次跑到湖南农村。那时候下乡十几里路没有车，东西都靠自己扁担挑进去。他和农民同吃同住同下地，对当地的生活农作、风土人情、社会变迁都有了切身的感受和体会，源源不断的创作灵感也因此涌入脑海。

除了以白描手法勾画出简洁活泼的生活场景，他还特别注重人物的生动传神。尤其是画面里小孩子、小动物、小动作、小道具的运用，这些极具新鲜感和活泼度的"雕琢"，可以说给他的画面加了不少分。一个小小的动作，既真实活泼，又让人物情绪溢出画面，"戏"也更好看了。

就像贺友直自己说的："我觉得我是个地道的画连环画的人，一画故事，我就聪明了。"在绘画世界耕耘一生，技艺固然重要，但这样清澈的心境和孜孜不倦的热情更是难得。

常有人问：贺友直的画为什么老百姓都能看得懂？或许，正因为他懂老百姓的苦与乐，能与老百姓心心相通，从没脱离热气腾腾的人世间，所以画好看，也好懂。

三

艺术家有热情，也有深情。

贺友直在他的连环画世界里，塑造出了普通中国人的精神肖像，留下了生动的历史画卷，笔下也浸透着对故乡的难忘之情。

曾有人给贺友直定义"三次艺术高峰"：第一次是他把"小人

书"变成了高雅独立的美术作品；第二次是他拿下数个全国性美术大奖，让连环画绘画脱离文字，成为独立创造；第三次则是上世纪九十年代，他转型画老上海风俗画，用连环画书写海派文化。

但很多人不知，故乡宁波也是贺友直一直的牵挂和最想描摹的地方。

那年，他的画作《申江风情录》发表后，引起强烈反响。此事唤起了他长久以来的一个想法：要为家乡宁波做件有意义的事——用连环画讲述一段集体的文化记忆。

为了重现老街、凉亭、坝头、行号、油车等场景，他寻访十余位老街坊，帮他回忆儿时老街的旧貌和风土人情。历时半年创作，一部《新碶老街风情录》终于面世，让宁波街头巷尾的温馨故事尽显笔端，跃然纸上。

《我从民间来》，画的也是贺友直小时候在宁波乡下的故事。作品中有一段自述："在农村里，穷人家的孩子是不知道有玩具的，要玩只有自己做。可我做的风筝从没上过天。"很多人读来颇有共鸣和回忆感。

就像后来有人评价，贺友直的艺术高度与其平民性互为表里。

他生前谦虚地自我定位为小人书的专家，始终坚持说老百姓的话，讲老百姓能听得懂的故事，用老百姓的视野去描绘生活，也在生前把自己所有的作品，都留给了百姓。

从1996年开始，贺友直在家人的支持下，累计将2000多件作品无私捐赠。2019年，宁波北仑"贺友直纪念馆"修缮重开。如今，在纪念馆内，二楼的投影仪等现代化设备还模拟着贺老作画的场景。

有人说，贺老压根就没走。也许，画完画，抿了口小酒，打了个盹,正悄眯眯在什么地方,适意地看着浮生世相。

他一直喜欢那些平民而有着烟火气的生活。

而我们想念的,不也正是这样平实、清澈、热忱的贺老吗?

厉晓杭 王心怡 陈雯怡 执笔

2022年12月23日

浙江为何盛产"老板"

> 车马缓慢，山海阻隔。当时的浙江人向世界要发展的难度，不亚于针尖挑土、指间起舞，但历经九九八十一难磨砺出的韧劲，如种子一般，埋藏在了这片土地的深处。

在很多人看来，浙江是一个盛产"老板"的省份。

截至2022年8月底，浙江省市场主体总量突破900万户，达906.48万户，同比增长7.3%，这意味着，每7个浙江人中就有1个创业者。

在中国民营企业500强榜单中，浙江企业独占107席，总数居全国首位——这一纪录，浙江保持了24年。

浙江"老板"，既是登上富豪榜、叱咤商海的风云人物，也是奋斗烟火人生、开着小店网店的平凡面孔，他们有一个共同的名字——浙商。

风高浪急之下，浙商活力不减，敢想敢干敢闯的韧劲从何而来？浙江这片土地，又为何走出那么多"老板"？

一

答案,藏在历史脉络的深处。

天下浙商,独得"天下"二字,绝非偶然。

晋时,宁波"商贾已北至青、徐,南至交广"。唐代,明州、温州已是有名的贸易港,浙江商人横渡东海,到达日本。南宋期间,临安、明州、温州等还设有市舶司,专管海外贸易。

历史上的浙江商帮,更是打下了轮廓清晰的"天下浙商"样板:

南浔商帮,依赖辑里(南浔镇辑里村)湖丝的出口贸易而走到舞台中央,产品经上海,远销日本、南洋等地,占全国生丝出口的三分之一以上,还在于英国伦敦举办的第一届世博会中摘得了一金一银两块奖牌。南浔商人积累的财富,可匹敌清政府一年的财政收入,其中的佼佼者更是被冠以"四象八牛七十二金狗"的称谓。

龙游商帮,视质量和诚信如生命,主营珠宝、刻书贩书、纸张业,不仅活跃在江南、北京、湖南、湖北和闽粤等地,还深入西北、西南等省份,甚至把好口碑带到了日本、吕宋(菲律宾古国)等地。

宁波帮,则更浓墨重彩。孙中山先生给出了这样的评价——凡吾国各埠,莫不有甬人事业,即欧洲各国,亦多甬商足迹,其影响与能力之大,固可首屈一指者也。宁波帮,与极负盛名的徽商、晋商比肩,开办了第一家中国银行、第一家华商证券交易所、第一家汽车出租公司、第一家保险公司、第一家房地产公司⋯⋯

车马缓慢,山海阻隔。当时的浙江人向世界要发展的难度,不亚于针尖挑土、指间起舞,但历经九九八十一难磨砺出的韧劲,如种子一般,埋藏在了这片土地的深处。

二

答案,还藏在"草根"奋斗里。

1978年以来,改革开放的春风唤醒沉睡的种子,一股更为强大的力量喷涌而出。农民穿鞋上岸,文人投笔下海,空气中弥漫着"白天当老板,晚上睡地板"的胆气和冲劲。

21岁的"修鞋匠"说干就干,用辛苦积攒的1.5万元,开启了温州新首富的漫漫商旅。

42岁的中年人也不"躺平",蹬着三轮车开始商路征程,让娃哈哈家喻户晓。

凭着小小的万向节,万向集团成为全国第一家上市的乡镇企业,第一家进入国务院试点企业集团的乡镇企业,第一家拥有国家级技术中心的乡镇企业。

从"2000元买一勺盐"的教训中走来,传化集团靠一口大缸和一个大锅起家,在化工、物流等领域一路狂飙。

"造车狂人"把"四个轮子一把沙发"的痴人说梦变成收购奔驰母公司部分股权、成为第一大股东的佳话。

类似的故事可谓车载斗量。在缺少顶层设计、没有参考样本的情况下,依靠"民办、民营、民有、民享",凭借"走遍千山万水、吃尽千辛万苦、说尽千言万语、想尽千方百计"的劲头,千万浙商让温州模式、义乌模式冲向世界,让块状经济活力四射。

全国第一份个体工商业营业执照、第一个农民包机公司、第一条民营控股铁路、第一家股份合作企业等，浙商创造的"第一"还在不断扩容。义乌中国小商品城是全球小商品的"宇宙中心"，绍兴中国轻纺城"布"满全球，全国每3部电视剧中就有1部在横店影视城拍摄……

"6789"，这四个数字一直被用来形容浙江民营经济的贡献——全省60%以上的GDP、70%以上的税收、80%以上的就业、90%以上的企业数量。

他们给市场经济带来彩霞满天，也让所有浙江人坚信，凡人可以不凡，未来的风云人物可能就在身边，也可能就是自己，无中生有、点石成金不是神话。

三

答案，也藏在精神绵延里。

党的二十大报告指出，要弘扬企业家精神。经济学家吴敬琏说过，浙江是一个具有炽热企业家精神的地方。浙商，则是承接并展现这一精神的主体。

"商圣"范蠡，不仅是"卧薪尝胆，三千越甲可吞吴"的总设计师，还变身"陶朱公"，倡导顺势而为、伺机而动、公平诚信等经商理念。

东汉哲学家王充、吴越国国王钱镠等，用思辨理论和治国实践，把"务实"二字描摹得浓墨重彩。"浙学"名家陈亮、叶适、黄宗羲等，让工商皆本、义利并举、经世致用等管理思想、经营理念生生不息。

改革开放以来，浙江人"干在实处、走在前列、勇立潮头"，今天，或许已很难用具象的词语来描述浙商精神，且让我们尝试用一些人、一些事去为它作注释。

丽水莲都区的诚信奶奶，52岁创业、74岁扩张、80岁欠债、91岁还钱，靠摆地摊卖羽绒服还清2000余万元债务，大起大落的人生，因一个"信"字成为一座精神丰碑。

杭州街边的一家面馆门口写着"当您遇到困难时，可以在这里免费吃上一碗热气腾腾的面"，成为环卫工人、外乡流浪者的避风港。

2020年疫情发生后，遍布世界的浙商侨商连日奔走采购，向祖国捐赠大量医疗物资，书写了"情系故里、回报桑梓"的动人故事。

创业是一种修行。利润之外，还有更珍贵的信、义、爱。普通"老板"展现的人文品格和胸怀格局，让浙商精神成为时代注脚的精彩一笔。

四

答案，更藏在脚下的土壤里。

21世纪之初，浙商开始被称为"中国第一商帮"，但繁华背后，隐痛不断。

向内看，产业结构层次较低，"价廉物美"背后是低端制造，生态环境陷入"污染—发展—再污染"的恶性循环。

向外看，浙商勇闯天涯，国际化路线遭遇反倾销、绿色贸易壁垒等阻碍。

"生意不好做"，浙商的心里回旋着这句话，浙江经济遇上了

"成长的烦恼"。

时任浙江省委书记的习近平同志，要求"给成长快的孩子换上一件大衣服"，"腾笼换鸟""凤凰涅槃""跳出浙江发展浙江"等思想引领浙商打开了"浴火重生"的新局面。

2011年，首届世界浙商大会召开之际，经历2008年全球金融危机后的浙江逐渐恢复着元气。彼时的浙江"偏科"外向型经济，对外贸和全球经济的复苏依赖较重。

"生意不好做"再次回旋在浙商心中。

浙江持续发力，以"腾笼换鸟、机器换人、空间换地、电商换市"和培育"名企、名品、名家"的"四换三名"工程让浙商逐步摆脱要素瓶颈的制约，开启了下一个十年的高增长。这十年来，城西科创大走廊等一个个科创新高地，梦想小镇、云栖小镇等一座座特色小镇的快速崛起让浙江逐步告别"低、小、散"的固有成色，开始有了"处变不惊"的底气，数字化改革让浙江实体经济与数字经济"双剑合璧"。

"生意不好做。"11年后的今天，这样的喟叹又成为了浙商内心写照。

同样是一场全球性的大危机，疫情和国际形势导致物流、人流不畅，全球供应链重组带来的断链风险也让浙商面临前所未有的挑战。但当我们翻开浙江企业上市公司的业绩报表，却发现有超过一半的企业依然走在高增长的"快车道"。尤其是在新能源汽车、半导体芯片、高端装备制造这些产业链上，更是有50多家上市公司三季报利润增速在50%以上。

科学技术是第一生产力，创新出击是永恒的破题法宝。

"在手订单超200亿元，订单排到两年后"，这是一家光伏半导体设备制造企业员工发的朋友圈"炫耀帖"。以国内大循环为主体的双循环发展格局和高端装备国产替代的巨大需求，让这些科技型企业"任凭风浪起、稳坐钓鱼台"。在发展的岔路上，选择裹足不前还是选择创新引领，正确答案永远在奋斗者手中。

这个月初，一支由政府部门带队的商务团包机从浦东机场出发，开启为期6天的欧洲"抢订单之旅"。还有去日本、中东、东南亚的一系列"外贸抢单之旅"正在紧锣密鼓地进行。伴随着疫情防控政策的优化，各级政府部门千方百计为浙商企业"海外抢单"提供便利，抢回失去的三年。

相似的困境反转，相似的绝地反击。防疫政策不断优化调整，纾困政策不断落地。寒意虽未完全散去，但下一个万物生长的春天已迎面而来。

"都，是勇敢的……谁说站在光里的才是英雄？"无数默默无闻的草根"浙商"深深扎根、向上生长，以坚韧的姿态度过了一个个"寒冬"，迎接春天。

一山翻过一山拦，困难不会削弱斗志，只会增强韧劲。敢喝头口水，勇闯无人区，浙商的路，浙江的路，永远是走出来的。

徐伟伟　陈晓燕　蒋盈盈　虞仕乐　杨昕　执笔

2022年12月23日

帮忙热线岂能越帮越忙

> 遇事找媒体,说明人家信任。媒体该干的,就是对得起这份信任。

这几年,媒体帮忙热线挺火的。

民间有个说法:12345,有事找政府;政府比较忙,媒体来帮忙。

有人遇到难题会打媒体热线寻求帮助,比如,邻里闹矛盾,找媒体调解;消费维权难,找媒体协调;职能部门不作为,找媒体监督;看到不文明行为,找媒体曝光。

遇事找媒体,说明人家信任。媒体该干的,就是对得起这份信任。问题来了:据浙江省新闻道德委员会的监测,有的媒体热线做的帮忙类节目帮倒忙、拉偏架。

一

媒体开办帮忙热线,围绕党和政府关注的、人民群众关心的、大众生活需要的,主动参与发现和帮助社会解决疑难杂症,主动介入、敢于发声,体现了社会责任和担当精神。

浙江媒体就涌现出不少有口皆碑的热线节目,比如,小强热线、范大姐帮忙、1818黄金眼,等等。它们有的主动回应社会关切,有的用心帮助化解矛盾,有的及时疏导网友情绪,成为百姓的得力帮手。

这样的帮忙,皆大欢喜;这样的热线,多多益善。

民生无小事,枝叶总关情。实践证明,媒体帮忙热线确实发挥了很大作用,成为媒体践行群众路线、参与社会治理的一种方式,受到社会各界的高度评价,反过来也提升了媒体的形象和公信力。

但是,帮忙热线良莠不齐,存在的一些问题也需引起我们的重视。我们就从个别媒体节目中选取两个例子剖析一下。

前不久,省内某市一户家庭因拆迁房分配问题,兄弟姐妹发生矛盾,于是求助某电视调解节目帮助调解纠纷。

节目组有求必应,将调解现场放到他家院子里。

看到媒体上门,邻居们男女老少一大堆人现场围观,对围观人群,这家人并未在意,节目组也未劝退。

不料,在调解过程中,几个家庭成员情绪激动,互曝家丑并发生争吵撕扯,后经调解员耐心劝解,并当场送给他们几袋某保健品公司做广告推销的保健品,总算平息了矛盾。

可是,让这户人家没想到的是,关于他家的家丑隐私在邻居间迅速传开,甚至有人说他家让媒体上门调解是因为有保健品送。

节目播出时,调解现场的争吵撕扯和曝出的一些不宜公开的隐私全部未删减和做后期处理,成为变相的"现场直播",搞得这家人非常难堪。

又比如,杭州一个消费者去宠物店买了一只猫,养了不到10

天就死了，于是向媒体帮忙热线投诉，说是这家宠物店卖病猫。

媒体热线接到投诉后，立即派记者扛着摄像机就去把宠物店扫了一遍，在未弄清猫的死因的情况下就把报道播出了，宠物店店主愤而投诉该媒体。

上述节目存在着明显的帮倒忙和拉偏架的现象。

二

据监测，调解类节目50%以上集中在调解家庭、亲友、邻里关系上，其中又以亲情关系居多。这类关系必然涉及家庭亲友的不少隐私，其中不少涉及社会和家庭伦理道德。

如夫妻反目中的婚外情、家暴，婆媳交恶中的生活理念差异，亲子关系中的为老不尊、子女不孝，兄弟姐妹不和中的财产（遗产）争夺，亲戚关系中的家族矛盾，人际、邻里关系中的权益之争，等等。

这些调解大部分涉及个人隐私，但个别节目却不加选择地原生态播出。

部分调解节目还将调解现场设置在公园、停车场、小区公共场地，有的在当事人家中调解时有意打开大门，引来路人、邻居围观和议论嘲讽，个别甚至出现未成年人看热闹的镜头。

有的节目有意将镜头伸向被调解人卧室、厨房甚至卫生间等不宜公开的家庭场所，展示其家庭生活的隐私。

有的违背当事人意愿，使用"钓鱼式"手法追问，诱导当事人当场"坦白"私密。

有的使用暗访、追踪等手法专揭当事人不愿公开的隐私，某节目主持人甚至在公路上跑步追逐不愿出镜的当事人。

有的被调解人不愿公开露面,要求节目打上"马赛克",但个别节目时打时不打或打不到位、故意不打。

凡此种种,不一而足。

调解类节目,顾名思义,重在调解。正如节目名称所言,做苦口婆心的老娘舅、化解矛盾的和事佬,而不是火上浇油,激化矛盾,使得原本去帮忙的结果变成了帮倒忙。

消费维权热线,维护的是消费者的正当权益,这没错,但同时,也得维护店家、企业主的合法权益,而不是偏听偏信、拉偏架,在未听取各方意见、搞明纠纷缘由的情况下,热衷于先曝光,打着维护消费者权益之名,行损害商家企业名誉之实。

据浙江省新闻道德委员会的统计,消费维权热线被投诉的案件有逐年增多的趋势。

帮忙热线存在的这些问题虽是个别现象,但是,千里之堤,溃于蚁穴。如果任由这些问题像病毒一样滋生扩散,媒体节目好不容易在老百姓心中树起来的良好形象会瞬间崩塌。

百姓缺了好帮手,政府少了好助手,对媒体自身而言,公信力就会大打折扣,像前面举的例子,这家人后来非常后悔找媒体,当不久节目组要回访时,这家人明确拒绝,并表示以后遇事再也不找媒体了。

如此失信于民,对百姓、对政府、对媒体而言都是一损俱损。

三

百姓事无小事。帮忙热线火了,媒体更需冷静。

对每一个节目的每一个画面、每一处细节都要仔细推敲、小心求证，做到精益求精，确保品质，而不是萝卜快了不洗泥。

从事热线节目的采编播人员平时应多花点时间学习相关法律法规。前面提到的案例很多涉及个人隐私，个人隐私涉及人格尊严，是受法律保护的。

2021年1月1日开始实施的《中华人民共和国民法典》第四编"人格权"明文规定："民事主体的人格权受法律保护"。媒体在大力宣传这些法律法规时，自身也应带头严格遵守，而不是将人文关怀当成新闻佐料，把大众的酸甜苦辣、个人隐私当成抓眼球的"神器"，迎合社会上少数人的窥私欲和好奇心。

当然，我们更愿意相信，相当一部分问题的出现是媒体无意为之，采编人员平时学习不够是主因。媒体要创造条件让一线采编人员有静下来学习、培训的机会，采编人员也要合理安排工作，给自己留出充电时间。

还有的媒体因为人才断档、青黄不接，以至刚招聘进来的新人还没学会"放枪"，就匆忙上战场了。如消费维权热线节目仅仅凭着消费者的投诉就展开报道，从新闻学的角度讲，就是单方信源的报道，是虚假（失实）新闻的一个变种。

对新闻真实性问题，《中国新闻工作者职业道德准则》第三条有明确规定：把真实作为新闻的生命，努力到一线、到现场采访核实，坚持深入调查研究，报道做到真实、准确、全面、客观。

基础不牢，地动山摇。从事新闻工作如果不了解行规，不知道哪些是不可逾越的红线和底线，那么在新闻实践中难免会跌跟斗。

平时多付出，战时有底气。

媒体帮忙热线出现的这些问题，归根结底还是学习不够，采编人员加强法律法规和行业规则的学习，势在必行，也刻不容缓。

围棋术语中有"妙手""本手""俗手"。希望我们的媒体热线都能多下妙手，保底本手，不出俗手。只有这样，媒体才能进一步得到社会信任，媒体为社会服务为大众服务的宗旨才能进一步得到体现。

李志成　陈青华　执笔

2022年12月24日

"两个毫不动摇"的浙江答案

> "领导姓什么在变,解放思想的共性不变"。正是在思想大解放的激励下,浙江充分尊重群众首创精神、把发展权交给民众,催生了一批在市场大潮中"胆大包天""胆大包地""胆大包海""胆大包江"的"弄潮儿"典型,在全国率先构建起相对完善的区域市场经济体制。

外有风高浪急的国际环境,内有艰巨繁重的发展任务,2022年的中央经济工作会议格外引人关注。

与往年相比,这次会议雷打不动地再次强调"两个毫不动摇"。但心细者会发现,其中有这样一句话,"针对社会上对我们是否坚持'两个毫不动摇'的不正确议论,必须亮明态度,毫不含糊。"这一立场坚定、态度鲜明的表述,释放出一个强烈信号:"两个毫不动摇"是一以贯之的大政方针、长久国策,任何质疑和非议都是不正确的。

12月23日下午,由浙江省委、省政府主办的第六届世界浙商大会开幕，会上传递出关爱、支持广大浙商的鲜明态度。省委主要领导指出，浙江省委、省政府始终对浙商高看一眼、厚爱三分，既关心浙商飞得高不高，更关心浙商飞得累不累，努力为浙商创新创业营造最优环境、提供坚强保障。

改革开放40多年来，民营经济在缔造中国经济发展奇迹中功不可没，但直到今天，社会上确实还存在一些误区乃至偏见。那么，到底该如何正确看待民营经济的地位和作用？不妨到改革开放先行地、中国民营经济重要发祥地的浙江来找找答案。

一

1980年12月11日，19岁的温州人章华妹领到一份特殊的营业执照——工商证字第10101号。她压根想不到，自己竟是中国第一个拥有"个体工商户"合法身份的人。而在一年前，她还在为门口摆一个小摊提心吊胆。

民营经济作为浙江的金字招牌，今天早已名闻天下，但回头看一看浙商崛起的历程可以发现，从"草根"到"金名片"的段位升级，浙江是一路顶着压力不断突围的。

翻阅历史，不论是温州诞生中国第一位"个体工商户"、第一批股份合作企业、第一座农民城、第一个农民包机公司、第一个跨国农业公司的过程，还是义乌原县委书记谢高华冒着丢"乌纱帽"的风险，果断决策开放第一代市场、支持农民经商的历程，在脱贫求生存的原始冲动下，浙江人率先挣脱计划体制束缚的各方面探索，都是对社会主义怎么搞改革开放、怎么搞市场经济的一次"灵魂叩问"。

"领导姓什么在变,解放思想的共性不变"。正是在思想大解放的激励下,浙江充分尊重群众首创精神、把发展权交给民众,催生了一批在市场大潮中"胆大包天""胆大包地""胆大包海""胆大包江"的"弄潮儿"典型,在全国率先构建起相对完善的区域市场经济体制。到20世纪90年代后期,全国每万人口的法人单位为40个,浙江则是78个;全国每万人口的产业活动单位是43.1个,浙江则达到93.5个,改革开放"模范生"的美誉由此奠定。

浙江民营经济从无到有、从小到大、从弱到强,成为省域经济重要组成部分的历程告诉我们,民营经济是社会主义经济制度的内在要素,它的历史贡献不可磨灭、地位作用不容置疑。

二

2002年,党的十六大首次明确提出"毫不动摇地巩固和发展公有制经济""毫不动摇地鼓励、支持和引导非公有制经济发展",让千万民营企业家更加欢欣鼓舞。

可即便有了这样的定调,当时依然还有不少人担忧:多种所有制经济共同发展,会不会动摇公有制的主体地位?非公有制经济的发展,会不会侵蚀社会主义公平?

可以说,这种质疑也笼罩在谋求跨越发展的浙江民营经济身上。

对于这种情况,时任浙江省委书记的习近平同志高度重视。

2003年3月,习近平同志结合自己的调研和思考,在《经济日报》发表署名文章《坚持"两个毫不动摇"——再创浙江多种所有制经济发展新优势》,创造性地提出发展个私经济"四个不限"和

"四个有"：对个私经济不限发展比例、不限发展速度、不限经营方式、不限经营规模；使个私经营者政治上有荣誉、社会上有地位、经济上有实惠、事业上有作为。

2003年7月，习近平同志再次在《经济日报》发表署名文章《鼓励引导民营企业推进体制和机制创新》，鲜明提出"三个一切"：破除一切影响民营经济发展的思想束缚，改变一切影响民营经济发展的做法和规定，消除一切影响民营经济发展的体制障碍和政策制约。

在习近平同志的亲自推动下，浙江注重顶层设计、抓好政策创新，"八八战略"第一条就提出"进一步发挥体制机制优势，大力推动以公有制为主体的多种所有制经济共同发展，不断完善社会主义市场经济体制"；2004年，召开全省首次民营经济工作会议，出台了《关于推动民营经济新飞跃的若干意见》；2006年，《关于鼓励支持和引导个体私营等非公有制经济发展的实施意见》以"浙政〔2006〕1号文"下发，当时很多企业家都说，"非公32条"的出炉，让浙江民营经济发展又迎来一个新的春天。

值得一提的是，《中国经济周刊》2006年曾刊发过一篇题为《为浙江民间资本辩护》的文章。面对走在改革最前沿的浙江民间资本被质疑的问题，文章讲道：习近平同志旗帜鲜明指出"资本跨区域流动是双赢举动"，坚决为浙江民营企业"走出去"发展正名。

如今，有600多万名浙商在全国各地投资兴业，投资额超过6万亿元人民币，解决了数千万人的就业问题；有200多万名浙商在境外投资创业，成为助推"一带一路"建设的独特资源。

"两个毫不动摇"在浙江的生动实践告诉我们，"一有阳光就灿烂，一有雨露就发芽"的民营经济非但不是社会主义市场经济的

"对手""敌手",反而是促进中国区域经济协调发展和提升开放型经济水平的最好"助手"。

三

2018年9月,一篇题为《私营经济已完成协助公有经济发展应逐渐离场》的文章在舆论场掀起巨大波澜。近年来,还有人将国家对互联网领域饱受争议的多种垄断行为进行规范演绎为"打压民营经济",热炒"民营经济离场论"。

为什么改革开放40多年来还会出现这些奇谈怪论?讲到底,是一些人在根子上对民营经济存在认知误区。

比如,有人认为民营经济终归是"资本主义经济",与国有经济是对立的,会影响公有制的"成色"。对此邓小平同志很早就指出,发展非公有制经济,得益处的大头是国家,是人民,用不着怕。

从理论上看,民营经济是中国特色社会主义市场经济的产物,基础是公有制,与西方私有制下的个私经济根本是两回事,不仅不会动摇"根基",反而有利于催促公有制经济"强身健体"。从浙江来看,习近平同志早在2006年就指出,"浙江形成了民营经济和国有经济比翼齐飞、相互融合、相得益彰、共同发展的局面"。

目前,在中国民营企业500强榜单中,浙江企业总数已连续24年居全国首位,而浙江国有经济的表现同样十分抢眼,2021年底浙江省国有企业资产总额已经超过16万亿元,发展活力、竞争力和影响力在全国走在前列。

比如,有人骨子里就残留着商人矮人一等的旧思想,认为发展民营经济不过是"权宜之计",一有"风吹草动"就挑起"国进民退"等争论,将局部现象放大为整体趋势,企图动摇民营企业的发展信心。

对此,习近平总书记在民营企业座谈会上对"民营经济离场论""新公私合营论"等错误言论予以了坚决驳斥,"我国民营经济只能壮大、不能弱化,不仅不能'离场',而且要走向更加广阔的舞台"。2020年3月底,习近平总书记赋予浙江"努力成为新时代全面展示中国特色社会主义制度优越性的重要窗口"新定位新使命,其中一个重要方面,就是建设展示坚持和完善社会主义市场经济体制、不断推动高质量发展的重要窗口。

当"民营经济大省"扛起展示"制度优越性"的重担,就是对"发展民营经济不是社会主义经济发展长期方针而是权宜之计"的重重"打脸"。

比如,有人认为民营经济只是企业家的个人财富,不利于实现共同富裕,甚至对"先富带动后富"的政策和"先富"企业家们抱有偏见。

为什么浙江城乡居民收入能够分别连续21年、37年居全国省区第一?为什么外界普遍认为"浙江比较富、比较均衡"?这与浙江市场主体总量超过了900万户、每7个浙江人中就有1个创业者是分不开的。"遍地是老板"的浙江历来是中国的"纳税大户"。从全国来看,民营经济在GDP中的占比已升至60%以上,贡献了五成以上的税收、七成以上的技术成果以及八成以上的城镇劳动就业岗位。

2021年,中央将高质量发展建设共同富裕示范区的战略任务交给浙江。一位学者这样评论:中央此举从一个侧面表明,中国民营经济绝不是只为企业家服务的"印钞机",更是社会财富的基础;"先富"者是可以带动后富、最终达到共同富裕的。

四

诚然,近年来,在世纪疫情、俄乌冲突、美西方国家快速加息等不利因素反复持续冲击下,我国民营经济发展遇到不少困难,民营企业特别是中小微企业遭遇前所未有的困境,市场预期和发展信心受到较大影响。

有困难,一起面对。在这样的背景下,作为民营经济大省的浙江,举办第六届世界浙商大会,不仅仅是一次五湖四海浙商的年关会聚,更是表达出了一种确定和信心:民营企业和民营企业家永远是"自己人",党委、政府始终是民营经济的坚强后盾,支持民营企业发展丝毫不会动摇。

从中央经济工作会议对稳定市场预期开出的六方面药方,到新一届浙商大会对民营企业发展给出的"定心丸",面对发展中的各种不确定性,只要坚持"两个毫不动摇",营造好"大企业顶天立地、小企业铺天盖地"的一流营商环境,中国经济这艘"大船"一定能够走得更好、走得更远。

陈培浩 郑毅 执笔
2022 年 12 月 24 日

绍兴黄酒,能饮一杯无

> 黄酒一直在变,也一直未变。
>
> 它让豪饮者逸兴遄飞、唱绝古今;让多情人晓风残月、相思如雪;让思乡游子魂牵梦萦、归心似箭。
>
> 无尽的情感,无尽的远方,无尽的人,黄酒打破时空限制,让一切相互关联、相互影响、相互共鸣。

1948年秋,丰子恺携女儿应邀去台湾游览。友人劝他定居下来,丰子恺说台湾好极了,是个美丽的宝岛,只是缺少了一个条件。好友问少了什么,丰子恺回答:"没有绍兴老酒!"

于是游览两个月后,赶在大雪节气前,他返回大陆。故土难舍,其中就有让他魂牵梦萦的一壶黄酒。

确实,冬日里,没有什么比温暖的黄酒更令人期待。

"绿蚁新醅酒,红泥小火炉。晚来天欲雪,能饮一杯无?"白居易一首诗,几个意象连缀起来构成了一幅"冬饮黄酒"的温暖图画。

温一壶黄酒，琥珀色的浆液缓缓倾出，淌满白瓷碗，呷一口入喉，甘美自唇齿流遍全身，渐渐地胃腹生起暖意，把盏畅谈、笑语晏晏，一天的疲乏消解，人也活络起来。

现在，冬已深、雪已至，五湖四海的朋友倘若有缘在绍兴相聚，共饮一杯可好？

一

有人也许会有疑问，绿蚁酒是黄酒吗？古来众多与酒相关的历史事件、经典名篇、名人轶事中，出现的大都是黄酒吗？

答案是肯定的。作为世界三大古酒、中华民族原创酒，黄酒经历了漫长的发展演变过程，从浑浊粗糙到清澈透亮、从快熟淡绿到陈酿金黄。

"绿蚁"其实就是发酵过程中因霉菌滋生而产生的杂质浮沫。直到唐代，煎酒、榨酒技术发明成熟让酒的品质得到跃升，"绿蚁酒"才逐渐淡出历史舞台。

裹挟着商周原始"五齐三酒"的朴素与纯粹，传承着汉晋"曲酒"的雅致与琳琅，黄酒于唐宋臻于极致，为风流盛世注入了诗情和醉意。

黄酒成就了名士的灵感，名士也成就了黄酒的美誉。

杜甫在《饮中八仙歌》中写道："知章骑马似乘船，眼花落井水底眠。"彼时贺知章年岁已高，但仍豪饮不断，酒后骑马，醉眼蒙眬，摇来晃去，一不小心跌倒就醉睡入梦。酒逢知己千杯少，贺知章金龟换酒呼出一个"谪仙人"。李太白酒入豪肠，酿成月光与剑气，绣口一吐，半个盛唐也为之倾倒。

黄酒总伴随着最长情的思念。贺季真去世后，李白到绍兴凭吊故人。山阴道上、镜湖水边、道士庄旁，黄酒醇香依旧，但举杯共饮知己不在，把酒言欢已少一人。触景生情，不觉悲从中来，"金龟换酒处，却忆泪沾巾"。

冬寒温黄酒，谁人共举杯？

"醺然一枕虚堂睡，顿觉情怀似少年。"赋闲在家的陆放翁酒后酣然而睡，梦到的是铁马冰河，涌起的是抗争热血，一壶黄酒唤醒了那颗不死的丹心。"不惜千金买宝刀，貂裘换酒也堪豪。"身处清末乱世，面临激荡变局，侠女秋瑾褪下红装，一壶黄酒成就了那颗激烈的壮心。

醒来万物皆沉寂，唯有杯中是旖旎。一代代的文人墨客、豪杰英雄成为黄酒的"忠实用户"和"推广大使"，带动了黄酒在各历史阶段、各社会阶层中的流行。

二

越酒美名，通行天下。《西斋偶得》记载，清代中期天下"盛行三事"，即绍兴酒、昆腔曲、马吊戏。及至民国，绍兴酒更是大放异彩。

绍兴黄酒之所以能成为黄酒的代表，必须从虔诚的态度说起。

在绍兴，人们还将黄酒视为有机生命体。糯米为"酒之肉"，麦曲为"酒之骨"，酒药为"酒之魂"，鉴湖水为"酒之血"，酿酒工艺为"酒之经络"。

经历漫长时光岁月和生产实践，黄酒酿造工艺不断更新，但原料始终未变、匠心始终未变、传承始终未变。

鉴湖水，是绍兴黄酒的"独特秘方"。早在1934年就有人科学地分析鉴湖水质，当时《东南日报》记载："其硬度约有2.1至2.7，酿造最为适宜。"越硬的水酿出的酒就越容易有杂异味。一般来说，硬度10度以下的水就能用于酿造，5度左右的就算优秀，而平均硬度2.5度、味净微甘的鉴湖水则是酿造水中的极品。

择好季才能择好水。冬季的低温让鉴湖水沉淀物下沉、水体清冽、杂菌难生，最适宜发酵的进行。

蒸米、落缸、开耙、压榨、煎酒、封坛……每一坛黄酒，都贮存着酿酒老师傅的辛勤劳作和对完美工艺的执着追求。

酿者有意，饮者有情。"温两碗酒，要一碟茴香豆"，是绍兴黄酒最为知名的饮法。

远近游客来到绍兴，点一份孔乙己套餐，看看醉到几分才能读懂鲁迅的笔意。

许多老绍兴人依旧保留着这种生活方式，晚饭时分，备上三五小菜，老酒咪咪、闲话讲讲，一家人其乐融融。长辈用筷头微微沾点酒液给孩子们尝尝，看着孩子们挤眉弄眼装出搞怪表情，家里充满了快乐的空气。

这些不仅是过去习俗的延续，更是对未来美好的期许。

酿酒、饮酒如此，用酒也如此。

自古绍兴就有"无酒不成礼"的说法。晋代《南方草木状》记载，越地有酿"女儿酒"风俗，待女儿出嫁时宴请宾客。到宋代，人们在酒坛外绘吉祥彩图，添加油彩"百戏"，作为花好月圆的彩头。花雕酒就由此演变而来。

今天，酿制"女儿红""状元红"在绍兴仍极为盛行，人们会为孩子订制封坛酒。

酒厂的酒库里一坛坛排列整齐的黄酒，蔚为壮观，宛若漫天星斗，散发物阜民丰的光芒，仿佛为家人照亮似锦前程。

三

时光变幻、岁月更替，作为东方酿造的典范，黄酒的内核始终一脉相承。它已超越单纯酒的范畴，与国运乡愁深度融合。

1949年10月1日，新中国"开国第一宴"用酒就是绍兴黄酒、山西汾酒和竹叶青酒。当时百废待兴，办"国宴"既不能劳民伤财，也不能有失品格。周总理要求选酒须符合中国名酒、便于运输、足量供应三项条件。绍兴黄酒不仅闻名遐迩，且在京津的酒庄存量颇多，榜上有名可谓顺理成章。

黄酒温润平和、沉稳持中，甜酸苦辛鲜涩六味调合，居中庸之道而自得其所。不仅是中国人眼里的"国之瑰宝"，也是很多外国人心里的"中国味道"。

1985年，美国前总统尼克松友好访问中国，席间喝了绍兴黄酒，想起十几年前初次访华时周总理也曾端起一杯澄黄的美酒招待过他，不觉感慨万千。临走前，小平同志特别将4瓶黄酒作为礼物赠予他。

越是民族的，越是世界的。2015年中秋佳节，习近平主席访问美国，绍兴黄酒作为中国元素的代表登上白宫餐桌。"海上生明月，天涯共此时。"中华文化的优良传统、中国人民的友好善良借着黄酒飞往大洋彼岸，飞往世界各地。

万余年前，上山文化种植出第一束水稻，在大自然的神奇催化下，出现了最原始的粮食酿酒；三千多年前，商朝人开创酒曲复式发酵法，开始大量酿造；20世纪50年代，生产工艺相继改良，黄酒成为一个现代产业；当前，黄酒新品、文创、演艺等衍生产品不断开发……

黄酒一直在变，也一直未变。

它让豪饮者逸兴遄飞、唱绝古今；让多情人晓风残月、相思如雪；让思乡游子魂牵梦萦、归心似箭。

无尽的情感，无尽的远方，无尽的人，黄酒打破时空限制，让一切相互关联、相互影响、相互共鸣。

绍兴黄酒把光阴刻进味道，每滴酒液都凝结了中华文化的哲思，凝聚着最温情的抚慰，尝一尝，浸润舌尖，温暖心底。

李昼　许正　裴金红　执笔
2022年12月25日

这张企业"出生证"经历了什么

> 再看那张"出生证",陈华根敢办私营企业,陈心鹤敢按实际情况批复,温岭县敢为企业集体"摘帽",再到之后国家为民营经济"鼓劲撑腰"。这充分说明,发展不能"等靠要",还需主动作为、善谋善为。

在浙江台州温岭的档案馆里,静静地"躺"着一张泛黄的企业"出生证":上面签着6个名字,盖有7个公章,注册资金9000元、从业人数12人,经济性质是"社员联营集体"。

这是改革开放后,全国第一家股份合作制企业的开业登记申请书。它是如何诞生的,又有着怎样曲折的经历?

时光倒流四十载,让我们在档案里找答案。

一

1982年12月22日,农历冬至。

晌午时分,温岭县牧屿公社社员陈华根、王华森来到县社队企业管理局，想以"大队集体所有制"的性质，申办"温岭县牧屿公社牧南工艺美术厂"，但实际上资金和厂房都是他们的。

为何自己出资办企业，却要用集体的名义办"出生证"？

这不仅是陈华根的无奈之举，也是当时大多数人没有选择的选择。除了个体工商户，雇用7个人以上的私营企业都是"黑户"。

就在陈华根之前，台州临海有5位农民每人出资80元，采用"打硬股"（当地对"合伙入股"的俗称）方式，雇了十来个人，办起了水泥制品厂。这被认为是明目张胆搞资本主义，甚至有人扬言要炸掉这一"资本主义的毒瘤"。最后，这家厂只能含泪关停。

对此，为了保护好人们的生产积极性且不违反规定，包括温岭在内的很多地方做了一个"变通"，即允许以乡镇、公社、大队等集体的名义办厂，也就是我们后来所说的"红帽子"企业。根据"第四次私营企业"调查显示，全国有1/4以上的企业戴过"红帽子"。

然而，"帽子"好看却不合身，产权不清、行政干预过多、生产积极性低下等问题，使得很多企业成了"开关厂"——随时开办、随时关门。陈华根就曾于1981年挂靠集体办过一家鞋刷厂，结果也是"关门大吉"。

类似的案例不胜枚举，人们对这顶"红帽子"的不满，如火山里的岩浆一样越积越多，但思想和制度的"巨石"却牢牢堵在了火山口。

二

谁来移除这块"巨石"呢？

第一个"推石人"是负责审批的温岭县社队企业管理局生产股股长陈心鹤。

看了申报材料后，他很快发现，这种形式完全就是"打硬股"，如果还以集体性质批的话，陈华根他们将只有"抚养权"，而没有"决定权"。

怎么办，是退还是推？此时的陈心鹤，站到了日后被认为是改变整个民营经济发展史的岔路口。改革从来不是容易的事，不可能不冒一丁点风险。他思来想去，觉得为了更好地发展，摘掉"红帽子"值得一试。

于是，他破天荒地将经济性质改为"社员联营集体"。陈心鹤后来回忆说："我当时想的就是实事求是，按照实际情况来进行批复，使企业能够发展壮大。"

之后，包括温岭县工商行政管理局在内的一个又一个"推石人"，相继在申请书上签字盖章。1983年1月15日，企业顺利"出生"。

陈华根终于可以自己做主了，生产积极性一下子"燃"了起来。据他儿子陈敏智回忆，当时家里就是个大作坊，到处是鞋楦头、鞋钻头，他的床板就是工作台，到晚上10点工作干完了才能睡觉，而父辈们还会干到后半夜。他们生产的"港式凉鞋"供不应求，每天都有人在门口排队拿货。

星光不问赶路人，时光更不负有心人。企业由此驶入"快车道"：1994年从作坊式转变为工业化生产，2002年完成股份制改造，2006年进军新能源产业，2007年拿到崭新的"身份证"——宝利特集团股份有限公司……

此后，2014年推行的"小经济体"模式，让企业和员工再次迎来新机遇。分成多个经营团队后,"小老板"们就像当初的陈华根一样铆足了劲儿,在用料、人员管理等方面科学配置、提升效率,如今已将企业发展到总资产超3亿元、职工3500多人的规模。

三

全国第一家有据可考、经过工商注册的股份合作制企业的诞生和成长,犹如一声春雷唤醒了蛰伏一冬的万物。

1983年,陈心鹤先后为200多家企业办了"出生证";1984年,温岭县委提出"进一步放宽政策,解放生产力",正式将这类企业称为股份合作制企业;1986年,隔壁的黄岩县出台了全国第一份由县级党委政府颁发的保护和规范股份合作制企业的"红头"文件……

随着"巨石"被一点一点移开,"鼓励和发展股份合作制"也进一步上升为国家政策:

1985年1月1日,中央1号文件首次采用了"股份式合作"的提法;1990年2月12日,农业部颁布《农民股份合作企业暂行规定》;1997年9月12日,"股份合作制"被写入党的十五大报告。

"陈华根们"感到被理解、被支持,义无反顾地押上所有家当,到时代的浪潮中去搏击。一批批股份合作制企业如雨后春笋般破土而出,从无到有、由弱到强,逐渐发展成为社会主义市场经济中的一支劲旅。

站在今天面向未来,机遇和挑战并存、不确定难预料因素增多,我们该如何应对涉滩之险、爬坡之艰、闯关之难,在危中寻机,推进中国式现代化?

再看那张"出生证",陈华根敢办私营企业,陈心鹤敢按实际情况批复，温岭县敢为企业集体"摘帽"，再到之后国家为民营经济"鼓劲撑腰"。这充分说明，发展不能"等靠要"，还需主动作为、善谋善为。

不久前召开的中共中央政治局会议也强调了一个"敢"字，提出"要坚持真抓实干，激发全社会干事创业活力，让干部敢为、地方敢闯、企业敢干、群众敢首创"。

如今，"陈华根们"曾面临的困境成为了历史，而他们留下的企业家精神，仍熠熠生辉，今天这片干事创业的热土，正等待着更多的奋斗者释放创造潜力。

档案资料

温岭市档案馆里保存着一份珍贵的卷宗——温岭县牧屿公社牧南工艺美术厂的工商企业开业登记申请书。

申请书的第一页写明了包括经济性质在内的相关登记信息，第二页为当时相关部门的审批意见，7个红公章从上到下依次为温岭县牧屿人民公社管理委员会、温岭县第二轻工业局泽国区办事处、温岭县社队企业管理局泽国区办事处、温岭县工商行政管理局泽国区工商所、温岭县泽国区公所、温岭县社队企业管理局、温岭县工商行政管理局。

发证时间是1983年1月15日，这也是全国第一家股份合作制企业的"出生日期"。

王云长 林高杰 赵静 蔡泱 罗蒙 执笔

2022年12月25日

"围炉煮茶"有什么魔力

> 无论源于哪种方式，绵延千年并深深融入人们生活的茶文化，始终是"围炉煮茶"的基因和底蕴。

郁达夫说："凡在北国过过冬天的人，总都道围炉煮茗，或吃煊羊肉、剥花生米、饮白干的滋味。"随着天气渐冷，今年的南方亦有此景。

当前，在许多社交平台上，"围炉煮茶"成为热点话题。"轻煮岁月，慢煮茶"，诗意的文字配上火炉、茶壶、栗子、烤红薯等，隔着屏幕似乎都能感受到其中的温暖。

有媒体统计，截至目前，抖音上"围炉煮茶"相关话题播放量已达27.5亿次，小红书相关话题也已被近1200万人次浏览。"围炉煮茶"的风靡势头俨然迅速盖过了曾经的露营热、飞盘热，成为当下的新潮流。

那么"围炉煮茶"究竟有什么魔力？

一

如果你还不了解什么是"围炉煮茶",不妨设想一下这样的场景:

冬日午后,三五好友围桌而坐,架起炭炉、摆上茶壶,借着煮茶的炭火,顺便再烤上些柿子、红薯、花生、玉米等,伴着茶水翻滚的咕噜声,大家晒着太阳、喝茶说笑,不知不觉消磨半日时光……如此恬静、闲适的体验,很难不让人迷恋。

其实,煮茶并不是新鲜事物,在中国的传统茶文化中,煮茶一直有着一席之地。

"围炉煮茶"在古代也被称为茶宴,始于南北朝,兴盛于唐宋。唐朝时,陆羽在《茶经》中就有关于煮茶的详细记述,从原料到步骤都进行了总结:

对燃料提出"其火,用炭,次用劲薪";水讲究"山水上,江水中,井水下";时长也要把握,"其沸,如鱼目,微有声,为一沸;缘边如涌泉连珠,为二沸;腾波鼓浪,为三沸",煮茶以三沸之水最妙,再煮下去,水便老而不可饮了。

到了宋代,在煮茶的基础上,又出现了点茶、分茶、斗茶等技艺。那时,茶叶要碾碎、烹煮、搅拌、滤汁后,再将茶汤注入茶盏里饮用,就像电视剧《梦华录》中的煮茶烹茶场景一样。

有人说,今天的"围炉煮茶",更像是脱胎于云南的火塘烤茶。寒风凛冽的时节,一家人围坐火塘边,用土陶罐烘烤茶叶,待茶叶飘出焦香味,再将开水注入茶罐,伴随着"刺啦"一声,茶香瞬间被激发。

也有人说,"围炉煮茶"类似甘肃的罐罐茶。炉上烧一罐水,炉边烤几颗枣,等水开了、枣皮糊了,把茶叶和枣放进陶罐里,再加点枸杞、桂圆、菊花、冰糖,炉边还可以烤上馍馍、红薯、洋芋等。

无论源于哪种方式,绵延千年并深深融入人们生活的茶文化,始终是"围炉煮茶"的基因和底蕴。前不久"中国传统制茶技艺及其相关习俗"入选人类非遗,中国茶迎来世界瞩目的"高光时刻",更是给"围炉煮茶"再添了一把火。

二

别以为喝茶只是中老年人的专属,这一次,带火"围炉煮茶"的主力可是一众年轻人。

事实上,这群在寒冬里围炉喝茶的人,可能就是曾经在盛夏的草地上奔跑玩飞盘、在满地银杏的秋日里野餐露营、在小剧场看脱口秀肆意欢笑的人。与这些"潮流"活动一样,"围炉煮茶"也自带社交属性。三五好友喝着茶聊着天,不时翻动烤盘上的食物,减少了玩手机的频率,这种"慢社交"加深了人与人之间的情感。

茶就像是生活的媒介,将秉性相像、志趣相投的人聚到了一起。作家王旭烽在《望江南》中这样写道:"不管你是哪里生的,谁生的,杭家只管茶有没有喝到一起。喝到一起,你的血管里就有了杭家茶,你就是杭家人了。"

如今,短视频的兴起,让更多人可以"隔空"感受"围炉煮茶"的魅力,向往松弛、简单生活的年轻人在网络上就能实现精神的"共振"。

比如在一些"围炉煮茶"的视频下,许多网友分享着各自的"装备",无论是在自家的客厅、露天茶馆还是在乡村田间,无论是用精致的烤炉、小泥炉还是北方的土炕,天南海北的陌生网友都能在"围炉煮茶"这个话题中找到共同乐趣。

正如有专家所说:"年轻人更希望能在休闲活动中,跟身边的朋友、周围的空间产生更深的连接。""围炉煮茶"这种颇具氛围感和仪式感的场景,正满足了人们分享生活、感受温暖的需求。

三

毫无疑问,每一次生活潮流都能带动一波新的消费趋势。"围炉煮茶"也不例外。

秋冬以来,露营的游客逐渐变少了,但"围炉煮茶"的兴起,填补了冬季露营的市场空缺。放眼各地,从古色古香的新中式茶馆,到露天的户外草地、别致的精品民宿,"围炉煮茶"都为消费市场添上了一把实实在在的火。

其中,看重"体验经济"的Z世代年轻群体是消费的主力。在年轻人的消费观里,比起东西实用与否,他们更关注消费能否"愉悦自己"。因此,面对生活和工作的压力不断上升,"围炉煮茶"被不少年轻人视为"精神刚需"。

有数据显示,11月份,大众点评平台上"围炉煮茶"的搜索量环比10月上涨994%,20—30岁的年轻人是主要消费群体。除此之外,与之相关的茶叶、茶壶、茶杯、炭炉等都成为当下的热门商品,在一家卖器具的淘宝店铺,炭火炉和茶壶的套餐月销量超过5000单。

可见，某种程度上来说，"围炉煮茶"火出圈的背后，是中华优秀传统文化的又一次回归，是当代年轻人的一次精神释放，也是冬日里"暖经济"的一次回温。

近几年，从"汉服热"到"围炉煮茶"，国潮风逐渐大放异彩，越来越多的传统文化被当代年轻人赋予新内涵、新玩法。这也让人们看到，新时代需要传统文化的浸润，传统文化也需要插上潮流的翅膀，唤醒年轻人骨子里的文化基因，找到与当代人的精神契合点。

有人说，"围炉煮茶"，围的是传统文化，煮的是人间烟火。数九寒天，不如学着古人的样子，围炉而坐，品一杯清茶，享一时清欢。

林奕琛 郑思舒 赖小兰 执笔

2022年12月26日

浙江发展的大逻辑是什么

> 从"没有走在前列也是一种风险",到"不在上游、就是下游,不争第一、就是落后",浙江人那股不服输和自我加压的劲儿,是一以贯之的。

人们常用"小、中、大"3个字概括浙江。

先说"小",浙江是陆域面积和资源小省,是名副其实的"七山一水两分田"。再说"中",浙江是人口规模中等省份,2021年末全省常住人口6540万,居全国第8位,是人口净流入省。最后说"大",浙江是经济总量大省,2021年全省生产总值7.35万亿元、一般公共预算收入8262.57亿元,均居全国第4位。

浙江凭借什么实现"小、中、大"的段位切换?又如何在新的赶考路上攻坚破题、闯关探路,进一步找准浙江改革发展的"坐标系"?

习近平总书记指出,一个国家、一个民族要振兴,就必须在历史前进的逻辑中前进、在时代发展的潮流中发展。并不具备先天优势的浙江,正是遵循了逻辑、把握了潮流,在一点点奋斗、一步步创造中发展起来的。

大道至简。浙江省委十五届二次全会提炼总结了"六个一":一个"根本指引",即以习近平新时代中国特色社会主义思想为根本指引;一个"主题主线",即以忠实践行"八八战略"、努力打造"重要窗口"为主题主线;一个"目标任务",即以推进"两个先行"为目标任务;一个"基本路径",即以推动创新发展、转型升级和改革攻坚、开放提升为基本路径;一个"精神动力",即以干在实处、走在前列、勇立潮头为精神动力;一个"根本保障",即以全面从严治党和高素质干部队伍建设为根本保障。这"六个一",揭示了浙江全部工作的逻辑体系,打开了应变局、育先机、开新局的前行之道,形成了浙江勇挑大梁的坚实支撑。

这个逻辑体系,使我们更进一步解码浙江、读懂浙江;坚持好运用好这个逻辑体系,为我们推进浙江实现"两个先行"提供了遵循。

一

一艘在风高浪急中前行的航船,有足够分量的压舱石、标注航线的定盘星,才能战风斗浪、行稳致远。

有人说,当今世界面临的最大风险就是不确定性。应对方法千条万条,最根本、最牢靠、最确定性的一条,就是科学理论的指引、思想旗帜的引领。

一位西方媒体记者曾感慨地说,这十年,中国办成的任何一件大事,放在其他国家都需要几十年甚至遥遥无期;中国化解的任何一个重大风险,放在其他国家都有可能引发政权崩溃。一个外部视角,印证了习近平新时代中国特色社会主义思想就是我们应对挑战的最强武器、制胜未来的最大法宝。

浙江是习近平新时代中国特色社会主义思想的重要萌发地。习近平同志在浙江工作6个年头、1600多个日日夜夜,形成了许多新思想、新观点、新决策,在省域层面对中国特色社会主义进行了理论创新和实践创新,浙江干部群众强烈感受到新思想是怎么来的,是怎么改变了浙江、改变了中国。

《习近平浙江足迹》写到,2005年8月15日,习近平同志在安吉余村的村委会议里,针对当时余村发展何去何从的困惑,他说"过去我们讲既要绿水青山,又要金山银山,其实绿水青山就是金山银山,本身,它有含金量","要坚定不移地走自己的路,有所得有所失。在熊掌与鱼不可兼得的时候,要知道放弃,要知道选择。发展有多种多样,要走可持续发展的道路,绿水青山就是金山银山"。这就是家喻户晓的"两山"理念,从小山村传遍浙江、走向中国、影响世界。

诸如此类的思想观点还很多,从再创体制机制新优势到全面深化改革,从"腾笼换鸟、凤凰涅槃"到高质量发展,从"千村示范、万村整治"工程到乡村振兴战略,从山海协作、城乡统筹到实施区域发展战略,从"民生为重"到"以人民为中心"的发展思想,从法治浙江到法治中国、平安浙江到平安中国,从文化大省到文化强国,从生态省建设到美丽中国建设,等等。浙江干部群众不仅知道新思想是怎么来的,更懂得怎样去创造性地坚持和实践,不断打开从理论到实践、再从实践到理论的螺旋式上升通道。

二

凡谋大事者，都善于用战略眼光分析问题，从战略全局排兵布阵，以达到举一纲而万目张的效果。

当前，外界对浙江很关注，学界业界纷纷研究浙江发展的打法、浙江做事的章法、遵循规律的办法。对浙江干部群众来说，始终不变的主题主线就是忠实践行"八八战略"、努力打造"重要窗口"。"八八战略"架起了过河的"桥"与"船"，"重要窗口"则标注了使命必达的前景和彼岸。

2023年，是"八八战略"实施20周年。这一战略为什么好？近20年实践，已经并正在回答三个问题。

首先，"八八战略"到底是什么？2015年5月，习近平总书记在浙江考察时专门讲过这么一段话，他说：我在浙江工作时，省委就提出了"八八战略"，这不是拍脑瓜的产物，而是经过大量调查研究提出来的发展战略，聚焦如何发挥优势、如何补齐短板这两个关键问题。

20年前的浙江，那时既有经济全球化和世界科技革命带来的重要战略机遇，也面临着能否顺利跨越"中等收入陷阱"的严峻考验；既遇到资源短缺等"先天不足"的制约，也经历着生态环境压力、资源要素制约、内外市场竞争带来的"成长烦恼"。

针对这些问题，"八八战略"提出了破难之道，像《之江新语》里写到的那样，从"两只手"看深化改革，从"两只鸟"看结构调整，从"两座山"看生态环境，从"两种人"看"三农"问题。而今，面对外部复杂环境、内部种种困难，"八八战略"仍然给当下的浙江提供解题"钥匙"、破难良策、突围之道。

其次,"八八战略"给浙江带来什么?2018年,有这样一句话说出了浙江干部群众的心声:"八八战略"实施15年来,浙江经济社会发展取得了巨大成就,发生了全面深刻的变化、影响深远的变化、鼓舞人心的变化。

这"三个变化",字字千钧。数字最有说服力:浙江全省生产总值从2012年的34606亿元跃升至2021年的7.35万亿元;一般公共预算收入从3441.2亿元增加到8262.57亿元,年均增长9.2%;2021年全省城乡居民人均可支配收入分别为68487元和35247元,分别连续21年和37年居全国各省区首位。

最后,"八八战略"将把浙江引向哪里?任何战略,不仅有具体的战术战法,更有清晰的方向指向。2020年春,习近平总书记到浙江考察调研,赋予浙江"努力成为新时代全面展示中国特色社会主义制度优越性的重要窗口"的新目标新定位。"重要窗口",正是迭代深化"八八战略"的基本指向。

通过一任接着一任干、一张蓝图绘到底,以"浙江之窗"展示"中国之制"和"中国之治",以"浙江之答"回应"时代之问"和"历史之问",告诉世人中国共产党为什么"能"、马克思主义为什么"行"、中国特色社会主义为什么"好"。

由此可见,忠实践行"八八战略"、努力打造"重要窗口",不是管一时管一域的,而是管方向、管全局、管长远的。

三

俗话说,"没有目标的船,任何方向的风都不是顺风"。长期以来，浙江干部群众不仅养成了逆风而行的秉性，而且拥有抵达目标使命快人一步的自觉。

浙江省第十五次党代会提出了在高质量发展中奋力推进共同富裕先行和省域现代化先行这一新的目标任务。这不是脱离实际的自我加压，也不是轻轻松松就能实现的任务安排，这是浙江长期的奋斗目标。

实现"先行"没有目标倒逼不行。2015年5月，习近平总书记考察浙江时强调，浙江要"在提高全面建成小康社会水平上更进一步，在推进改革开放和社会主义现代化建设中更快一步，继续发挥先行和示范作用"；2021年5月，又亲自谋划、亲自部署、亲自定题，支持浙江高质量发展建设共同富裕示范区。如此看来，推进"两个先行"，不只是浙江自己的事，更要为全国探路。

实现"先行"没有高质量发展也不行。2011年，浙江全面小康实现程度为92%，高于全国十多个百分点，成为全国率先基本实现全面建设小康社会目标的省份之一。2015年底，浙江全面消除家庭人均年收入4600元以下的贫困现象，率先在全国高标准完成脱贫攻坚任务。2021年，城乡居民人均可支配收入比降低至1.94，浙江成为全国城乡发展协调性最好的省份。推进"两个先行"，高质量发展依然是强大支撑和动力。

所谓"先行"，不只是几个指标领先，更为关键的是理念的创新、模式的探索，用"新鞋"走出一条"新路"，不断满足人民对美好生活的向往，其意义远不止在浙江。

四

当前,世界之变、时代之变、历史之变正以前所未有的方式展开,准确识变、主动求变、科学应变才有出路。

历史之浙江,之所以能逆袭为"模范生",主要就是靠率先推进市场取向改革,通过体制机制创新,全面激发和释放了大众创业创新的活力,创造了"莫名其妙、无中生有、点石成金"的发展奇迹。

今日之浙江,正处在全球经济企稳回升的战略机遇期、使命任务协同推进的红利叠加期、发展动能层次变革的瓶颈突破期、共同富裕新题难题的破题深化期和人民美好生活向往的加快实现期。如何在时代变革中,把握大机遇、站上大风口?

答案已经明确,唯有加速超车,甚至是变道超车、换车超车,才能真正抢占先机、抢占主动。打法也已经指明,要找准基本路径不折腾,以创新驱动增添动能、以产业升级优化结构、以改革攻坚增添活力、以开放提升拓展空间。

对于产业变革来说,创新发展、转型升级始终是王道。

在2004年的全省经济工作会议上,习近平同志曾一针见血地指出浙江进一步发展面临的资源危机:正在生产的缺电、正在建设的缺钱、正在招商的缺地。他强调,要痛下决心,以"腾笼换鸟"的思路和"凤凰涅槃""浴火重生"的勇气,加快经济增长方式的转变,让"吃得少、产蛋多、飞得远"的"俊鸟"引领浙江经济。

18年过去,"腾笼换鸟、凤凰涅槃"为浙江带来了高新企业的成长、数字经济的起飞,不断续写产业经济新的跃迁之路。2021

年数字经济增加值3.6万亿元，占GDP比重达到48.6%，居全国省区第一。

对于体制机制创新来说，改革攻坚、开放提升在任何时候都不应止步。

浙江是靠改革开放起家的。根据《2022年"万家民营企业评营商环境"报告》，营商环境最好的十个省份中浙江位列第一，最好的十个城市中杭州位列第一，温州、宁波也进入十强，这无疑是改革开放持续深化的结果。

这些年，浙江通过"最多跑一次"改革、数字化改革以及自贸区建设等，以高效政务服务优化营商环境，圈了不少"粉"。但这并不意味着浙江将会停止前进的步伐，最近提出的营商环境优化提升"一号改革工程"，发出了进一步深化改革、扩大开放的强烈信号。

五

浙江是资源小省，主要指的是土地、矿产等物质资源。就文化而言，则是资源大省，万年上山、五千多年良渚、千年宋韵、百年红船，资源无比丰厚，特别是千百年来流淌下来的人文精神是浙江人最为宝贵的资源。

习近平同志在浙江工作时，对浙江人的这种"文化基因"给予很高评价，提出了"干在实处、走在前列"的要求。《习近平浙江足迹》中讲道，"浙江老百姓聪明，干部精明，出的招数很高明。其背后是浙江的人文优势，是深厚的文化底蕴和'浙江精神'在起作用"。

2015年，习近平总书记考察浙江，赋予浙江"干在实处永无止境，走在前列要谋新篇"新使命；2016年G20杭州峰会期间，习近平总书记对浙江工作提出了"秉持浙江精神，干在实处、走在前列、勇立潮头"新要求；2018年就"八八战略"实施15周年提出了"干在实处永无止境，走在前列要谋新篇，勇立潮头方显担当"新期望。

从"没有走在前列也是一种风险"，到"不在上游、就是下游，不争第一、就是落后"，浙江人那股不服输和自我加压的劲儿，是一以贯之的。

怎样走在前列？归根结底靠的是主动求新求变、勇于打破常规。像最近很火的出海"抢订单"，浙江启动了"千团万企拓市场抢订单行动"，联动企业赴境外参展、开展商务洽谈，助力企业拓展海外市场，打响了后疫情时代组团出海"第一枪"。

毫无疑问，今后浙江的发展，仍需不断汇聚干在实处、走在前列、勇立潮头的强大动能，真正让干部敢为、地方敢闯、企业敢干、群众敢首创在浙江成为一种自觉、一份特质、一道风景。

六

外界经常评论，浙江工作走在前列，与浙江党员干部思想比较解放、工作务实担当是分不开的。这很大程度上在于全面从严治党和高素质干部队伍建设的不断加持。

好风气得益于好传统。"习近平新时代中国特色社会主义思想在浙江的探索与实践"课题研究成果里写到，习近平同志在浙江工作时就强调，要坚持严字当头抓党建，提出"巩固八个基础，增强八种本领",大力推进机关效能建设。

浙江党员干部有个说法,无论做什么工作,都要来个"三问":一问是否符合习近平总书记和党中央的要求?二问是否有利于本地区本部门长远发展?三问是否有利于增加人民群众福祉?这"三问",问出了"功成不必在我"的精神境界、"功成必定有我"的使命担当。

事在人为。浙江省委提出的争当"排头兵"、勇当"领跑者"、敢当"弄潮儿"、善当"挑担人"、竞当"急先锋"、乐当"勤务员"的要求,确立的"想就想明白、做就做极致、干就干出彩""事事马上办、人人钉钉子、个个敢担当""分秒等不起、时刻坐不住、处处慢不得""用数字说话、凭实绩交卷、以成效检验""干事且干净、干净加干事、干事能成事"的标准,正是对"巩固八个基础,增强八种本领"的坚持和发展,必将汇聚起推动浙江号航船破浪前进的强大动力。

征程万里当奋进,重整行装再出发。唯有把握好、坚持好发展的大逻辑,才能干好自己的分内事,闯出事业发展的新天地。

沈世成 郑毅 执笔
2022年12月26日

文化IP联名如何更出圈

> 有人戏称"只有想不到，没有联不成"，联名不难，难的是在众多联名中出圈出彩。这就需要回归文化内核、立足产品本身，找到文化和产品的黄金连接点，"心心相印"地联、"两情相悦"地联，实现理性联动、灵魂联动，联出经济效益，更联出社会效益。

临近年底，老字号知味观与玩偶品牌问童子联名推出了2023奋斗糕兔年礼盒，这一梦幻联名可谓是秀色可餐，有网友评论："最喜欢的糕点和最喜欢的玩偶联名了，快点冲！"

文化IP联名产品已成为当下文化消费市场的"网红"，无论是动漫、影视、文学作品，还是服装、美食、文化景点，联名场景下的消费可谓是越来越红火。

为什么IP联名能产生1＋1＞2的化学反应？万物皆可联名的时代，怎样联名才能真正收获消费者的喜爱？

一

所谓联名，就是由两个或两个以上不同品牌共同打造一个新的产品，往往能通过出其不意的跨界带来耳目一新的效果。因此，这类产品在年轻群体中颇受欢迎。

比如瑞幸咖啡联名椰树，一杯"五彩斑斓黑"的咖啡日销量曾突破66万元；李宁品牌的一款帽衫因印上了1984年李宁奥运会夺冠照片而迅速走红；故宫与OPPO联名推出的"宫墙红"耳机曾一机难求。

有数据显示，在2021年，35岁及以下年轻群体购买了近七成的IP联名产品，其中26至35岁的消费者消费占比超过50%。可以说，联名产品是"得年轻人者得天下"。

每当有联名产品出现，消费者总能用强有力的购买行为表达对产品的高度认可。联名产品为何"引无数英雄竞掏腰包"？原因大概有两方面。

一方面，联名产品有两种以上文化IP傍身，两种独特的文化价值叠加，放大了文化IP的影响力和吸引力。优衣库携手世界知名艺术家、漫画卡通形象等，设计出各类时髦的联名款T恤，每年都让不少粉丝翘首以盼。

另一方面，优质的文化IP本身就拥有庞大的粉丝群体，绑定IP就相当于收割了粉丝经济。文化IP通过优质的原创内容聚合原生粉丝，再通过衍生为游戏、影视剧等方式几何级扩大粉丝群，从而带来大量经济效益。

总之，无论是为了提升品牌影响力，还是希望带动销售量，联名都能助品牌一臂之力。

二

浙江文化资源丰富，民营企业充满活力，为文化IP联名提供了广阔的空间。

2021年，省文化和旅游厅发布了全省首批示范级文化和旅游IP名单，15个文化IP入选，如良渚文化、南湖红船、宋城千古情、缙云烧饼、和合天台等榜上有名。今后还将按照"储备一批、培育一批、创建一批、认定一批"的梯次逐步推进。

浙江的文化IP是一片值得深耕的沃土，不少老字号也在联名中表现抢眼。比如2022年中秋，不少老字号就在月饼上做足了文章。

知味观与良渚文化合作，良渚文化中的神人兽面纹、三叉形器、玉牌饰等特有纹路，被设计在了月饼饼皮上；拥有90多年历史的采芝斋，联手王星记和西泠印象文创，推出以西泠印社风格为外观、王星记镂空雕花绸扇为礼品的礼盒，一经推出就实现了开门红。据杭州市焙烤食品糖制品行业协会的数据，协会内近60家月饼企业，将近一半的品牌刮起了跨界风。

除了杭州以外，不少地方也充分利用跨界联名打响本土文化品牌。如宁波天一阁联名广博文具，为"中国读书人"打造专属的文具产品，合力让天一阁这个有着浓厚历史底蕴的本土IP，走进百姓的书桌案头。城市主题联名文创雪糕"衢州·马迭尔"则让南孔圣地衢州和百年冷饮品牌马迭尔来了一次美丽的邂逅。

无论是老字号携手年轻潮牌，还是非遗技艺搭档网红美食，文化IP联名让这些深藏于城市的文化印记走回大众视野，穿上更具时代感的外衣。

三

是否所有的文化IP联名产品，消费者都愿意买单？事实上，不少联名产品也发生了"翻车事故"。

比如，肯德基与六神花露水曾推出一款青柠气泡冰咖啡，就被网友吐槽了：喝了它难道能驱蚊？此外，还有炸鸡味的指甲油、防晒霜、香薰，有些消费者看得一头雾水。

文化IP联名有继续走热走火的趋势，但在热现象下还需要冷思考。要使联名产品不走偏、更出圈，得警惕几个现象：

"拉郎配"式联名。为了联名而联名，让八竿子打不到一起的品牌生硬地"手牵手"，忽视联名双方的内在契合度。都说"强扭的瓜不甜"，这样的联名最多只是短暂地赚一波眼球，最终还是貌合神离，甚至分道扬镳。比如，以痔疮膏闻名的某品牌做起了口红、某知名酒业品牌开发了香水等，均引发网友争议。

"唯流量"式联名。急于圈粉、建群、提销量，着急忙慌地开展营销运作，而没有把精力放在深度绑定IP和开发富有创意的产品设计上。这样的联名自然讲不出有感染力的故事、形不成有吸引力的体验，也将失去有支撑力的品牌价值。这些年，某奶糖品牌在IP联名上做得风生水起，营销方面也炉火纯青，但仍有消费者提出了"奶糖变硬、奶味变淡"等意见。

"走马灯"式联名。有些品牌可谓"一言不合就联名"，几乎每几个月就推出联名款，但很多联名款只是多了个图案或贴了个标签，没有多少创意。近来在年轻人中特别火热的某盲盒品牌，曾借助广泛的IP联名快速扩大了影响力，却也因此被网友指出过于依赖各种联名，而失去了品牌的原创动力。

四

IP联名不是一场简单的流量转化，更是对文化的坚守和传承。

文化IP与品牌的联名，核心是找到两个品牌的共通之处，有机融合各自品牌特性与文化基因。

比如喜茶与热播剧《梦华录》的联名，被称为"灵魂联名"，原因就在于两者在弘扬中国茶文化方面找到了完美的契合之处，新茶饮文化和传统茶文化的融汇互动，带来了时尚与经典产生的化学反应。

讲出联名IP背后的故事，产品才能形成独特的记忆。

有故事就有了话题，有故事就有了记忆。酒鬼酒与杭州西湖世遗联名酒，就用了名人、名景和名酒的故事，希望消费者在西湖边品酒鬼酒时，能想起苏轼一边饮酒一边作出"欲把西湖比西子，淡妆浓抹总相宜"的感叹，也能想起吴越钱王在西湖边给妻子写信"陌上花开，可缓缓归矣"。

一款联名产品要成为现象级刷屏破圈产品，必须要有"二次传播"，也就是要使之成为"社交货币"。

好的文化IP不能沉迷于"阳春白雪"的自我陶醉，而应让普通人都可消费、都能感知、都会分享，从而在口口相传中实现文化价值的传递。肯德基和宝可梦联名推出的可达鸭音乐盒，让许多年轻人爱不释手，一个重要原因就是它具备了"二次传播"的社交属性，在抖音、小红书等社交平台上，可以看到很多网友对可达鸭的二次创作，让网友们从中感受到分享的乐趣。分享、交流、互动，是其走红的底层逻辑。

有人戏称"只有想不到，没有联不成"，联名不难，难的是在众多联名中出圈出彩。这就需要回归文化内核、立足产品本身，找到文化和产品的黄金连接点，"心心相印"地联、"两情相悦"地联，实现理性联动、灵魂联动，联出经济效益，更联出社会效益。

申屠清儿　执笔

2022年12月27日

致全省疫情防控一线工作人员的慰问信

> 2022年即将过去,新的一年将要到来。草木待发,春山在望。待春暖花开时,让我们在"诗画江南、活力浙江"继续平凡而充实、健康而欢愉的美好人生。

全省所有奋战在疫情防控一线的同志们:

平凡铸就伟大,艰难方显担当。面对新冠病毒疫情的持续侵袭特别是奥密克戎病毒的迅速扩散,全省广大医务人员、公安干警、村干部、社区工作者、新闻记者、志愿者和各行各业群众,讲大局、求大我、弘大德,主动请战、连续作战、忘我奋战,以实际行动缓解群众所急所需,用点滴付出守护万家平安,书写了同心战疫的感人故事,树立了疫情防控的英勇群像,展现了与这个时代肝胆相照的浙江情怀。

三年来,从核酸检测到疫苗接种,从流调溯源到物资保障,从发热门诊到重症病房,你们用一件件被汗水浸湿浸透的防护服、一张张被口罩勒出深深印痕的脸庞,诠释着"人民至上、生命至上"的忠诚诺言。

三年来，你们克服重重困难，拖着疲惫身躯，坚守在各个岗位上，用默默的负重前行，消除了百姓的担忧和恐慌，换来了无数人的岁月静好，践行着"守望相助、命运与共"的质朴真情。

三年来，你们有的顾不上体弱的父母、年幼的孩子；有的连轴转数十个小时以后，累倒在工作岗位上；有的发现自己阳了，仍然咬紧牙关继续作战；还有的顶着高烧，说药吃了就会好，要求返岗上班。你们用朴实无华的行动，把责任与担当、奋斗与奉献、无私与无畏，写在了10万平方公里的之江大地上，印在了6540万浙江人民的心坎里。

没有人是钢铁之身，谁家都有老有小。在这场疫情防控的战役中，你们扛起了职责、扛住了考验、扛下了委屈！省疫情防控工作领导小组向你们表示最崇高的敬意和最真诚的感谢！

感谢你们在风雨中无惧逆行。三年前，是你们在阖家团圆之际挺身而出，成为"孤勇者"；三年后，还是你们在"风暴眼"冲锋陷阵、扶困助弱，从防控感染转到医疗救治，始终秉持"我们的使命就是冲在与病毒战斗的第一线"。

感谢你们陷困难时守护万家灯火。当暮色降临，当疫情吃紧，当物资紧缺，你们深入"疫"线、无悔坚守，给生活带来温暖，给社会带来秩序，给人民带来希望，微光成炬照亮前行路。正因为有你们，浙江的万家灯火才格外明亮。

感谢你们于无声处汇聚前行力量。党和政府哪里有号召，你们就往哪里奔赴、勇立火线；哪里有健康所系、生命相托，哪里就有你们忙碌的身影；群众哪里有难处，你们尽己所能、想方设法办实事；哪里有感人故事，你们扛起摄像机、书写正能量。"轻伤不下火线""白加黑、五加二""兵力不足守在一线"，医护白、警察蓝、志愿红、环卫橙……你们是浙江克难攻坚的最大底气,是新时代"最可爱的人"。

疫情高峰即将到来。我们相信,只要全面、准确、坚决贯彻习近平总书记和党中央的部署要求,坚定不移把人民的生命放在第一位,把各种困难想充分、把办法举措想周到、把应对工作做扎实,就一定能够渡过难关,浙江大地就能焕发新的蓬勃生机。

祛疫未竟,征衣不解。希望你们坚定"长风破浪会有时"的信心,发扬"越是艰险越向前"的精神,继续做好各自岗位的工作,打赢最后这场战役。决战时刻,你们的健康和平安,不仅是你们家人的最深牵挂,也是党和政府的最深牵挂。请你们做好自我防护,注重自身安全,党和政府与大家站在一起、干在一起,为大家排忧解难、保驾护航。

2022年即将过去,新的一年将要到来。草木待发,春山在望。待春暖花开时,让我们在"诗画江南、活力浙江"继续平凡而充实、健康而欢愉的美好人生。

浙江省新型冠状病毒感染疫情防控工作领导小组

沈世成　王人骏　苏畅　执笔
2022 年 12 月 27 日

缺药与调药的背后

> 民生话题，得听人民的评论。这一次的买药难，其实也折射出社会治理体系还存在着短板。
>
> 如果不能吃一堑长一智，再强的组织能力、协调能力，都有可能解决不了下一个更大难题。

24日晚，1500万片对乙酰氨基酚片连夜分发到浙江全省11个市；

25日，8万盒抗病毒治疗药被送往全省11个市的医疗机构；

25日，杭州市表示，近期日采购退烧类药物近10万盒，协调调拨退烧药物近1000万人份，4个药品生产企业的原料药供应问题得到解决；

25日下午，湖州再次下拨96万颗对乙酰氨基酚片直达全市各区县级医院、乡镇卫生院、社区卫生服务中心及村卫生室和社区卫生服务站；

25日下午4时，省级调拨的50万片主要用于退烧的对乙酰氨

基酚片,到达衢州并进行分发。这些药将优先配送至各开设发热门诊(诊室)的医疗机构;

26日,省政府统筹的100万片对乙酰氨基酚片送达嘉兴;

……

这是几天来面对百姓买药难题,浙江正在做的事情。

毋庸讳言,自优化调整疫情防控相关措施以来,随着阳性感染人数的激增,不少老百姓因为缺药而愁眉不展。他们的所需所求,是被看见的。在这非常时期,浙江用紧急调拨、各方协调、加快生产、省外调入等多种方式,以最快速度将药品配送到最需要的医疗机构和基层社区,尽最大努力缓解全省近期感冒退烧药的紧缺。

你也许还是不满意,因为依然没有拿到药。是的,现在药还不太够,结构性短缺仍然存在。前期省级调拨,的确只能惠及一部分人。但是,我们希望,能从这一轮调拨里,大家一起树立信心:药,会有的;克服困难,你不是一个人在战斗。

一

如果说,三年前来势汹汹的新冠病毒是对全人类的一场大考,那么,防疫政策的转变,同样也给我们带来不小的考验。

药品短缺,就是最先凸显的问题之一。随着身边"阳了"的人越来越多,大家开始"囤药""囤抗原",很快,药店被一"抢"而空,线上买药平台迅速"爆单"……有人说,药品陷入短缺的速度,比奥密克戎的传播速度快多了。

尽管各级部门有预案、有准备,专家学者也频繁发声"囤药行为不可取",但突如其来的形势,还是把人们打了个措手不及。

此轮药品调拨，是政府部门解决难题，也是扛起责任；是职责所在，也关乎人心向背。

从大众心理看，药品及时送往各地，其本身便是一剂缓解社会焦虑情绪的"良药"，是一粒特殊形势下的"定心丸"。全省各地调拨药品至医院的新闻，让那些内心万分焦急的人有了"盼头"。

从规范秩序上看，这些药品首先被统一运送至各级医疗机构。药，将实实在在、科学合理地用在最需要的人身上，不会多浪费一片，也不会少发放一盒；药，从医疗机构正规开具，会严格按照医保定价，不会被哄抬价格，更不会搞"饥饿营销"，有的还是免费。

再从调控机制上看，"千呼万唤"的药陆续到了，也说明我们近三年来建立的疫情调控机制确实有战胜困难的强大韧性。这些来之不易的药品让很多人明白，强大的政府部门始终是坚实的后盾。每次千钧一发的时刻，大家总能在一起，化险为夷、转危为安。这一点，无论在多么喧嚣的环境下，都是不可抹杀的事实。

二

对乙酰氨基酚片、抗病毒治疗药、布洛芬混悬液等虽都是常用药，但必须看到，非常时期，这些药来之不易。

据有关媒体报道，这些药品有的来自省内企业加班加点，有的来自不同药店药企调拨，有的则来自兄弟省市的鼎力相助。

不同源头的药品，透露出同一个理念：人民至上、生命至上。

过去三年，由这一理念孕育的"一方有难，八方支援"，社会各界站在一起、同舟共济抗击疫情的场景，犹在眼前！

它提醒我们：集中力量办大事，是我们的制度优势所在。它告诉我们：任何时候，在党和政府的领导下，都可以有直面风暴的勇气；面对挑战，都可以抱有齐头并进的信心。

缺药难题发生以来，我们一次次看到这般熟悉的画面——

杭州的小区里，一个个共享药箱成为亮丽风景，一封封"邻里守望，共筑家园"的倡议书，引导居民将家里富余的药品、体温计、口罩等物资分享给急需的家庭；

在湖州，政府部门在下拨药品后第一时间公布热线，告诉广大市民，如果确有需要但仍无法配到的，可以致电12345防疫救急服务专线；

在台州玉环，小塘村第一书记盛菊红变身"药物配送员"，走村入户为村民取药、送药；还有，三四十名公羊会的志愿者在杭州各个区域忙着派送药物；更有多地的药店将退烧药免费发放给附近居民……

如果说政府部门面对百姓所需的果断决策，是一棵大树的主干，那么社会各界的互帮互助、邻里之间的热心扶持，则是生命力顽强的分枝。干与枝，紧紧相依，在这个寒冷的冬天不约而同地向着阳光灿烂的地方，奋力生长。

这让我们又一次明白，三年来之不易的疫情防控成果里，也包括一种全社会的共识，无论疫情形势如何变化，这种彼此信任的牵挂不能丢，这种守望相助的精神不能丢。

药品调拨，只是一个开端。当前，我国疫情防控工作重心从"防感染"转向"保健康、防重症"。而从2023年1月8日开始实施的"乙类乙管"，绝不是放开不管，重点是强化服务和保障。

显然，在疫情这场"持久战"中，还有更多挑战、困难在后头，但只要有"人民至上、生命至上"的理念，有同舟共济的决心，我们便能渡过重重难关。

三

越过冬天，没有一个春天会失约。

眼下，各地都在忙于恢复生产，努力拼经济。不管是此次药品的集中调拨，还是三年抗疫的艰难历程，都在告诉我们：防疫抗疫是要有经济基础的。经济基础决定上层建筑，决定这个社会的运行方式。

正是因为有了强大的经济基础，我们才能在防疫最艰难时，作出全民免费检测核酸、免费接种疫苗的决策；正是有了经济的韧性，产业链条的完善，我们才能在一波波多点散发的疫情来袭时，不断保障药品、口罩等防疫物资的产能。

发展就是硬道理。我们更加理解，为什么从疫情一开始，从中央到地方都强调要恢复生产，不断强调发展的重要性。

坚实的经济基础、稳定的社会发展、高效的社会治理体系和治理能力，让我们始终保持底盘不乱，给了我们对抗疫情的强大底气。

因此，有专家解读，政府部门调拨的药品，既是治病良药，也是浙江社会的稳定剂，更是推动浙江快速恢复发展的动力所在。

发展与稳定，是一枚硬币的两面，缺一不可。缺药与调药，也是一枚硬币的两面，是彼此的回应。

面对即将到来的"阳峰"，这枚硬币也发出了提醒：下一步准备得更充分了吗？

药品结构性短缺的问题，在短期内还会存在，它终将解决。但我们更要重视,还有人在调药发放的新闻下面跟帖:措施很及时,非常棒,但关键是吸取经验和教训,请落到实处。

民生话题,得听人民的评论。这一次的买药难,其实也折射出社会治理体系还存在着短板。

有些人嗅到"商机",乘机哄抬价格、损伤百姓利益;在优化调整政策落地时,百姓对奥密克戎毒株依然存在恐慌;当大量人群涌向大医院,却不知道家门口的社区医院在哪儿,等等,都是"助推"此轮缺药难题加剧的因素之一。如果不能吃一堑长一智,再强的组织能力、协调能力,都有可能解决不了下一个更大难题。

凡事预则立,不预则废。调药的核心目的是为了维护和保障群众利益。任何时候,聚焦维护和保障群众利益这一点不动摇、不跑偏,进而实事求是、创新实干,这才是正确的工作思路,就没有解决不了的困难和过不了的坎儿。

陈宁　执笔
2022年12月28日

"乙类乙管"不是放任不管

> 《孙子兵法》中写道:"水因地而制流,兵因敌而制胜。故兵无常势,水无常形。能因敌变化而取胜者,谓之神。"
>
> 意思是指挥作战要根据不同的敌人和敌人的变化,采取相应的应对策略,才能做到常胜不败。
>
> 狙击"新冠",也是如此。

12月26日晚,国家卫健委重磅发布,正式将"新冠肺炎"更名为"新冠病毒感染",并且从2023年1月8日起,将其从原来实施的"乙类甲管"调整为"乙类乙管"。

昨天下午,国务院联防联控机制召开新闻发布会,明确指出,将新冠病毒感染从"乙类甲管"调整为"乙类乙管",始终秉承的是人民至上、生命至上的理念,不能理解为放任不管。

一

这里必须敲黑板了!

分类管理一直是我国传染病防控的策略。所谓甲类传染病,是指强制管理的烈性传染病,主要包括鼠疫、霍乱两种,不仅发病率和病死率很高,而且传染速度快、波及面广。乙类传染病则无论是从发病率、病死率还是传染速度上看,相对甲类要"弱"一些,如新冠、"非典"、艾滋病、禽流感等。

三年前新冠肺炎刚刚暴发时,基于当时对新冠病毒感染的病原、流行病学特征、临床特征等的认识,国家卫健委在2020年1月20日发布1号公告,将其纳入乙类管理,但采取的是甲级防控措施。

"乙类甲管"与"乙类乙管",仅一字之差,区别到底有多大?

从发现到报告的时间要求不一样。对"乙类甲管"传染病,责任报告单位和责任疫情报告人应在发现后2小时内进行网络报告;对"乙类乙管"传染病,应于24小时内进行网络报告。

隔离措施也不同,"乙类甲管"传染病对疑似病人以及病人、病原携带者进行隔离治疗,对疑似病人以及病人、病原携带者的"密接者"在指定场所进行医学观察;"乙类乙管"则视情采取必要的治疗和控制传播措施。

对场所的管理,也有很大差别。比如对已经发生甲类(包括"乙类甲管")传染病病例的场所或者该场所内的特定区域的人员,可采取隔离措施;对于甲、乙类传染病发生暴发流行时,可采取限制聚集性活动、停工、停业、停课、封锁疫区等紧急措施。

两者之间，有诸如此类的差别。

二

《孙子兵法》中写道："水因地而制流，兵因敌而制胜。故兵无常势，水无常形。能因敌变化而取胜者，谓之神。"

意思是指挥作战要根据不同的敌人和敌人的变化，采取相应的应对策略，才能做到常胜不败。

狙击"新冠"，也是如此。

因时因势调整优化疫情防控政策，一直是我们的战术策略。不论是2003年的传染性非典型肺炎、2005年的人感染高致病性禽流感，还是2009年的甲型H1N1流感等新发传染病，都经历了从"乙类甲管"向新的管控措施动态调整的历程。

如今，随着病毒变异、疫情变化、疫苗接种普及和防控经验积累，我国新冠疫情防控进入了新战场，防控工作也面临新形势新任务，这就势必要求我们调整姿态、迭代打法。因此，调整为"乙类乙管"我们打的是有准备之仗，而绝不是被动放开。

从"对手打法"来看，奥密克戎变异株已成为全球流行优势毒株，虽然感染人数多，但重症率和病亡率低，疫情形势和病毒变异情况均显示，"对手"较过去确实越来越弱了，更低致病性、更短潜伏期和更趋向于上呼吸道感染将是变异大方向。

从"个人武装"来看，随着我国新冠疫苗接种得到普及，人群免疫水平也水涨船高。全国目前累计接种新冠病毒疫苗超过34亿剂次，疫苗接种覆盖人数和全程接种人数分别占全国总人口的92%以上和90%以上。

还要从我们自己的"弹药库"来盘点,分级诊疗救治体系不断完善,特别是基层医疗卫生机构,增设发热门诊,增加定点医院重症病床、ICU以及相关救治设备与物资储备,国内外特异性抗病毒药物研发取得进展,广大医疗卫生人员积累了较丰富的疫情防控和处置经验,尽管各地的困难还是不少,但整体"抗压力""战斗力"是杠杠的!

三

回望三年来的抗疫之路,我们历经了许多磨难和挫折。初次面对新冠病毒时的惊慌和恐惧,"全城静默"时孤坐家中的彷徨和不安,还有排队做核酸时遭遇过的暑热与寒风……

彻底摆脱新冠病毒的侵扰、不再回到过去,是广大民众当下的热切心情与深切渴望,这些我们都能理解。也正因此,我们特别能体会大家的担心、担忧。

将"乙类甲管"调整为"乙类乙管"的目的正是为求更精准、更科学、更有效地防控疫情,是我们在充分识别"敌情"、综合"实力"、考虑"战况"后实施的依法、科学、有序的动态调整,是实现疫情防控、资源平衡和社会发展多目标平衡的最优解法。

目前监测数据显示,奥密克戎变异株的致病力和毒力相比原始株和其他关切变异株显著减弱,有些省份正在或已经度过第一波最高峰的冲击,且并没有出现大面积重症和死亡现象,不少地方"平稳过峰"。

尽管随着第一轮疫情高峰的到来,目前网上网下有许多人吐槽"无症状感染者"这个说法,但这其中存在医学专业术语普及说明不到位的原因,并不影响对当前疫情发展总体态势的分析判断。

针对新情况,将责任报告单位和责任疫情报告人发现传染病后2小时内进行网络报告延长为24小时内,提升实施疫区封锁、交通卫生检疫的限制条件,以及调整对感染者和密接人员的判定,并根据病情采取必要的治疗和控制手段等措施,减少不必要的防控损耗,能更加精准高效地利用防控资源,将好钢用到刀刃上。

四

当前,新冠疫情仍在全球流行,国内疫情总体处于快速上升阶段,可以预见的是,随着疫情防控进入新阶段,未来一段时间各地将陆续面临疫情流行的压力。在这种背景下,"乙类乙管"要想实现"平稳落地"并不是那么容易的一件事。

正如有网民所指出,在防控措施调整初期可能会出现新冠病毒感染病例快速增加,继而引发医疗服务供给不足、公众出现焦虑情绪等现象。随着近期患者增加,用药需求激增,部分地方部分品种出现了紧缺。可以说,这些潜在风险更加考验我们的智慧、勇气和应变能力。

一方面,要把准疫情防控中一以贯之、始终不变的大逻辑——始终坚持人民至上、生命至上。坚持科学防治、精准施策,继续用好群防群控、联防联控这一重要法宝,围绕"保健康、防重症",千方百计做好相关救治工作,同时推动企业迅速扩能扩产,努力保障重点药物市场供给,尽快缓解药品短缺,最大程度保护人民生命安全和身体健康。

另一方面,要不断升级防控理念和手段,继续优化、调整、完善疫情应对的组织体系、应对机制，以更加丰富的"技能包"迎接后疫情时代。比如，虽然当前病毒致病力明显减弱，但传播速度更快、传播力更强，传播风险大，这给"一老一小"、严重基础病患者、孕妇等脆弱群体健康带来直接威胁，也对防控工作提出新的挑战。这就要求我们要持续关注国际国内疫情形势变化，持续开展病毒变异监测和分析研判，聚焦薄弱环境，持续优化疫情防控政策措施。

当然，政策调整后，对个人防护提出的要求也更高了。我们每个人都要做好自己健康第一责任人。坚持健康生活方式，平时注意做好自身防护，规范佩戴口罩，适当储备相关药物，做好自我健康监测。

王云长　张俊　陈培浩　执笔

2022 年 12 月 28 日

沙孟海的"招牌字"

> 像沙老这样的浙江老一辈书法家,留给后人最宝贵的财富就是"始终把书法看得很轻",声望再高,名气再大,总是儒雅、谦和、严谨、亲切,始终坚守传统知识分子的良知和清正之风。

手机时代,提笔写字已然成为一件奢侈的事。

试问大家,多久没写汉字,多久没拿毛笔写字了?或许有这么一个人,走在杭城的大街小巷,还能让我们想起书法的存在。他,就是沙孟海。

在书法圈,他是"神"一样的存在。圈子里敬称其为"沙老"——他是浙江首任书法家协会主席,也是西泠印社第四任社长。

浙江书法最高奖,以他的名字命名,从1991年开始,至今已举办11届。

他的书法,最著名的是"榜书",也就是"招牌字"。

不久前,浙江书法院刚刚成立,第11届浙江书法奖·沙孟海奖也新鲜出炉。沙老到底给浙江书坛、浙江书法家们，带来什么启示？

一

沙老的一生，是"榜书"的一生。

每次去灵隐寺，估计不少人会被"大雄宝殿"题字震撼到，书法的气势扑面而来，积健为雄的笔势后面是一种正大气象。

这块匾额沙老写了两遍，第一遍是在1953年宝刹修葺时，他为了能写出气势，特意在灵隐寺空地上铺好宣纸，用三支大号毛笔捆扎在一起，写出来的字每个约两平方米。但当匾额做好，沙孟海看后说："字写得还是小了，如果事先知道匾额的尺寸，效果一定更好。"

第二遍是在1985年，大雄宝殿再次整修，灵隐寺请沙孟海补款。沙老在殿前，凝视良久，"我重写一块吧。"尽管已是85岁高龄，刚刚经历了前列腺癌的手术，沙老仍重新题写了"大雄宝殿"匾额。

沙老就是这样一个认认真真写字，写了一辈子的人。

沙孟海，1900年生于浙江鄞县，1992年逝于杭州，以92岁的高龄横跨了20世纪。其一生阅历了求学、教书、鬻艺、从政、治学等丰富内容，拥有教师、政要秘书、大学中文教授、艺术活动家、书法家、篆刻家等多重身份。

可以说，沙孟海是20世纪中国书法史发展的见证人，现代浙江书法的奠基者和领路人。

他出身于书香世家，幼年时期便精通书法、篆刻，八九岁时，便学着父亲的样子，临摹碑帖，篆刻图章。12岁时，因能准确读出大印篆字而被人们誉为"小神童"。

为了贴补家用，沙孟海选择了鬻文卖字，有时甚至通宵达旦地书写篆刻。1922年，沙孟海到上海两位宁波籍的富商家任家庭教师，后任教商务印书馆图文函授社，有幸接触赵叔孺、朱彊村、章太炎、康有为、吴昌硕、马一浮、况蕙风、冯君木、陈屺怀等学者宿儒，使他学艺大进。

也是在这时，他的篆刻作品得到了一代宗师吴昌硕的欣赏，将他收入门下，并赋诗褒之：浙人不学赵㧑叔，偏师独出殊英雄。

此后数十年时间里，他笔耕不辍，坚持临摹历代碑帖，在书法艺术的道路上孜孜以求，化古融今，最终形成具有自己特色、正气满满的"雄强"书风，被称为"沙体"。

深为世人所推崇的是他的"榜书"，又名匾额体、招牌字，指标题在宫阙楼阁门额上的大字。"门楣上家国，梁柱间文脉"，"榜书"是楷书中的最高段位。

沙老的书法，正是因为一块块招牌，走入千家万户。

至今，杭州的街头巷尾、浙江的名胜景点还有不少沙老题写的"榜书"，西湖的中山公园、宝石山、杭州友好饭店，绍兴的王右军祠、宁波的河姆渡遗址、温州的中雁荡山，等等。

时移世易，大多数"榜书"已在历史中烟消云散，只有极少一部分依然醒目地悬挂于亭台楼阁、街巷市井的显要之处，述说着一段历史、一个故事和一种精神。

二

要成为一个真正的书法家,其实是很难的,至少要过"三关"——书法关、学问关、名利关。

如何过书法关,沙孟海有自己的独门"通关秘籍":一个是"转益多师",一个是"穷源竟流"。

"转益多师"很好理解,就是多方面吸收些营养来丰富自己,用沙老的话说是"初学行书《集王圣教序》,后又转学篆书,再学梁启超方笔,又转学黄道周、兼学魏碑,再上溯魏晋诸帖、转益多师"。

"穷源竟流"有点难懂,就是学习某一种碑帖,还同时兼学有关的碑帖与墨迹。每一件经典的书法作品都有其"脉络",不能孤立地学习,要系统地学,才能悟出真谛。

第二关,是学问关。看来,成为大家是有方法的,既要磨炼"书内功",更要修好"书外功"。

在杭州龙游路的沙孟海旧居,有一张长长的名录,是沙孟海自己列出有过交往的师友们,包括"亲炙""私淑"等,多达几十人。比如"亲炙"有吴昌硕、冯君木等,"私淑"有梅调鼎、康有为、翁同龢、吴大澂、罗振玉等,都是当时顶流的学者名家。

"一般书人,学好一种碑帖,也能站得住。作为专业书家,要求应更高些。就是除技法外必须有一门学问做基础,或是文学,或是哲理,或是史事传记,或是金石考古……"

沙老这句话,振聋发聩,因为跳出书法才能提升书法。

回过来看沙老,何止是一门学问做基础,他是数种学问打造的庞大而坚实的"书法底座"：古文字学、古器物学、文物考古学、金石学、古典文学、篆刻学。书法只是冰山一角，水面之下的学问才是书法家的立身之本。

最后一关，是名利关。书法家一旦堕入名利场，就会沦为"江湖字"。

像沙老这样的浙江老一辈书法家，留给后人最宝贵的财富就是"始终把书法看得很轻"，声望再高，名气再大，总是儒雅、谦和、严谨、亲切，始终坚守传统知识分子的良知和清正之风。

他的亲友回忆道："他总习惯把自己放在最低的位置，很多来求字的人，他都会欣然提笔，却一点不提酬金之类的。但对于治学、工作，他把关非常严格，绝不马虎。"

沙老告诫我们：书法也讲"人设"，"三观"也要正。但问：书法关、学问关、名利关，当代书家几人能"通关"？

三

浙江书法，需要"高原"，更需要"高峰"。

历史上的浙江书法，不缺"高原"，也不缺"高峰"，说一度占领了中国书法史的"半壁江山"也不为过。

1982年，早在成立伊始，针对改革开放之初书坛的种种现象与浙江书法发展的历史经验，浙江省书法家协会就确立了"重学养、重品格、重基础、重个性"的人才培养原则。

"四重"原则，体现出以沙孟海为代表的浙江老一辈书法家，对于浙江书法特质的理解，对于浙江书法发展规律的认识，这是浙江书法宝贵的精神财富。

笔者以为，当代书坛存在两种较为突出的书风现象：一是缺失学养、品格与基础的个性化书风，俗称"江湖字"；二是缺失学养、品格与个性的技术化书风，俗称"展览体"。

"四重"原则就是一剂治疗不良书风的"苦药良方"。

"学养"是书法家的内涵，"品格"是书法家的灵魂，"基础"是书法家的根基，"个性"是书法家的标签，这是一个整体系统，讲究均衡发展与整体推进，是造就"高原""高峰"的四大法宝。

习近平总书记指出，"经典之所以能够成为经典，其中必然含有隽永的美、永恒的情、浩荡的气。"

看沙老的"招牌字"，刚劲的字迹，重"势"、重"力"、重"形"、重"意"，磅礴的气势，给人以正大气象、浩浩荡荡之感。这些字，不仅是书法的金字"招牌"，也是学问的金字"招牌"，更是人格的金字"招牌"。

张璞 郑利权 执笔
2022 年 12 月 29 日

总书记为何老惦记这个事

> 没有调查,就没有发言权,更没有决策权。实际工作中,不少领导干部总抱怨工作太繁忙,没有时间深入调研。这听似有情可原,实则经不起推敲,既反映出对调研重要性的认识不足,也说明工作统筹兼顾不够。磨刀不误砍柴工,时间紧张不是理由。

12月26日至27日,中共中央政治局用了整整两天时间,开了一个重磅会议——民主生活会。

就在这个会上,人们又听到了习近平总书记语重心长嘱咐:"要大兴调查研究之风,多到分管领域的基层一线去,多到困难多、群众意见集中、工作打不开局面的地方去,体察实情、解剖麻雀,全面掌握情况,做到心中有数。"

"调查研究"这四个字,习近平总书记可以说是不厌其烦地强调了一次又一次。他在党的二十大报告中就指出,弘扬党的光荣传统和优良作风,促进党员干部特别是领导干部带头深入调查研究,扑下身子干实事、谋实招、求实效。

众所周知,调查研究是我们党的传家宝,是谋事之基、成事之道。

既然是传家宝,那就应该是党员干部特别是领导干部最熟练的基本功、最擅长的拿手绝活,可是习近平总书记为什么还要反复强调呢?

一

有些事情,越是熟悉,就越容易忽略。

调查研究就是如此。做不好,就容易在形式主义、官僚主义这两个"大敌"面前吃败仗。

为此,这些年,习近平总书记在率先垂范做好调查研究的同时,也总是不忘提醒调查研究应该注意避免的一些问题。这样的话,对于在习近平总书记身边工作的人员来说,是耳熟能详的。

比如,《习近平浙江足迹》中就提到,一位当年在省委办公厅工作的人员说,"当时,习近平同志经常告诫我们,担负领导工作的干部,在对重大问题进行决策之前,一定要有眼睛向下的决心和甘当小学生的精神,迈开步子,走出院子,去车间码头,到田间地头,进行实地调研,同真正明了实情的各方面人士沟通讨论","调查研究的过程就是科学决策的过程,千万省略不得、马虎不得"。

这一席话,可谓一针见血,鞭辟入里。

当前,"调查研究"不仅染上了一些病症,有的还渐成顽疾。

概括起来,大致有以下5种"病症":

一为"假"。借调查研究之名,或行游山玩水之实,把调研变成了享受福利的待遇；或行联络感情之实，把调研变成了拉关系、办私事的机会；或行争取经费之实，把调研变成了套取资金的渠道。

二为"秀"。调研时，热衷于搞"花架子"，讲排场、比待遇，迎来送往、层层陪同，把时间与精力都花在了"摆门面""做样子"上；总结时，长篇累牍、七拼八凑，新理论与新名词乱飞、图表与模型狂舞，徒有其表、华而不实。

三为"虚"。不是浮光掠影、敷衍了事，人到心不到，为调查而调查，就是自夸自负，习惯于下达指示，而非虚心求教，把调研变成了"走场子""抄方子"。不是躲开矛盾，回避问题，避实就虚只"报喜"，就是轻描淡写，笼而统之，把调研变成了完成任务的"应景文章"。

四为"傀"。没有自主性、丧失主动权，一切都是别人安排好的，走规定路线、看示范样板、听标准汇报，调研成了"木偶戏""精品游""盆景展"。

五为"空"。有的调查多、研究少，情况多、分析少，提不出什么有用、可操作的对策建议；有的一"调"了之，热衷于请领导批示、送刊物发表，调研成果停留在纸面上，不能转化为推动工作的实效。

二

那么，该如何做好调查研究？我们不妨先看看习近平总书记自己是怎么做的。

"当县委书记一定要跑遍所有的村，当市委书记一定要跑遍所有的乡镇，当省委书记一定要跑遍所有的县市区。"《习近平浙江足迹》中，记载着习近平同志曾说过的这样一段话。

以调研开局，以调研开路。一路走来，习近平同志这样说，也是这样做的：在河北正定，他跑遍了所有村；在福建宁德，他到任3个月就走遍了9个县，后来又跑遍了绝大部分乡镇；在上海仅7个月，他就跑遍了全市19个区县。

在浙江更是如此。到浙江工作后才10天，习近平同志下基层调研的第一站就是中国共产党的诞生地——嘉兴南湖。任职刚刚两个多月，他就把全省11个地级市都走遍了。随后一年时间里，他又走遍了全省90个县（市、区），还走访了大量村（社区）、乡镇（街道）、企业、学校等。

不仅如此，习近平同志至少每周都会安排一次调研，而他最显著的工作特点就是用调查研究开路，包括"八八战略"、平安浙江、法治浙江、文化大省、生态浙江等重大决策部署，都是他在深入调研之后作出的。

2015年5月，习近平总书记回浙江考察时提到，他在浙江工作时，省委就提出"八八战略"，这不是拍脑瓜的产物，而是经过大量调查研究提出来的发展战略，聚焦如何发挥优势、如何补齐短板这两个关键问题。

到中央工作后，习近平总书记对调查研究的重视一以贯之。

党的十八大后，以习近平同志为核心的党中央从中央八项规定破题，以上率下抓作风建设，而八项规定的第一条就是："中央政治局全体同志要改进调查研究，到基层调研要深入了解真实情况……"

党的二十大报告，也正是听民意、汇民智、聚民心的结晶。新华社刊发的《党的二十大报告诞生记》提到，习近平总书记在党的二十大报告起草伊始就明确强调，"在起草工作中要充分发扬民主，加强调查研究，广泛听取意见，集中起各方面智慧"。

可以说，二十大报告的字里行间，思想理论的光辉、治国理政的谋划，无不和调查研究密切相关。

三

调查研究，不仅是一种工作方法，而且是关乎党和人民事业得失成败的大问题。

调查研究的5种"病"，似小实大，轻则劳民伤财、影响形象，重则误导决策、失信于民，久则误国殃民、贻害无穷。

那么，该如何对症下药？

其实，早在2003年2月25日，时任浙江省委书记习近平同志在《浙江日报》"之江新语"专栏上发表了首篇文章，标题就是答案：调研工作务求"深、实、细、准、效"。

区区5个字，蕴含了深刻的哲理和方法论意义，把调查研究应该注意的问题、采取的对策，都说深说透了。

"深"，就是要深入群众，深入基层，善于与工人、农民、知识分子和社会各界人士交朋友，到田间、厂矿、群众和社会各层面中去解决问题。

"实"，就是作风要实，做到轻车简从，简化公车接待，真正做到听实话、摸实情、办实事。

"细"，就是要认真听取各方面的意见，深入分析问题，掌握全面情况。

"准"，就是不仅要全面深入细致地了解实际情况，更要善于分析矛盾、发现问题，透过现象看本质，把握规律性的东西。

"效",就是提出解决问题的办法要切实可行,制定的政策措施要有较强操作性,做到出实招,见实效。

我们党历来有重视调查研究的优良传统。毛泽东同志的《寻乌调查》就是准确分析矛盾、发现问题的典范之作。1930年5月,毛泽东同志在江西省寻乌县进行了20多天的调查,他对寻乌的政治区划、地理交通、商业活动、土地关系、土地斗争的状况,进行了全面而详尽的考察分析。《寻乌调查》一文中,详细叙述了寻乌的水陆运输、商品集散和流向,以及20多个行业的状况。通过寻乌调查,他搞清楚了富农与地主的问题。

没有调查,就没有发言权,更没有决策权。实际工作中,不少领导干部总抱怨工作太繁忙,没有时间深入调研。这听似有情可原,实则经不起推敲,既反映出对调研重要性的认识不足,也说明工作统筹兼顾不够。磨刀不误砍柴工,时间紧张不是理由。

调查研究务求"深、实、细、准、效",既是确保调研不流于形式、不浮于表面的客观要求,也是我们立足新时代、开拓新局面的前提条件。

当前,我国发展正处在新的历史方位,社会主要矛盾已经转化,各个领域都发生了翻天覆地的变化,新情况、新问题层出不穷。这对我们的工作理念、工作方式、体制机制都提出了新要求、新挑战,迫切需要我们深入开展调查研究,从而发现问题、总结情况、寻求规律,在调研中孕育新思想、谋划新战略、形成新措施。

这,也正是当前全党大兴调查研究之风的时代背景和意义所在。

周咏南　执笔

2022年12月29日

文博有"数"

> 过去有一种说法是"藏之名山,传之后世",很多文化创造者担心自己的心血湮没于历史风雨、社会动荡。数字化就为文化提供了一种"新的存在"。

新年临近,很多地方最热闹的就是赶集。

这两天,就有一场"赶大集"在深圳国际会展中心拉开帷幕,那就是第十八届中国(深圳)国际文化产业博览交易会。

虽然现在全国各地的文博会不少,但深圳文博会可是中国唯一一个国家级、国际化、综合性的文化产业博览交易会,被誉为"中国文化产业第一展"。

为啥说像"赶集"呢?因为全国各省、自治区、直辖市和港澳台地区,都在这里有一个展区,展现本地文化产业发展的最新成果,而且往往得提前大半年就开始准备,考虑展馆外形设计,参展企业遴选,展示内容也是精挑细选、"货比三家",为的就是吸引更多的观众前来打卡,吸引更多展商促成交易。

那么,这次展会,给大家"上新"了什么新奇体验?又传递了什么信号？

一

每届文博会，都有一个相对聚焦的主题。

据介绍，本届文博会的主题是"突出文化数字化战略，激发文化创新创造活力"。位于10号馆的浙江展区，文化数字化是当之无愧的"主角"，30余家参展企业，均"手握"数字文化产品。

在序厅，由新华智云打造的"入画千里浙江，穿越古今江南"数字画卷缓缓铺开，"迎接"观众的不仅有诗画江南的青山绿水，还有许多"老朋友"，比如远古时代万年上山的农夫、跨湖桥的工匠、良渚的国王以及王羲之、李白、陆羽、苏轼等文化名人。观众可通过扫脸，生成自己的"数字分身"，进入数字画卷，感受"诗画江南 活力浙江"的意蕴。

之江实验室的AI智能绘画，让观众体会了一把艺术创作的乐趣。只需要对画作进行文字描述，同时选择喜欢的风格，就可以生成属于自己的作品。

可以说，在数字技术的襄助下，文化内容的生产、创造和传播方式已经变得越来越多元，大众不再是文化的单向接收者，也成为文化的参与者。

同时，数字技术也让更多优秀传统文化找到了"养生之道"。

比如，越生传媒展示的"中国近代文献数据总库"，包括7大分库和32个文献专库。这背后，是他们花了近十年时间打造的中国近代文献保护工程，先后征集近代文献超过15万种、30万册，目前已出版2000种、40余万册，不仅为这些文献"续了命"，也填补了近代文献在出版领域的历史空白。

此外，观众还可以看到千年前的"唐三彩马"如何从博物馆走出，在展馆飒爽英姿地奔跑；可以看到宋代《文会图》里的景色动起来，人物好似真的"活过来"；可以看到用元宇宙技术复原的南宋德寿宫，看宋人斗茶、斗蛐蛐、蹴鞠的闲适生活；看到虚拟数字人"谷小雨"第一次"出差"，在全国观众面前，将宋韵文化娓娓道来……

可以说，在数字技术的加持下，传统文化变得不再高冷，而是以鲜活的面孔、亲切的姿态走入大众生活，让更多人有了去触碰和欣赏文化艺术的欲望。

二

虽然此次浙江展区备展时间不长，但是，这些文化数字化产品，可不是短时间内生产出来的。因为将文化成果、文化产品进行数字化，对文化资源进行采集、存储、分析、挖掘，是一项巨大工程。

如"中国历代绘画大系"项目，为万余套古画建立起精准数字化档案，就是"十七年磨一剑"，其工程之浩繁可想而知。

那么，问题来了，文化数字化为何非做不可呢？

过去有一种说法是"藏之名山，传之后世"，很多文化创造者担心自己的心血湮没于历史风雨、社会动荡。数字化就为文化提供了一种"新的存在"。

比如，2019年，在大火毁坏法国巴黎圣母院之后，带来重建希望的正是法国著名游戏公司育碧，他们提供了此前制作游戏时通过全景扫码建立起的3D数字模型，正是这份宝贵的数字档案，让巴黎圣母院将在2024年重新开放。

中国的实践也一直在路上。2001年起的十年间，我国先后启动了博物馆馆藏文物数据库、民间文艺基础资料数据库、数字图书馆工程等。近年来，数字化技术助力文化遗产保护与复原的案例也不断涌现，文化数字化正在用科技镌刻中国记忆。

在"知乎"上，经常看到这样的提问："每次逛博物馆感觉都看不懂怎么办？"这个困惑，相信大多数人都遇到过。展品年代久远，内涵很丰富、很深刻，专业性很强，因而存在"看不懂"的问题。因此，如何让不说话的文物"动"起来、"活"起来，是传承与传播文化面临的突出问题。

也许大家还记得，2010年上海世博会期间，一幅动感长卷《清明上河图》令参观者叹为观止。画中的人物和景致竟然"动"起来了，再现了当时繁华的城市生活景象，给人一种身临其境的感觉。参观者纷纷赞叹其神奇，赞叹技术的力量。

可见，数字化不仅有利于丰富文化的表现力、增强文化的感染力，更有利于提升文化的传播力。

此外，数字化也让文化消费更加便捷。过去戏剧在剧院演出，观众要走进剧院看戏；电影在院线排档期，要走进影院看电影；交响乐在音乐厅演奏，音乐欣赏者要走进音乐厅。但现在，一部手机、一台网络电视甚至一件智能家具，就可以传播这些内容。

三

1995年，美国学者尼古拉斯·尼葛洛庞帝在《数字化生存》

一书中曾预测："数字时代已势不可挡，无法逆转。人类无法阻止数字时代的前进，就像无法对抗大自然的力量。数字化的未来将超越人们最大胆的预测，数字化生存是人类要面临的最重要现实。"

如今，数字化已无所不在，数字化时代已然降临，它正撬动着诸多行业乃至整个社会变革。文化数字化自然是其中不可或缺的一部分。

这也就不难理解，为何2022年5月，《关于推进实施国家文化数字化战略的意见》以中办、国办名义印发，为何这一战略还被写进了党的二十大报告。

那么，对于浙江来说，既是数字经济大省，也是文化大省，如何让二者"跨界融合""强强联合"？透过这次展会，我们可以如何创新打法？

笔者认为，可以从以下几方面入手：做实文化专题数据库、做强文化数据服务平台、做活文化体验平台。

先说建设文化专题数据库，这是文化得以赓续绵延的基础。但目前囿于尚未确立统一的标准和路径，导致文化数字化进展相对缓慢。因此，制定统一的数据采集及分类标准，让各个数据库像充电器一样，有一致的"接口"，显得尤为迫切。在此基础上，再运用数字技术，关联各类博物馆、科研院校等单位数据资源，搭建起更多的"知识殿堂"和"文化宝库"。

再说文化数据服务平台，这是将文化资源转化为文化资产的重要一环。目前，"版权桥"应用可以为文化作品的版权登记、评估，提供确权、溯源等基础性、专业性服务。未来，可以依托应用，开发交易、分发功能，向文化企业、高校、独立设计师等，有序开放文化数据库，让数据"破壁"，让成果"破圈"。

最后说文化体验平台，如何更好地满足人们游览、欣赏需求，拉近文化与群众的距离，这是最终的目的。眼下，一些云展览、云演艺虽然开展得如火如荼，但仍停留在"网页化"阶段，仅将线下内容"平移"上线，观感不佳。这次文博会上，江苏展区的"5G飞越长江沉浸式体验馆"用前沿技术、以全新视角，带观众"一镜飞越"长江国家文化公园的13个省市，让雄奇秀美的长江"远在天边、近在眼前"。这些也是我们需要拓展和努力的方向。

在文化数字化战略的指引下，我们期待，文化传承保护水平更高，文化呈现方式更加多样，人们获取知识的途径更加便捷，文化传播更易为公众接受。

郑思舒 桑隽漾 陈馨 厉晓杭 方雅 执笔
2022 年 12 月 30 日

不对立不撕裂，向前看向前行

> 中国疫情防控这艘大船，最终能否平稳抵达彼岸，靠的还是我们全体中华儿女的齐心协力、勠力同心。现在我们已驶入缓冲区，出现一些颠簸、回旋和振动都在所难免，舆论场上出现了一些"喧哗吵闹"也可以理解。
>
> 但一家人的事情，最终还是要靠一家人来解决。

疫情当前，没有旁观者，谁也不是局外人。

新冠病毒席卷了全球，也没有放过中国的各个角落。我们身边的亲人、朋友、同事，包括我们自己，都在经历着病痛。

面对困难，特别是这场没有硝烟的对抗，需要做的还是44年前的那句老话："团结一致向前看。"

"团结就是力量，这力量是铁，这力量是钢。"20世纪40年代，这首《团结就是力量》在河北西柏坡北庄村唱响，迅速传遍燃烧着抗日烽火的中华大地。

回顾三年前，在疫情肆虐、我们不知所措的时候，北协和、南湘雅、东齐鲁、西华西……兵"桂"神速、"湘"互扶持、竭"晋"全力……是什么让我们穿上"最坚硬的铠甲"，去赢得最艰难的战役？

答案在我们每一个人的心里。

一

如今，疫情防控正面临新形势，防控工作转入新阶段。前几日，国家卫生健康委发布公告，自2023年1月8日起，将新型冠状病毒感染从"乙类甲管"调整为"乙类乙管"。这对我们如何平稳"渡峰""转段"提出了新的更高要求，这绝不是一件容易的事。

当前我们最应该做的是什么？简单来说，就是紧紧抓住主要任务。现在疫情防控的主要任务是"保健康、防重症"，尽可能减少死亡和重症，无疑是当前的重要目标。

目前，相比于大量感染案例，我们从身边直接感受到的重症、危重症患者仍属少数。多方数据也佐证了这一点。当然，不少人都经历了各式各样病状带来的痛苦。从更大范围看，社会总体运行平稳。从更长时间看，只要我们守住生命安全底线，不用多久我们都能陆续好起来。

聚焦当前的主要任务，我们需要的是统一思想、凝聚共识、守望相助、共渡难关。针对医疗服务供给不足、医疗物资结构性短缺等难题，我们要实事求是、想方设法地去解决。任何的质疑、争吵和攻讦都无济于事，反而会影响我们完成当前的主要任务。

令人欣慰的是，一些难题正在得到解决。比如，如何保护老年人的健康？近日，浙江向60岁以上老年人陆续免费发放"防疫包"，每个"防疫包"里不仅有药物，还会附上1份防疫健康温馨提示。再比如，为进一步缓解市民买药难，杭州此前推出"余药互助·共享药箱"，上线一周来，已有40余万人次登录使用，发布求助（帮助）信息1万余条，互助成功率超过50%。

一条船上的人，心往一处想、劲往一处使，才能经受住惊涛骇浪。然而，让人忧虑的是，不知从什么时候起，攻击防疫政策调整的信息就席卷而来。

二

非常时期，"团结一致向前看"，最重要的是要弥合大家思想认识上的分歧。

笔者注意到，随着各地阳性高峰的来袭，舆论场也出现了明显撕裂。面对防疫政策调整后首次遭遇的新问题、猝不及防的新挑战，各种讨论、争论、质疑的声音充斥着网络，影响着社会大众的认知和情绪，导致人们莫衷一是、有些迷惘。主要有以下四种类型：

"攻击"型。西方媒体永远不缺少攻击中国的理由。无论是"动态清零"还是现在的优化调整政策，在一些西方媒体眼里都是"鸡蛋里有骨头"，"中国防疫失败论"成为各种文案关键词的不二选择，甚至部分西方国家认为中国病例出现"灾难性增长"，进而对中国入境人员重启核酸检测。而国内一些公知大V以西方言论为圭臬，围绕药物、疫苗、就医等民生关注热点，添油加醋炒作，无非就是趁着国内大规模感染，在焦虑的民众中挑起对政府的不满、愤怒情绪。

"论战"型。奥密克戎病毒给许多感染者带来了头痛、咽喉痛、咳嗽等症状,也带来了"清零派"和"躺平派"的争论不休、吵闹不休,甚至嘲讽辱骂不休。一些所谓的大V利用自己的影响力,抓住一点持续攻击,并以"蹭热碰瓷"的手法裹挟更多名人、群体加入论战,尽管很多观点以偏概全甚至存在明显漏洞,但仍有粉丝偏听偏信,助推了对立情绪升级,给普通民众造成了认知混乱,有意无意制造了社会认知撕裂。分歧的最大原因,其实是信息不对称。争论双方又缺乏理性沟通的方法,观点争论一不小心就变成了情绪对抗。

"质疑"型。随着防控政策优化调整步伐的加快,网上出现了不少质疑声,有质疑政策本身的,有质疑专家学者的,有质疑医疗救治能力的,有质疑各类药品的,背后还有很多知名网络大V推波助澜。特别是随着感染人数增多,尤其是"无症状"的预判与实际感受的落差出现后,部分人将愤怒的矛头指向专家,或冷嘲,或热讽,或质问,或谩骂,有的多少有人身攻击的味道。即使是在医学水平最高的国家,面对狡黠的病毒,他们的专家团队也屡次暴露出研判上的滞后与失误。专家并非全知全能,只要他们出于专业和良知,基于实情说出自己的观点,就该受到理解和尊敬。

"阴谋论"型。新冠疫情在全球蔓延至今,确实有不少"谜团",但如果无定论、实据却言之凿凿,难免会变成"阴谋论"。比如,有的人特别热衷于炒作"投毒论",断言新冠在中国的发生是一些国家投毒的结果,而目前中国防疫政策调整也是西方诱导的结果,目的就在于趁着中国转段期再次投放新的毒株。加上一些国家渲染"中国出现新变种毒株的可能性是很大的",似乎更加印证了这种"剧情跌宕起伏"的"高论"。这种论调非但没有起到"解扣子"的作用，反而制造了一种悲观乃至绝望，潜台词就是"中国的疫情防控永远不会有尽头，我们现在所做的努力都是白费力气"。

三

有言道："互联网时代，众声喧哗中需要有思想的'坐标系'，乱云飞渡中需要有价值的'主心骨'。"面对疫情防控转段"节骨眼"上的各种分歧、争议，我们应该做什么？笔者想到三句话。

"没有理智决不会有理性的生活"。互联网从来不缺信息，缺的是理性思考。现在自媒体上关于病毒发展、政策趋向、物资储备、药品药效的各种"重要信息""权威说法""独家解密"层出不穷，让人眼花缭乱，特别是有的观点和结论之间分歧很大，可谓"任何想要的答案"都能找到，不论是"天选打工人"还是"杨过""杨康""王重阳"们，信还是不信，如何取舍？关键还是要识大局、明大势、走大道，那些信息有多少"准头"、管不管用，最根本的就看它和国家大的基调、最新政策、具体举措特别是权威发布的声音是否对得上，这样就不会"乱花渐欲迷人眼"，否则很容易被信息茧房所困，在焦虑徘徊中失去正常认知和判断。

"非常时期，信心比观点更重要"。当前，疫情正席卷中国各个角落。每个人想表达自己的观点也确实拥有这样的权利。但必须看到，这么大的国家，14亿多人口，防疫措施优化调整不是在实验室进行的，我们与其质疑、抱怨、争执，不如眺望远方、蓄足信心。客观而论，三年来，中国能将病毒毒性耗到当下较弱的程度再调整措施，已是用足体制机制韧性。措施调整，正是最大程度践行了"人民至上、生命至上"的准则,努力实现疫情防控和经济社会发展的高难度平衡。而从更大范围看,最初的一批感染者已经康复,重新将活力注入社会;京沪交通又堵了,海南电影节现场再现人潮;在浙江,一些康复者参与无偿献血,缓解血库紧张……总之,全社会都在尽全力度过最难熬的时刻。

"真正的担当是说实话、干实事、出实招"。面对疫情防控新阶段出现的新题、难题,群众希望及时听到暖心又实用的权威声音,不论是专业人士、专家学者还是网络名人、行业大V,敢于发声、勇于发声都体现了一种社会责任,群众总体上是欢迎的。但有这样一句话——"勇气不等于担当",得到社会褒奖的一个基本前提,就是所说的话要基于实情,如果为表达而表达,以观点所需、论战所需、批评所需去裁剪数据、截取言论、打造案例,在强大的互联网记忆面前,露馅是迟早的事。特别是有的信息和数据发布与公众感知相背离,有的搞"低级红""高级黑",缺少实事求是的态度和精神,只会让网友反感。

同时,艰难时期,每一场讨论应该奔着推动各条战线、各个领域更好干实事而去,每一次观点碰撞也应该比拼谁的建言献策更科学、更管用,而不是以展示辩才、阐述"高见"为乐,把非常宝贵的舆论空间变成辩论场和秀场,既于大局无益,也没有群众会认同。

四

"民齐者强""人心齐、泰山移""上下同欲者胜""众人拾柴火焰高""兄弟同心、其利断金"……老祖宗给我们留下的话句句经典,饱含着中华儿女生生不息的精神密码。

中国疫情防控这艘大船，最终能否平稳抵达彼岸，靠的还是我们全体中华儿女的齐心协力、勠力同心。现在我们已驶入缓冲区，出现一些颠簸、回旋和振动都在所难免，舆论场上出现一些"喧哗吵闹"也可以理解。

但一家人的事情，最终还是要靠一家人来解决。中国人的事情，也要靠中国人一起来面对和完成。过去三年，国家尽最大努力，确保了人民群众的生命安全和身体健康，成绩来之不易。可是，这场没有硝烟的战争，不可能没有伤害。既然伤害无法避免，我们唯有团结一致，在适当的时候采取适当的举措，努力把伤害降到最低。

现在，随着政策调整，一些新问题新挑战暴露出来，党委、政府要做的仍然是尽最大努力去降低损失。任何一项政策的诞生，寻求的都不是对某类人的最优解，而是对整个国家的最优解，也是在多目标平衡中找到最优解。

难题何止防疫。接下来，保全民生、恢复经济、完善治理……道道都是难关。每个领域，千头万绪，诸多做法都可能在舆论场上引发讨论。合理的意见、善意的批评当然可以有，但非理性的聒噪、嘶吼理应消除。

再寒冷的冬日，也阻止不了生机从土壤中向上攀爬。再过几天，中国春运又将开启，无数人将踏上团圆之路，共同向着家的灯火前进。即便彼时，很多地方正在举全力度疫情之峰，我们也有理由相信：越来越多的国人将从疼痛中"站"起来、手牵手，向前看、向前拼。

王云长　王人骏　徐毅　王玉宝　执笔

2022年12月30日

"新仓经验"为啥不过时

> 有人说，经验的形成并非是一条直线，而往往是一条曲线。正如两条腿走路，一条迈上前，就要把另一条扔到后面。
>
> "新仓经验"60多年的发展，一条总脉络就是与时俱进。

此前，全国多地发公告称恢复重建基层供销社，引起社会热议，供销社意外翻红。一时间，大家纷纷感慨，课本里张秉贵的记忆压不住了，供销社要回来了吗？

其实，这些都是对供销社的刻板印象。看似是重出江湖，其实它从未离开。在浙江，供销社更有着"非同一般"的意义。

故事还要从1955年诞生于嘉兴平湖的"新仓经验"说起。如今，在平湖毛泽东同志新仓经验批示展示馆，毛主席的一段手迹格外醒目："本书谈这个问题的只有这一篇，值得普遍推荐，文章也写得不坏。供销合作社和农业生产合作社订立结合合同一事，应当普遍推行。"

谈的什么问题？为何要普遍推行？

今天，我们一起走进手迹背后的求索岁月，感悟供销社与浙江农村的不解情缘。

一

真正的经验，一定来自于实践。"新仓经验"，正是源于一段曲折的探索。

新中国成立初期，农户们都铆足劲儿摆脱贫困落后的局面，但是生产水平低下、生产资料匮乏，禁锢着单家独户的小生产发展。于是，党中央在1953年通过《关于农业生产互助合作的决议》，全国各地纷纷响应，大刀阔斧地干了起来。

新仓乡更是走在前列，只用一年时间就建立起了24个生产合作社和3个常年互助组。新仓供销社更是首开先河，与农业生产合作社开始订立将农资供应和农产品收购结合起来的结合合同。

然而合同是签了，效果却没想象的好。

很多农民把订立合同误解为方便购买肥料、饲料等紧缺物资，所以在物资提供上要求越多越好，在农副产品交付上却希望越少越好。这样，合同当然就执行不下去了。

摸着石头过河，在哪个时代都值得鼓励。正是看到新仓等地新情况，浙江省供销合作社决定在新仓组织一次试点。

与最近的寒冷天气如出一辙，那是1954年的初冬，新仓乡早早飘起了大雪。生产合作社的社员们被堵在家里，看着窗外白茫茫的庄稼地，思索着明年的生计与前程。

一筹莫展之际，试点工作小组敲开了社员们的家门。领头人是时任浙江供销合作社供应处科长的张德喜，他带着两名同事和新仓乡供销社的工作人员，一待就是两个月。

其间，工作组白天顶着严寒走村入户，晚上还经常与农户谈话，休息时就睡在稻草打的地铺上。

严谨的作风、务实的态度、为农的情怀……试点工作赢得农户的拥护。不到半个月，新仓供销社就签下了27份结合合同，还为新仓乡的合作社理出了一条新思路。

一方面，根据合同指导生产，工作组带着供销社、生产合作社、农户制订了"一年早知道"的农业生产计划，大大提高了生产效率。

另外，供销合作社作为物资的中转桥梁，既带来了紧缺的生产资料，也保障了农产品销售。

试点工作结束后，工作组执笔写了一份总结材料，发表在《浙江农村工作通讯》上。1955年9月，毛主席把它收录在《怎样办农业生产合作社》一书中。

同年12月，毛泽东又亲自将文章题目改为《供销合作社和农业生产合作社应当订立结合合同》，并对3处文字和13处标点符号也作了修改，还撰写了编者按，将它收录进由他亲自编辑的《中国农村的社会主义高潮》中。

这段编者按正是这份弥足珍贵的批示，"新仓经验"由此诞生。

二

"新仓经验"之所以能成为经典，还在于它历久弥新的魅力。

翻开浙江乃至中国合作经济发展史，处处都有着"新仓经验"的影子。

随着市场经济的发展，农民家庭焕发出新活力。但千家万户的小规模生产，如何对接国内外大市场？农业分散所引发的购销问题再次凸显出来。

这一问题在商品经济发展较早的浙江省尤为突出。

对此，习近平同志在2005年的"之江新语"专栏中写道："这既是一个有利于'三农'问题根本解决的战略机遇期，也是一个容易忽视'三农'利益、导致各种矛盾凸显的社会敏感期。"

2006年初，中央一号文件刚刚提出"社会主义新农村建设"，时任浙江省委书记习近平就在当年1月8日的全省农村工作会议上，提出了农民专业合作、供销合作、信用合作"三位一体"的宏伟构想。

"新仓经验"发源地平湖市被迅速列为全省"三位一体"农村新型合作经济体系建设试点县（市）之一。不久，全省首个县级农合联在这里诞生，首个农民合作基金、资产经营公司在这里建立，全国首个农合联"三位一体"线上版在这里实现。

"为农服务，需要实力；基础不牢，地动山摇。"所谓"三位一体"，就是"滚雪球"壮实力的过程。

例如，平湖林埭的达意观赏鱼专业合作社，由企业与平湖市供销合作社、农村合作银行组建，与105户养殖户结成"合作联盟"。

新成立的合作社拥有专业的市场团队、融资机构、客户资源，其能力比养殖户强得多，也能在市场中占据更高的谈判地位。

事实也是如此，达意观赏鱼合作社通过送种苗、送饲料、送技术、送药物和包收购、包效益的"四送两包"模式，养殖户的收益净增了30%，也让林埭一度成为亚洲最大的温室养殖观赏鱼基地。

为什么说在"三位一体"上能看到"新仓经验"的影子？归根

到底，它们最核心的内容都是解决供销合作社与农民建立什么样的利益联结机制，通过什么样的模式带动农民合作致富的问题。

走出浙江，走向全国，"三位一体"改革还在大江南北开花结果。从计划经济、市场经济到数字经济，"新仓经验"也在与时俱进，不断被赋予更丰富的内涵。

三

"新仓经验"诞生于一个激情澎湃的年代，致敬着昨天，也鼓舞着今天。

张德喜他们在新仓的试点为何能成功？关键就在于实事求是的工作思路和细致的群众路线工作方法。

当时，包括浙江在内的全国各地也出现了一定程度的合作社冒进现象。

比如，官僚主义，一些地方在统购统销中搞强迫命令，只为政绩；形式主义，一些合作社不顾客观条件，只追求合同数量；本本主义，一些供销社照本宣科，盲目制订合同，难以实行。这些情况的出现，甚至在部分地区引发了农民与合作社、农民与政府的对立情绪。

新仓供销社在风高浪急中脚踏实地，试点工作从当地实际和农民意愿出发，从而更科学地把握了农村合作化推进的规律。

有人说，经验的形成并非是一条直线，而往往是一条曲线。正如两条腿走路，一条迈上前，就要把另一条扔到后面。

"新仓经验"60多年的发展，一条总脉络就是与时俱进。

在计划经济时代，结合合同实现了农业生产同国家计划紧密结合；面对市场化，"三位一体"在全国呈现星火燎原之势；随着数字时代的到来，数字农合联打造为农服务新模式……"新仓经验"之所以能够历久弥新，关键就在于一次次的改革和重组。

同时，在这条发展主线上，"新仓经验"始终坚持为农服务的方向，显示出其永不褪色的政治价值。正如张德喜回忆中提到的——"结合合同不是一张纸，而是一颗懂农民的心"。

在今天，这些依然有着鲜活的启示意义。

透过"新仓经验"，也许我们能一窥"不老供销社"的深层密码。它不是计划经济的回归，而是为农服务的延续。秉持着"为农"的宗旨，"结合"的灵魂，"创新"的动力，供销社在农村现代化道路上还有着巨大想象空间。

而永不过时的"新仓经验"，又将有哪些创新？让我们拭目以待。

档案资料

毛泽东同志新仓经验批示展示馆珍藏的毛泽东同志为《平湖县新仓乡订立结合合同的经验》一文批示手迹，为平湖档案馆复制件，尺寸长宽各26和7厘米，原件藏于中央档案馆。

复制件是单面复印的八开纸，共五张。每张中间是铅印文字，四周留白较大。铅印文字下面有页码，是621—629页，共九页。毛泽东同志写的按语和修改内容集中在前两张纸上。

吴梦诗　朱鑫　孔越　执笔

2022年12月31日

浙江宣传新年献词｜与这个时代肝胆相照

> 我们都生而平凡，没有人愿意去经受磨难。为什么会感受到"难"？只因置身于百年变局下的我们，都认真而努力地生活，在时代的巨变中颠簸着，同时拼搏着；即便不是每个人都勇立潮头、卓尔不凡，但每个平凡的人都与这个时代同频共振、肝胆相照，为着那真诚而朴素的心愿：把每一天都过好。

2022年即将离去。此时此刻，时间的意义变得备受瞩目，令人倍加感怀。因为我们告别的，不仅仅是过去的365个日日夜夜，更是经历不易的五味杂陈，穿越风浪的跌宕起伏，是每个人生命中弥足珍贵的一段时光。

如果用一个字来表达2022的表情，你会选什么？很多人可能会选择"难"字，个人有个人的艰难，家庭有家庭的困难，国家更有国家的难处。

新冠疫情三年的持续影响，让许多领域感受到极限承压的焦虑，不少家庭或个人都承受了病痛或损失。开个店总算迎来一拨客人，没承想过段时间又门可罗雀。一些出生于农村的大学生背负着家庭期望，盼着毕业后能找份好工作，可是投出去的简历又石沉大海。农民工朋友到省外务工，碰上封控和交通管制，以及部分企业减产等因素，赚到的钱更少了，有的人还只好回到老家。有的企业生产经营遇到困难，好不容易接到单子后，快递却发不出去。有的群体从大厂走出来，遭受真金白银的损失，面临房贷、车贷等压力。众多医护人员、公安干警、基层干部和各个行业从业者更是长时间没了正常的生活和休息，没日没夜奋战在疫情防控最前线，好多年轻人感慨"青春才几年，疫情占三年"，还有当下新冠病毒带给很多人种种苦痛。正如时常有人感慨"当下真难"，也有人追问"谁不难啊！"话语之间，透露出"扛过去"的那份坚韧。

我们都生而平凡，没有人愿意去经受磨难。为什么会感受到"难"？只因置身于百年变局下的我们，都认真而努力地生活，在时代的巨变中颠簸着，同时拼搏着；即便不是每个人都勇立潮头、卓尔不凡，但每个平凡的人都与这个时代同频共振、肝胆相照，为着那真诚而朴素的心愿：把每一天都过好。

这一年，面对新冠疫情形势的不断变化，病毒怎么防、政策怎么调？我们不是没有迷茫、没有误解。虽然有人期望有些工作可以做得更周全、更完美，但没有人否认国家为了保护14亿多人的生命健康，三年里作出的最大努力；更不会否定每个个体为最大程度防住疫情，三年来的种种付出。

其间，病毒教会了我们敬畏和谦卑，让我们学会了坚韧和成长，更深地懂得了友爱和互助。我们明白，在这悠长的时空甬道里，每个个体都不是太阳，而是微弱的萤火，但我和你可以连成一片光，照耀这条前行的路。

这一年，面对世界百年变局带来的诸多不确定性，中国怎么应对、未来如何发展？我们不是没有担忧、不受影响。正如当有的国家以种种理由对中国进行封堵打压时，我们的企业跟人家做生意自然就变得困难，社会就业、员工收入随之受到影响。所以，主动开放、不等不靠便成了最优选项。正是这样，才有视频中那些在凌晨4点组团冒雨飞赴日本抢订单的人，"早去一天，就多一分商机"。

空气是共享的，悲欢是相通的。没有人是一座孤岛，没有一个国是一座孤城，没有一个文明可以独存。人和人之间应该打开门，城与城之间应该连起路，岛和岛之间应该架上桥。在人类命运共同体的大船上，让我们一起抱团取暖，一起穿越风雨。

这一年，面对世界上人口规模最大的国家如何走向现代化，路径怎么选择、策略怎样创新？我们不是没有期盼、没有想法。党的二十大擘画了以中国式现代化全面推进中华民族伟大复兴的新图景，我们每个人都想有更稳定的收入、更好的工作、更好的医疗保障，让孩子有更好的教育，让老人有更好的养老，让日子一年比一年过得好，为此，我们每个人也都付出了各自的努力。因为如此，当困难到来时，我们会有落差、有对比，会感到各种不容易。

没有什么人能够脱离时代而成为"孤勇者"，没有哪个时代不需要每个人的挺膺奋进。荒芜的农田，靠耕耘才长满庄稼；沉默的工厂，靠轰鸣才带来生机；落下的知识，靠学习才装回脑袋。中华民族之所以伟大，中华儿女之所以伟大，就在于每次经历过灾难后，都能不屈不挠，坚定地走好自己的路。

历史不会浓缩于一个晚上，但历史会浓缩成每个人的记忆亮点。回望过往，我们一起抗击疫情、面对磨难，彼此扶持、守望相助,所有的得失成败、悲欢离合,其实都只是与这个时代相互激荡产生的一种"顿挫感"。融入奔竞的时代大潮,孤独便有了温暖,弱小便有了力量,努力便有了方向。

时代洪流越是湍急,越考验着每一个渡河的人。五千多年中华民族发展历史告诉我们,何时是顺风顺水,有谁是轻轻松松成就一番事业?如今,国家日益走向强大,"发展起来以后的问题不比不发展时少",社会思潮多元、诉求水涨船高、利益冲突加剧、矛盾化解两难,许多时候、很多事情,都是在多目标平衡中寻求最优解。这既是国家的作业、群体的作业,也是每一个社会个体的作业。

电视剧《人世间》的主题曲中这样写道:"草木会发芽,孩子会长大,岁月的列车,不为谁停下……"身处不确定性层出不穷的时代,现实总会给每个人带来太多的感动触动。不管什么时候,命运与共的情谊、风雨同舟的关怀总是直抵人心,在不经意间就让人眼眶一热。有的房东看到隔离租客没厨具做饭,就主动承包一日三餐。有的网友了解到陌生人急需药,就自己开车把多余的药给送过去。虽然难,但这个世界不缺乏爱和善意,真善美的光芒穿透了时间和迷雾,照进无数人的心灵。善良的人,应该得到最诚挚的祝福;努力的人,配得上如愿的结果。人生在世,就应该这样相互温暖、团结奋进,这是中华民族的传统美德,也是我们迎击困难时的坚强盔甲。

如果说个体的作业都是单选题、简答题,那么放到国家面前则道道都是多选题、附加题。没有什么时候不存在困难,也不会有永远的困难。一个越来越强盛的中国,也会有越来越多解决困难的思路和办法,任何困难都会过去,日子总会越过越好。越是面临困难，越需要在争论中增强自信，在困难时愈加笃定，在矛盾中更为自醒，在斗争中焕发豪情，沉着坚定、乐观团结，实事求是、奋力前行，当风高浪急甚至惊涛骇浪袭来时，顽强站立、乘风破浪。

历史总是要浩浩荡荡地前行。也许前路总会让我们有些措手不及，也许明天仍然让我们感到酸甜五味，但是保持定力和信心，我们就会多一些从容和淡定。美好的果实，总来自在最后一刻也不放弃的咬牙坚持；黎明的曙光，总是在熬过漫长的黑夜之后来临。越是风高浪急，越要闲庭信步；越是甚嚣尘上，越要锚定目标。生活恰如逆水行舟，如果不能中流击水，只会随波沉浮。

中国人相信否极泰来、祸福相依，相信寒极必暖、天人合一。数九寒天，古人流传着写字消寒的游戏。"亭前垂柳珍重待春风"，每个字的繁体都是九画，入九之后每天写一画，写完这九个字，就迎来了春风拂面。生活也是这样。望向前方，我们要做的，就是用确定的一笔一画，从容面对各种不确定性。

时间永远分岔，通向无数的将来。我们相信，认真度过的每一天，踏实迈出的每一步，都足以在时间刻度里记录最动人的一笔，在时代大潮中留下最深刻的印记。

2023年，我们与你同此凉热，陪你继续远行！

沈世成　赵波　李攀　执笔

2022年12月31日